U0926724

新时代“三农”问题研究丛书

变革与发展：
当代中国农村的经济与社会

BIANGE YU FAZHAN
DANGDAI ZHONGGUO NONGCUN DE
JINGJI YU SHEHUI

曾旭晖 ◎ 著

西南财经大学出版社
Southwestern University of Finance & Economics Press
中国 · 成都

图书在版编目(CIP)数据

变革与发展:当代中国农村的经济与社会/曾旭晖著.—成都:西南财经大学出版社,2020.9
ISBN 978-7-5504-4484-3

Ⅰ.①变… Ⅱ.①曾… Ⅲ.①农村经济—研究—中国—现代②农村社会学—研究—中国—现代 Ⅳ.①F323②C912.82

中国版本图书馆 CIP 数据核字(2020)第 148107 号

变革与发展:当代中国农村的经济与社会
曾旭晖 著

责任编辑:王青杰
封面设计:何东琳设计工作室
责任印制:朱曼丽

出版发行	西南财经大学出版社(四川省成都市光华村街 55 号)
网　　址	http://www.bookcj.com
电子邮件	bookcj@foxmail.com
邮政编码	610074
电　　话	028-87353785
照　　排	四川胜翔数码印务设计有限公司
印　　刷	郫县犀浦印刷厂
成品尺寸	170mm×240mm
印　　张	15.75
字　　数	260 千字
版　　次	2020 年 9 月第 1 版
印　　次	2020 年 9 月第 1 次印刷
书　　号	ISBN 978-7-5504-4484-3
定　　价	78.00 元

前　言

本书汇集了笔者近20年来从事“三农”问题的实证研究成果，以四川省农村经济社会发展为主，也包括对全国性抽样调查数据的分析。全书紧扣中国农村进入21世纪以来的变革与发展，由相关的几个专题组成，包括小农生产的现代化转型、农业经营组织与经营方式、农村土地研究、农村社会分层与流动、农村精准扶贫和四川民族地区人口发展。

从时间顺序上看，最早进入笔者研究视野的是农民工，准确地说，是一项农民工调查数据，来自原四川大学王薇老师于2000年主持的“中国城市中的农民工”课题。基于这个数据，在导师秦伟的指导下，笔者研究了农民工的留城倾向。即使今天看来，这个调查数据的质量也是非常高的，收集了进城农民工方方面面的信息。在收入本书时，笔者又依据原始数据对两篇相关论文的不足之处进行了修改和补充。

从对农民工的研究开始，慢慢进入了“三农”问题的大范畴。进入四川省社会科学院农经所（现农村发展研究所）后，在时任所长郭晓鸣老师的带领下，笔者开展了实实在在的农村调研。这类调研通常很辛苦，但很有启发性。农民真的很纯朴，可以让你把他们全部家底问个底朝天，而不会反问你触及灵魂的三个问题——你是谁？从哪里来？要做什么？当然，我们通常会准备好小礼物，以便问完后立即送上。郭老师对中国“三农”问题有着深入的研究和独到的见解，兼具理性思考与人文关怀。收入本书中的很多专题都是参与郭老师的课题或者合作完成的。

变革与发展是中国农村的宏大主题。本书收录的论文主要是基于笔者在四川省农村的几个调研，以及对农民调查数据的几个定量分析，所呈现的内容无法涵盖变革与发展的方方面面，甚至遗漏了许多非常重要的议题；即使是相关专题，由于力所不逮，也难说深入研究。那么，如何看待本书的价值呢？我想可以有两个方面。首先，从研究的对象和内容来看，中国农村改革中的共性是主要的，而中西部地区的农村发展有一定的代表性。其次，本书尽可能呈现实证研究的结果，通过调研案例和问卷数据分析来呈现中国农村的变迁。如果本书能为21世纪以来中国农村的变化提供些许有迹可循的东西，或是最大的期许。

最后，笔者需要特别提到，“三农”问题的研究往往是通过一个个的农村调查课题来完成的，这是团队合作的结果。没有师长学友的指教与探讨，本书是不可能完成的。事实上，书中不少章节都是以合作的形式完成的，相关情况已在各章节标注。在此表示深切的致谢！

曾旭晖

2020年5月于成都

目　录

第一章　小农生产的现代化转型

第一节　理论与实践

一、小农理论

（一）马克思主义的小农理论

马克思在其经典文献中，将农户分为“大农”与“小农”。“大农”是指具有资本主义企业性质的大农场雇佣劳动力从事生产经营活动，追求利润最大化；而小农则是一种完全不同的社会经济组织类型，其特征是自我封闭、相互孤立，隔离、小规模土地、手工劳动、自给自足、排斥分工与科学应用，不参与市场交换，“好像一袋马铃薯是由袋中的一个个马铃薯所集成的那样”（马克思，2009）。马克思认为小农生产方式是一种过时、落后的生产方式，随着商品经济的发展，必然被“大农业”“大生产”取代。因此，马克思和恩格斯主张改造小农，走合作化的道路，将“小农私人生产和私人占有变为合作社的生产和占有”（恩格斯，1995）。在苏联的共产主义实践中，列宁在《论合作社》中提出用合作化计划来改造小农生产，在保持农民的个体生产方式的基础上，通过发展流通领域的合作组织，建立无产阶级和小农的经济联盟。但是斯大林把列宁的合作化计划解读为“包括农业合作社的一切形式，从低级形式（供销合作社）到高级形式（生产合作社—集体农庄）”，并全面建立起集体农庄制度，实行生产资料公有化。

马克思主义经典作家的理论直接影响了我国改造小农理论的探索。毛泽东在《论合作社》中提出，在土地改革后，要改革生产方式，“建设以个体经济为基础（不破坏个体的私有财产基础）的劳动互助组织，即是农民的农业生产合作社”。其后，毛泽东在《组织起来》中认为，应把农民组织起来，走集体化道路，以苏联式的集体农庄为目标，由成员联合的集体劳动向成员财产的集体所有制转变。这种思想指导了我国20世纪50年代的合作化运动以及人民公社化运动。以家庭为单位的经营方式向人民公社生产经营制度转变。农业生产实行集体劳动，产品分配实行大锅饭，农产品实行统购统销制度。但是实际结果并没有达到预期，正如苏联的情况一样，农民普遍缺乏生产积极性，农业生产力水平徘徊不前。

（二）舒尔茨为代表的理性小农理论

以舒尔茨为代表的“理性小农学派”提出了“贫穷而有效率”的“理性小农”假说。舒尔茨驳斥了小农懒惰、愚昧、无理性的传统看法，认为小农是“经济人”，生产动机是追求利润最大化，其行为丝毫不逊色于任何资本主义企业家；小农已经充分利用了所有有利可图的生产机会和资源，在已有的生产要素和资源约束下，将现有的生产要素进行有效配置（舒尔茨，2018）。其后，波普金在《理性小农》中也指出，小农是在权衡了长期与短期利益以及风险因素之后，为追求最大生产利益而做出的合理选择。

利润最大化假说既包含小农生产动机的行为含义，也包含小农经济绩效的技术经济内容。此外，利润的形式并不必然以货币方式存在。因此，对于改造传统农业，舒尔茨提出需要从外部输入现代的生产要素，包括人力资本的投资、现代技术的供给、新的市场等。该理论认为，所谓的“小农经济”是可以与市场经济兼容的。改革开放以来，我国农村崛起了一大批以市场为导向、从事特色农产品生产的专业农户，他们以企业家的灵敏嗅觉、根据市场价格信号进行有效的资源配置，追求利润最大化，支持了舒尔茨的理性小农理论。

（三）恰亚诺夫的自给小农理论

以苏联经济学家恰亚诺夫为代表的自给小农学派认为，小农的家庭农场既是一个生产单位，也是一个消费单位，并且首先是消费主体，其次才是生产主体。恰亚诺夫在《农民经济组织》中提出家庭效用最大化理论。他指出，家庭农场的生产是为了满足家庭消费的需要，而不是追求利润最大化，不能用资本主义农场的利润计算法来研究小农的家庭农场。他指出，家庭经营主要是在劳动者投入劳动所主观感受的辛苦程度与所生产的产品带给家庭消费需求的满足感之间的权衡，两者的均衡决定了家庭的经济活动量。一旦实现均衡，家庭消费需求得到基本满足，再追加劳动投入是无意义的。恰亚诺夫认为劳动力自我雇佣的家庭农场比资本主义农场更稳定，更能长久地生存。

对于小农的未来发展，恰亚诺夫提出要通过发展农民合作组织的方式，实现农业生产的纵向一体化，引导小农走向社会主义。恰亚诺夫的理论及其预测，在我国很多农村地区已经成为现实。特别是近年来，在政府促进第一、二、三产业融合发展的政策背景下，合作社进入加工领域创办实体企业正在成为一种新趋势。

（四）斯科特为代表的生存小农理论

斯科特在《农民的道义经济学》中认为，小农经济行为的主导动机是为了生存，即满足家庭成员的消费需求，因此往往以追求安全和避免风险为最主要的原则。为了实现这一原则，农民在小群体的范围内，必须尽量遵循维持生存和生计的基本道义和伦理。

斯科特等为代表的风险规避型农民理论主要针对发展中国家，因为农民生计存在高度不确定性是一个公认的特征，包括自然灾害风险、缺乏信息、市场不完全等导致的市场价格波动，产权缺乏保护造成的社会不确定性，以及国家动荡和战争。不确定性决定了农民是风险规避型，他们要在生计保障和经济效率之间做出权衡，通过采取多种作物混种来应对风险，因此在生产经营中做出的资源配置决策是次优的决策。农民的风险规避行为阻碍了农业创新的传播与采纳，导致他们保守，不愿意接受新事物。但是当农民财产或收入增加时，风险规避态度会弱化。20 世纪 70 年代开展的经验研究，大部分支持了该理论。该理论的政策含义是政府需要通过强化灌溉系统、完善农作物保险等措施帮助小农抵御自然风险，通过提供市场信息、稳定农产品价格等减少小农的市场不确定性。

（五）黄宗智的小农综合体理论

黄宗智认为，无论是舒尔茨还是恰亚诺夫，都存在“把部分因素孤立化和简单化，以突出其间的逻辑联系”的问题，即他们分别抓住了不同社会经济环境下的两种不同类型农户的基本特征。黄宗智在《华北的小农经济与社会变迁》一书中提出了小农综合体的理论分析框架。“把小农的三个方面视为密不可分的统一体，即小农既是一个追求利润者，又是维持生计的生产者，当然更是受剥削的耕作者，三种不同面貌，各自反映了这个统一体的一个侧面”（黄宗智，1980）。他认为，小农的经济行为既和商业化有关，又和人口压力有关，需要区别不同阶层的小农。其中经营式农场主较符合形式主义小农的分析模式；在饥饿边缘挣扎、付出高额地租领取低报酬的佃农、雇农更符合马克思主义的分析模式；而自耕农则接近于实体主义的小农。

黄宗智在此书中还指出了中国家庭农场出现的“农业内卷化”现象，即在机会成本很低的情况下，生存小农投入农业的劳力集约化程度远远超过边际报酬递减的程度。另外，他还用企业行为和消费者的抉择理论进行综合分析指出，对一个在生存边缘挣扎的小农消费者来说，这种投入具有极高的边际效用，不能用追求最大利润来衡量。因此，最主要的是要把家庭农场当作一个生产和消费合一的单位来理解。黄宗智近期的研究提出，中国不应走美国企业型的“大而粗”的家庭农场模式，应发展劳动—资本双密集的“小而精”的真正家庭农场模式，并在政府引导和支持下，发展农民产、加、销纵向一体化合作，这才是未来中国农业的正确道路。

二、中国的实践模式

目前我国已经初步形成了农民合作社、龙头企业、农业社会化服务组织三大类经营主体引导小农生产进入现代农业发展轨道的多渠道格局。

（一）农民合作社模式

《中华人民共和国农民专业合作社法》（以下简称《农民专业合作社法》）实施以来，在工商注册登记的农民专业合作社数量一直保持着快速扩展态势。农民合作社已经成为促进土地（承包）经营权流转，发展适度规模经营的重要载体，并形成了多种形式。一是土地股份合作社。农户通过承包经营权入股，即“带地入社”。农户分散的土地实现集中连片，合作社通过统一规划、统一平整、统一品种、统一作业、统一经营，以促进土地利用率和劳动生产率的显著提高，农户按照入股的承包地比例分享合作社经营的纯收益。二是托管服务合作社。入社农户仍然保持独立生产经营地位，合作社统一为农户提供产前、产中和产后的各环节服务，入社农户根据各自需要自我选择合作社的服务，通过合作社提供的规模化服务，降低农户的生产经营成本，提高农户农产品的品质。三是土地中介服务合作社。农户将土地经营权入股合作社后，由合作社统一对外租赁或向合作社的成员大户转包，合作社代表承包农户与租赁方、承包方统一签订相关承包或租赁合同，降低农户独自流转土地的风险，保障和提高农户的收益，同时也降低承包者或租赁者的交易成本。四是土地联合开发合作社。农户以土地经营权入股，外部投资者或农业企业以货币资本或技术、设备、市场渠道、品牌等入股，双方合股经营，农户获得固定的“股权”租金收入，年底根据合作社经营状况获得一定的分红。

近年来，农民合作社发展壮大后，越来越多的合作社拓展农业产业化经营的形式，借助互联网、超市、城市社区等平台，发展农产品直销，与最终消费者群体直接对接；或延伸产业链条，发展农产品加工业或乡村旅游业、休闲农业，促进第一、第二、第三产业融合发展，拓展了小农户的增收渠道，有力地实现了助农增收。但总体来看，农民合作社存在运营不规范、能力建设严重滞后的突出问题：农民合作社普遍存在规模小、实力弱、经营分散等问题，大量农民合作社的平均经营规模小于家庭农场，无法满足农户成员的需要，带动农户的能力不强；有名无实的空壳、休眠、挂牌合作社等问题突出，造成了较为恶劣的社会影响；大量的农民合作社运营不规范，被领办人控制，民主管理属性难以体现，领办人与普通农户成员之间本质上是买卖关系，没有结成利益共同体，影响了农民合作社制度优越性的发挥。

（二）龙头企业模式

我国在推进现代农业发展的一段时间内，首先选择了“公司+农户”

的农业产业化道路来引导农户进入市场，从发展农业产业化经营入手，通过培育具有市场开拓能力、农产品深度加工能力的龙头企业，为农民提供生产服务，并通过同农民形成合理的利益关系，让农民得到实惠，实现共同发展。但是这种制度安排始终面临公司与农户之间如何将加号做实、避免双方违约的挑战。

以公司为代表的龙头企业加农户是农业产业化经营的主要模式。而公司与农户的利益联结机制又是农业产业化经营中的核心环节，也是能否引导小农进入现代农业生产轨道成败的关键点。从目前看，公司与农户的联结形式主要有以下三种：

1.“产地市场”形式的现货交易关系

它主要集中在那些对农产品原料没有特殊要求、市场现货交易可以满足需求的龙头企业中，以市场竞争较为充分的粮食大宗类农产品为典型代表。这类龙头企业通常直接在原料产地建立农产品加工企业，通过建立收购、产地市场等，以现货市场交易的方式直接购买农户的产品。企业与农户之间是一种随机的、市场交易主体之间的自由买卖关系。龙头企业发挥的是一个产地市场的作用，通过市场机制影响和引导小农生产方式的现代化转型。

2.“订单农业”为主要形式的商品契约关系

它主要存在于特种粮食作物、畜禽和其他特色经济作物的生产中。其特点是，龙头企业对农产品原料有着特殊的要求，从市场直接采购中无法得到满足，因而采取了与农户签订商品契约的方式。基本的商品契约形式是龙头企业与农户作为各自独立的市场主体签订供货合同，企业承诺按照合同规定收购农户生产的农产品，农户则承诺按照龙头企业规定的品种、品质、规模及时间点提交产品。为保障商品契约的稳定性，龙头企业通常会制定准入门槛，规定最小生产规模以及向龙头企业预付违约金等。其结果是，通常只有专业大户、规模农户才能满足龙头企业的要求，普通兼业小农则被排斥在外。

3.“公司+产业化生产基地”的要素契约关系

这种形式是指公司租赁农户的土地自我经营，公司集农业生产、农产品经营、加工等于一身，而小农则成为公司雇佣的产业工人，同时向公司出租土地、收取租金。它主要集中于农产品附加值较高、资本密集型的设施农业、工厂化农业等产业中。公司直接经营的模式改变了农业生产经营的微观主体，实际是雇佣劳动为主的农业公司代替了家庭经营。这种形式在人均土地资源紧张、劳动力普遍外出务工，农民土地流转意愿强烈的地区，产生了良好的效果。这样一来，农民不仅有稳定的土地租金收入，而且可以增加本地就业机会，增加打工收入。但是也出现了采取财政扶持垒大户的做法，如使用行政动员手段推动整组、整村的农户流转承包地，通过集中土地进行招商引资等。在实践中，外来承包者因经营不善或资金链断裂等原因存在“跑路”的风险，为当地带来大量的社会经济问题。

（三）农业社会化服务组织模式

规模经营是农业现代化的发展方向，但是最初对规模经营的理解往往是简单的土地合并，把单家独户的农民排除在现代农业之外，让家庭经营方式退出农业现代化进程。近年来，我国通过农业现代化建设的实践创新与理论探索，深化和丰富了对于规模经营的内涵、实现路径的新认识。规模经营可以不通过兼并土地来实现，以小农户为主的家庭经营可以通过农业社会化服务的方式实现规模效应。也就是说，规模经营不仅包括生产的规模经营，还包括服务的规模经营，两者占据相同的重要地位。

对于我国这样一个土地规模超小化的小农大国，服务的规模化经营更具有不可替代的特殊意义，服务规模化是引导小农生产走上规模经营之路的重要而有效的选择。通过外部专业化的社会化服务主体为小农提供从播种到田间管理、病虫害防治，再到收获，甚至到运输仓储等全生产链各环节的全套服务，弥补了小农户自我服务不经济等问题，同时提高了农业生产与服务的标准化，促进了现代科技成果的应用，节约了生产成本，增加了小农收益。

近年来农民自助型、公司企业型及政府公益型的各类新型农业服务主体大量涌现，快速发展，在服务小农生产方面发挥了日益重要的作用。2016 年中央一号文件首次将新型农业服务主体写入其中，提出“支持新型农业经营主体和新型农业服务主体成为建设现代农业的骨干力量”。在促进农业社会化服务的实践探索中，形成了很多成效显著的案例，着力解决了“谁来种地”“地怎么种”的问题。如供销合作社系统的农业社会化服务组织，通过与村两委①合作，引导农户土地经营权流转、领办参办土地股份合作社、推行代耕代种、土地托管等多种方式，促进多种形式的规模经营，构建综合性的为农服务经营体系。四川省崇州市探索的农业共营制也产生了较为广泛的影响，通过建立职业经理制度，培育各类农业社会化服务组织，引领小农户实现了农业的现代化转型。

（四）生产与市场的社会化分工

与上述三类较为明确的组织形式不同，我国广大农村还存在着很多基于社会化专业分工，直接参与市场竞争的各类专业化小农。这一类小农并没有依靠各种组织带动，却迈入了现代农业发展轨道。比较典型的情况是那些生产本地优势特色农产品的专业村，经过多年的农业经营整合和转型，演化发展出比较成熟的产地市场。在这一过程中，广大小农分化转型升级，形成了专业育（贩）种户、专业生产户、专业营销户、专业农资户、专业运输户等各类专业户，其中以专业生产户为主体，他们分布在农产品供应链的各个环节，相互协作、相互制衡，形成交织在一起的市场交易网络，类似于一些地方特色劳动密集型工业生产领域的产业簇群。

第二节　中国小农的结构性分化②

一、引言

小农不仅是中国数千年来农业发展的基本主体，也是传统农耕文明的重要载体，在中国社会经济发展中长期发挥着“稳定器”的重要作用，因此，对小农的解析是理解中国农业现代化发展必须考虑的历史性前提。随

① 村两委即村党支部委员会、村民委员会。

② 本节选自作者与郭晓鸣、王蔷和骆希的合作论文——《中国小农的结构性分化：一个分析框架——基于四川省的问卷调查数据》（载于《中国农村经济》2018 年第 10 期）。收录时，作者增加了对小农生产转型的动因分析。

着时代变迁和社会进步，尽管小农的规模和结构不断演变，但小农仍会大量并且长期存在是中国当前的基本现实。

对小农的研究历来是国内外学术界的一个重点。长期以来，理论界在讨论小农经济时，对小农行为方式的理解和界定主要有以下三个流派（潘璐，2012）：一是以马克思为代表的“剥削小农”观点。该观点将小农视作处于附属地位的受剥削对象，认为他们基本处于自给和半自给状态，是落后生产力的象征。二是以舒尔茨和波普金为代表的“理性小农”观点。该观点把小农看作理性经济人，认为其行为方式与企业等其他微观经济主体一致，他们能够对市场和价格、成本和收益的变化做出灵敏的反应，通过资源的优化配置实现自身利润最大化。三是以恰亚诺夫和斯科特为代表的“生存小农”观点。该观点认为，小农经济行为的主导动机是生存，以追求安全和避免风险为最主要原则，遵循维持生存和生计的基本道义和伦理。以上三种观点对小农经济行为的解释和概括均根植于不同的社会背景和制度环境。

国内研究者也对中国的小农问题展开了诸多探讨，特别关注小农的界定、价值和发展趋势（例如：张新光，2008；姚洋，2010；付会洋，叶敬忠，2017；杜鹏，2017）。有学者认为，中国小农是指“在人多地少资源禀赋下，以家庭为单位、集生产与消费于一体的农业微观主体，其本质是农户经济”（张红宇，2018），因此，小农户被认为是实施家庭联产承包责任制后形成的承包农户，其主体既有自给型小农，也有商品型小农（张红宇，2017）。基于现实情况，许多学者也持有相似的观点，认为应将具有农业户口、以自己的承包地为基础进行经营、经营规模没有达到家庭农场作为界定小农的基本标准（例如：宋圭武，1999；贺雪峰，印子，2015；付会洋，叶敬忠，2017）。还有学者提出，应从农户承包经营土地的规模和承包农户的农业收入水平来界定小农，小农应是单纯依靠农业经营、无法获得与城镇居民大致相同水平收入的农户（刘同山，李竣，2017）。

随着中国新型城镇化和农业现代化的全面推进，传统小农已经进入了历史性转折期，进一步分化发展是必然趋势。在新形势下，迫切需要对当前小农生产方式的主要特征有一个基本认识，对小农分化发展的态势有一个总体性判断，从而在促进小农转型发展的政策设计和实施层面上达成共识。为此，本书首先分析小农的基本内涵和小农生产的主要特征；然后构建小农结构性分化的分析框架；接着基于四川省农户问卷调查数据对上述分析框架进行指标量化，以区分出小农分化的不同类型；再对不同分化类型所呈现出来的不同生产经营特征进行统计分析；最后，本书形成对当前小农分化发展的基本判断，并提出相关的政策建议。

二、小农的基本内涵和主要特征

中国是有着悠久农耕历史的农业大国，自秦汉时起，国家的经济便建立在以自耕农和佃农为主的小农经济基础之上，此后历代王朝基本延续了秦汉以来小农经济为主导的发展形式。在中国历史上，小农通常是指相对于经营性地主①而言的一种小规模经营农业的个体农民。《中国大百科全书》把小农定义为“建立在生产资料私有制的基础上，从事小规模耕作的个体农民”②。但是，从发展的角度看，这一定义存在的缺陷是显而易见的。首先，在当代中国农村土地已由个体所有制变革为集体所有制进而实行家庭承包经营的背景下，小规模自主经营农业的小农仍然大量存在。因此，中国小农的历史性存续并非决定于土地要素的所有制性质，而是与以农地为主的生产要素的实际使用方式直接相关。其次，与其他更大规模经营农业的“大农”（历史上的经营性地主和现代的家庭农场等）相比，除了小规模生产之外，中国的小农还有两个方面的特征尤为突出：一是主要依靠家庭内部决策和劳动力投入来规避风险和减低成本，表现出极强的生存韧性；二是基于生存取向，所生产的农产品优先满足家庭内部消费需要，形成了集生产和消费于一体的自给性特征。

因此，本书认为，中国小农的基本内涵是：以农户家庭和小规模生产为基础，以家庭成员为主要劳动力，能够在以土地为主的要素约束下自我决策，并且所生产的农产品优先满足自身消费需要的自主经营农户。由

---

① 经营性地主即雇佣雇工、自己经营的地主（姚洋，2010）。

② 中国大百科全书（经济学卷）编委会. 中国大百科全书：经济学卷 III［M］. 北京：中国大百科全书出版社，1998.

此，本书所研究的当代条件下的中国小农，总体上是指主要以承包耕地为基础，自主生产经营的农户，不包括以商品性生产为目的流转土地从而扩大经营规模的各类家庭农场、专业合作社等新型经营主体。但是，在当前新的历史条件下，小农不再是一个具有同质性的集合体，与各类新型经营主体之间也并非一种泾渭分明的关系，随着外部影响因素的变化，小农自身也在不断地分化发展。

小农在中国历史上存在了数千年之久，虽然经过长久的变迁出现了一些新的因素，但总体上依然保持着其固有的基本特征。分析中国小农的生产特征有助于更加立体地刻画小农，理解其生产行为及其背后的动机和逻辑，探寻支持小农转型发展的基本路径。总体上看，中国小农在生产方面具有以下特征：

1. 以家庭为基本生产单位

从生产主体来看，以家庭为基本的生产单位是小农最根本的生产特征。尽管理论界对小农生产动机、生产目的存在诸多争议，但对于小农是以家庭为单位开展农业生产的认识是基本一致的（刘同山，李竣，2017）。

2. 以小块土地上的自主经营为核心

土地是小农最基础的生产要素。小农的“小”最直观的体现正是土地规模小。一方面，小农耕作的土地面积小。人多地少历来是中国农业生产的基本特征。据统计，截至 2015 年年底，经营耕地面积在 10 亩（注：1 亩≈666.7 平方米）以下的农户仍有 2.1 亿户，占当年全部农户总数（约 2.67 亿户）的 79.6%（魏后凯，闫坤，2017）。另一方面，小农耕作的地块分布零散。在实行家庭联产承包责任制初期，为确保土地资源分配的公平性，各个村庄通常把不同质量的土地分割成小块，按好坏远近搭配分配到户。随着农业适度规模经营的推进，土地细碎化矛盾日益凸显。自主经营是小农最核心的生产特征，意味着小农对所耕作土地上的农业生产具有完整的决策权。当前存在一部分流转出土地的小农在流转期内放弃生产决策权的情形，但这种情形具有过渡性和不确定性。这部分小农如果最终完成了市民化的身份转换，那么就不再属于小农范畴；如果最后回归农村重新经营土地，则其生产决策权又会完整复原。

3. 以家庭劳动力的合理分工为劳动力利用的基本方式

小农在农业生产中主要使用家庭内部的劳动力，尽管农忙时节可能存在少许换工、合作等自发的互助行为，但较少以支付薪酬的方式雇佣家庭外部人员参与劳作。小农家庭在农业生产中投入的劳动力也不会被其当作生产成本。当然，在当前农业劳动力老龄化加重和农业机械作业社会化服务应运而生并快速发展的新背景下，小农在生产过程中购买农机服务的现象并不鲜见，但这主要是节约家庭劳动力和弥补自身劳动力不足的选择，并没有实质性地改变其以家庭劳动力为主的基本生产方式。小农的家庭劳动力通常根据自身特点选择从事种植业、养殖业、手工业或外出务工等经营活动，这种看似简单的家庭内部分工具有明显的经济效率。由于家庭成员之间以血缘、亲缘为纽带，利益高度一致，不存在委托—代理问题，监督成本和沟通成本都非常低。同时，家庭分工能够将外部风险内部化，根据劳动市场的变化情况，家庭外出劳动力可回乡就业或继续从事农业生产。

4. 以传统知识的承袭为主要的技术获取方式

小农开展农业生产主要是参照自身家庭或邻里亲朋既往的经验。同一家庭中，父母向子女传授生产技术；同一村庄中，邻里亲朋之间彼此交流生产经验，从而得到技术能力的提升。这种技能习得方式的优势在于：传承下来的技能通常都经过了实践的反复检验，因此适用性极强。但是，这种方式的缺点也十分明显。小农在相对闭塞的环境中容易形成保守心理，导致其在生产技术的获取渠道和获取方式上产生路径依赖，制约其学习新知识、接受新技术。需要指出的是，受当前农村人口大量外流以及现代农业知识和技术向农村传播力度不断加大的双重影响，传统小农的技能习得方式正不断遭受冲击。

5. 以自发性的互助协作为主要生产组织形式

在传统的小农生产中存在多样化的互助行为，小农之间会通过多种方式的协作满足农忙时节对劳动力的更大需求，通常是两个或多个农户相互调剂人力、畜力、农具余缺。这种互助协作的基础是亲缘、血缘、地缘关系之上的信任，与通过组建合作社等正式的组织形态和规范的制度建设所形成的组织化有较大差别。但是，在政府大力倡导发展农民合作社的情形之下，小农之间的自发性合作与由专业合作社、龙头企业等主导的带动性合作事实上已经相互交织。在一定程度上，来自外部力量的带动性合作的影响正在不断增强。

6. 以满足自我消费为农业生产的首要目的

随着农业生产力的不断提升，小农所生产的农产品不仅能满足自食需要，还能有多余的农产品用以出售来获得现金收入。但总体上讲，传统小农生产的首要目的还是满足自家的消费需求，在实现这一目的后他们才会将多余的产品商品化。当然，鉴于中国农业转型发展的压力持续加大，传统自给性小农的生存空间是逐步受到压缩的。在农村劳动力向城市流动已经成为常态的情况下，自给性生产如果收不抵支或者产不足需，部分小农就会离土进城，另谋生计；相反，在政策环境和市场环境趋好，以及因离土小农增加而出现了更多的可以以较低成本扩大土地规模的机会时，另一部分小农就会相应表现出扩张性的发展意愿，此时小农生产的首要目的将向商品化转变。

7. 以自然资源的循环性和保护性利用为发展优势

传统小农的生产和生活方式在自然资源利用方面有其独特的优势。一是循环性利用。农户自己种植的粮食、蔬菜用于自食，家庭生活所产生的残余食物可以用来喂养牲畜、家禽等，而牲畜、家禽等产生的粪便又可以作为肥料还田，由此在家庭生产和生活中形成了物质循环，有效地利用了自然资源。二是保护性利用。传统小农把土地看作赖以生存的重要资源，通过精耕细作尽可能地保护土地的肥力。小农对林地资源的利用也会有所保留，注重资源的更新和持续利用。

三、小农的结构性分化

随着中国农业发展和农村社会的变迁，小农生产方式也受到深刻影响并出现更多形态，且不同形态之间的差异性也逐渐凸显。改革开放以来，中国农村经历了数次重大变革，从实施家庭联产承包责任制、取消农业税，到当前推行农村土地“三权分置”等，无一不对小农生产方式产生了重要影响。随着农村劳动力转移的加速，有学者（例如：陈长华，方晓军，1999）从农业经营兼业化的角度把农户分为纯农户、农业兼业户、非农兼业户和非农户；也有学者（例如：陈春生，2007）认为，在农业经营方式转变的背景下，中国农户可以划分为传统农户、非农农户、专业种植与养殖户、经营与服务性农户、半工半农型农户五个类型；还有学者（例如：贺雪峰，2015；徐嘉鸿，2012）提出了四类代表性农户，即进城户、以代际分工为基础的半工半耕户、中坚农户、贫弱农户。此外，黄宗智（2006，2010）在系列研究中提出了“中国隐性农业革命”的命题，指出小农经济的未来发展在于培育既是高劳动密集型的又是相对高收入的小规模家庭农场。上述小农类型的不同划分方式虽然都有一定的现实依据，也能够较为生动地刻画出小农分化之后的差异化特征，但在一定程度上也存在静态观察和分析的局限性。

随着农业发展水平的提升和城镇化的推进，中国小农的结构性分化是一个显著的动态变化过程，因此，对小农类型的划分必须突破静态思维而更加关注其分化发展的动态特征。基于大量实地观察和逻辑分析，本书认为，当前中国小农应当划分为以下四种基本类型：

一是退出型小农。退出型小农是指逐步退出农业生产的小农群体，主要包括两类群体。第一类主要是进城务工后举家搬迁至城市的农户。这类小农因迁徙、发展或其他原因失去了与农业生产要素的直接联系，不愿或者无法再继续从事农业生产。他们的就业和生活环境已经远离故土，与农村的关系不再密切。与此同时，他们在农村有未能充分利用的耕地、闲置的宅基地和房屋等资源。对于这类农户，当前急迫的任务是构建自愿有偿的退出机制，既能有效激活留在农村的闲置资源，又能推动他们向市民转化。第二类是实现了就地就业转换的农户。这类小农仍然居住在农村的自建房屋里，但已把承包地长期流转出去。这类小农在城郊农村较为普遍，他们的非农就业机会多，家庭收入构成中基本上没有来自农业的收入，但是，他们仍然保持着有承包土地的农民的社会身份。

二是自给型小农。自给型小农是指在农村仍继续从事传统农业生产，以自给自足为生产目的，自身缺乏扩大生产的能力，家庭成员主要由留守农村的老年人构成。现阶段农业劳动力老龄化、高龄化日益严重，仍有相当一部分老年人在农村坚持务农。这既能降低他们的生活成本，也是他们实现自我价值的一种方式。但是，这种类型的农业生产仅能满足单个小农家庭的消费需求，并不能提供更多商品化的农产品。由于部分留守老人会因年龄渐大随子女迁入城镇，或者因丧失基本劳动能力虽继续留守农村但完全退出农业生产，所以从趋势上看，自给型小农总体上呈现萎缩态势。值得关注的是，在城乡开放程度扩大的背景下，有越来越多的城里人下乡租用小块农地，把务农当作一种生活方式或养老方式，由此，可能会在农村形成新的经营形态，既类似于又有别于自给型小农。

三是兼业型小农。兼业型小农是指家庭劳动力根据分工既有从事农业生产的，也有从事非农工作的，并且所生产的农产品不仅用于自食，也用于出售以获得经济收入的小农。这类小农既包括以农业为主要收入来源的农户，也包括以农业为辅助收入来源的农户。兼业型小农是中国小农中极为重要的一种形态。在“农民”向“市民”的演进中，兼业化是重要的过渡形式。已经完成市民化的农业转移人口几乎都经历过兼业化的阶段，这种形态将长期存在于中国城镇化进程中。作为社会变迁过程中的重要经营形态，兼业型小农具有的动态性特征非常突出，存在极大的转化可能性：当农业发展环境改善、农业收入增加到能够占据家庭收入的较大比例时，他们有可能扩大生产规模，专业从事农业生产；当农业发展环境恶化、农业收入减少到仅占家庭收入的较小比例时，他们可能会缩小生产规模而逐渐向自给型小农或者退出型小农转变。

四是发展型小农。发展型小农是指专业从事农业生产，并以农业收入作为家庭主要收入来源的群体，既包括大量坚守农业的种植或养殖能手，也包括不断增长的返乡进行农业创业的农民工及各种“新农人”。这类小农往往具有相对更高的农业知识储备量、更强的技术能力和更多的发展生产的资本，他们将农业作为主要职业，以发展农业生产作为增加收入的主要路径。但是，受发展能力所限，他们生产规模的扩大空间有限，仍然主要依靠家庭劳动力，尚未完成向生产规模更大的新型经营主体的转化。总体上讲，发展型小农是最需要和最有可能被引入农业现代化进程的“小农”，是未来中国农业农村现代化的主体力量，应当是政策扶持的重点群体。本节中的发展型小农也可称为“中坚农民”（参见贺雪峰，2015）或“新型职业农民”（参见朱启臻，胡方萌，2016）。

进一步看，上述对小农结构性分化四种类型的划分可以从两个维度来解读和分析：一是农业经营专门化程度或对农业经营的依赖程度，二是农业生产要素投入强度（见图 1.1）。需要说明的是，这里提出的农业经营专门化不是指分工上的专业化，也不是指专门生产特定的农产品，而是强调农业生产在家庭经营中的重要性。在工业化、城市化进程中，农村劳动力不断地向非农行业转移，因而，在部分农户家庭的劳动力配置中，非农工作的重要性显著提高，而农业生产的重要性下降，这构成区分不同小农分化类型的一个维度。第二个维度体现传统小农生产向现代农业转变的过程。相对于传统农业生产来说，现代农业生产对资金、技术、土地、基础设施和农机具的投入有更高的需求，投入量、投入风险和投入回报都会呈现出由量变到质变的趋势。因此，农业生产要素投入可以构成区分不同小农分化类型的另一个维度。在小农分化发展的过程中，部分农户会通过增加各方面的要素投入，推动传统农业向现代农业转变。

(弱)农业经营专门化程度(强)		
	自给型小农	发展型小农
	退出型小农	兼业型小农
	(弱)农业生产要素投入强度(强)	

图 1.1　决定小农结构性分化的两个维度

当农业经营专门化程度和农业生产要素投入强度均较弱时，形成退出型小农；当两者都较强时，形成发展型小农；当农业经营专门化程度较强而农业生产要素投入强度较弱时，形成自给型小农；当农业经营专门化程度较弱而农业生产要素投入强度较强时，形成兼业型小农，表现为既没有放弃农业，也没有完全依赖农业。

四、小农分化的测量

前文中，本书基于两个维度提出了小农结构性分化的四种理想类型，下面利用四川省农户问卷调查数据进行检验，分析退出型、自给型、兼业型和发展型小农的分类特征。

（一）样本概述

作为农业大省，四川省的小农具有与传统小农一致的生产特点，而且由于土地细碎化问题更加突出，在农业发展和农村社会变迁中小农结构性分化的趋势更加明显。本书使用的数据来自笔者于 2017 年 10—11 月在四川省开展的小农现状专题调查。此次调查选取了有地域代表性的 6 个县（区），覆盖了农业发展条件较好的平原地区、条件较差的丘陵地区和条件较为恶劣的山区，具体包括巴中市南江县、自贡市富顺县、眉山市东坡区、遂宁市蓬溪县、资阳市雁江区和德阳市罗江区；同时，在每个县（区）选取小农经济特征明显的 2~3 个村①。调查问卷内容主要涉及农户家庭劳动力和收入情况、农业生产经营情况、金融保险需求等。调查获得有效农户样本共计 225 个②（见表 1.1）。

为了更好地了解样本的基本情况，本书选取贫困户比重和土地流转情况两个核心指标进行分类分析。四川省为脱贫攻坚重点地区，小农问题与贫困问题密切交织。因此，把小农生产引入现代农业发展轨道需要与脱贫攻坚有机结合。基于此，我们在样本选择中对贫困村和贫困户的代表性给予了特别关注。贫困户比重从总体上反映样本农户的经济状况，土地流转情况则表明当地土地要素市场的活跃程度。

---

① 样本村的选取采用典型抽样的方法，即先确定样本村的选取原则，然后在每个县（区）符合条件的村中随机选取 2~3 个村。样本村的选取原则为：①既包括土地流转率较高的村，也包括土地流转率较低的村；②既包括农业较为发达但不存在农地集中流转给单个经营主体的村，也包括以传统农业为主的村。

② 样本农户的选取采用典型抽样的方法，即先确定样本村中符合选取条件的农户名单，然后从中随机选取 10~20 户农户进行入户问卷调查。样本农户的选取条件为：①独立分散经营、自主参与市场竞争的农户；②已经由各类新型经营主体和服务主体带动发展起来的农户；③土地完全流转、没有从事农业经营的农户。

表 1.1　问卷调查有效样本的分布情况

项目	南江县	富顺县	东坡区	蓬溪县	雁江区	罗江区	合计
有效样本数/户	41	41	46	31	41	25	225
贫困户比重/%	26.8	12.2	15.2	54.8	26.8	16.0	24.4
土地流转情况/%							
转入	22.0	26.8	23.9	38.7	46.3	52.0	34.6
转出	12.2	46.3	21.7	29.0	39.0	4.0	25.8
未流转	65.8	26.9	54.4	32.3	14.7	44.0	39.6

表 1.1 显示，样本农户中包括 55 户建档立卡贫困户，占比达到 24.4%。由于样本选取侧重于以小农生产为主导的传统农区，建档立卡贫困户的比例总体上较高。特别是在蓬溪县的调查中正好抽中了一个贫困村，因此，贫困户比重相对更高一些。在所有样本农户中，土地流转较为活跃，有 75 户转入土地，60 户转出土地，参与土地流转的农户比例达到 60.4%。值得注意的是，这里的土地流转主要是通过农户之间的个人协议进行的流转，不同于政府部门为推动产业化规模经营而主导的流转，参与后一种类型土地流转的转入方往往是外来的专业大户或龙头企业。

（二）测量指标

根据上面提出的小农结构性分化的分析框架，我们对两个维度进行指标测度，在此基础上区分出四种小农分化的类型。

农业经营专门化程度用家庭劳动力配置状况来衡量，最直接的测量指标是家庭务农时间比例，即家庭劳动力分配在务农上的时间占总劳动时间的百分比。农业经营专门化程度越高，家庭劳动力就能分配越多的时间用于务农、越少的时间用于非农工作。

农业生产要素投入强度有多种测量指标，比如在机械化作业、技术更新、品种升级等方面的资金或物质投入，但是，单纯计算投入容易出现测量不准的问题，这是因为农业生产投入涉及面广、不同农产品的生产周期长短不一，难以设定一个固定的标准。由于小农发展生产的重要形式是适度规模经营，而样本地区人均承包地面积相差不大，因此，经营规模的变化主要是通过转入土地或转出土地来实现的。同时，在当前的小农生产方式下，小农群体普遍缺乏较强的投资能力，这决定了生产者在技术、劳动力、资金等方面的投入与其土地经营面积的变化是同向的。基于以上考虑，本书把土地经营规模作为生产要素投入的核心指标，用劳均经营面积（家庭实际经营土地面积除以家庭劳动力总数）来测度农业生产要素投入强度。如果农户通过转入土地扩大了耕地面积，则表明其在农业经营上有更多的投入；如果农户通过转出土地缩小了耕地面积，则表明其在农业经营上的投入在减少。现实中确实存在农户不扩大耕地面积而只引入新的经济作物品种来提高产出价值的情况，因此，本书也把“是否种植经济作物”作为一个指标。此外，还有农户可能会扩大养殖规模而不是种植规模，这就需要同时考虑牲畜圈舍面积或水产养殖面积。考虑到牲畜圈舍面积或水产养殖面积的相对规模因养殖品种的不同而差异较大，本书只给出一个简单的分级标准，即当圈舍面积小于 10 平方米时农户为小规模养殖，当圈舍面积在 10~30 平方米时农户为中等规模养殖，当圈舍面积大于 30 平方米或者有专门的水产养殖场时农户为大规模养殖①。

综上，本书综合运用家庭务农时间比例、劳均经营面积、是否种植经济作物、养殖规模四个指标来区分小农结构性分化的四种类型（见表 1.2）。基于经验值和简化分析的考虑，本书把劳均经营面积小于 1 亩，并且是小规模养殖又未种植经济作物，同时家庭务农时间比例小于 30%的农户界定为退出型小农；把劳均经营面积小于 2 亩，并且不是大规模养殖又未种植经济作物，同时务农时间比例大于 60%的农户家庭界定为自给型小农；把满足劳均经营面积大于 2 亩、大规模养殖、种植经济作物三个条件之一，且务农时间比例大于 80%的农户家庭界定为发展型小农。不属于以上三类的农户，则归入兼业型小农。

① 根据四川省农业厅提供的数据，全省普通农户饲养牲畜的圈舍面积平均在 10 平方米以内，而一个标准化圈舍的面积在 30 平方米以上。

表 1.2　小农结构性分化测量指标的选取情况

项目	退出型小农	自给型小农	兼业型小农	发展型小农
农业经营专门化程度				
家庭务农时间比例/%	<30	>60	—	>80
农业生产要素投入强度				
劳均经营面积/亩	<1	<2	—	>2
是否种植经济作物	否	否	—	是
养殖规模	小	小或中等	—	大

注：对于农业生产要素投入强度，发展型小农只需满足三个指标的条件之一即可，而退出型小农和自给型小农需要同时满足三个指标的条件。

（三）类型特征分析

在对小农结构性分化类型进行界定之后，本书将 225 个样本农户划分为四种小农分化类型，各类型小农的基本特征见表 1.3。其中，兼业型小农是小农存在的主要形式，约一半的样本农户属于这一类型；兼业型小农也拥有最多的人力资源，户均劳动力达到 2.68 人。退出型小农和自给型小农的数量较少，特别是自给型小农仅有 22 户，只占样本农户总数的 10% 左右，说明传统的自给自足的小农生产正在逐渐消减。值得注意的是，有约 1/4 的样本农户属于发展型小农，这代表了小农生产转型发展的重要趋势。

表 1.3　小农结构性分化类型的基本特征

	退出型	自给型	兼业型	发展型	所有样本
样本农户数/户	34.00	22.00	114.00	55.00	225.00
户均人口/人	3.44	3.55	4.35	3.33	3.88
户均劳动力/人	1.94	2.32	2.68	1.91	2.35
家庭土地经营面积/亩	0.24	1.77	8.43	23.87	10.36
劳均土地经营面积/亩	0.07	0.82	3.34	12.60	4.86
转入土地农户数/户	0	1.00	44.00	30.00	75.00
支付土地流转租金的农户数/户	—	0	11.00	14.00	25.00

表1.3(续)

	退出型	自给型	兼业型	发展型	所有样本
平均转入土地面积/亩	—	1.00	10.45	34.70	20.03
平均转入土地租金/（元·亩）	—	—	567.00	379.00	461.00
人均收入/元	14 222.00	4 496.00	12 988.00	12 392.00	12 199.00
收入构成/%					
务农收入	0.30	23.00	29.90	87.40	38.70
非农收入	87.60	61.90	65.40	7.60	54.70
其他收入（转移性收入等）	12.10	15.10	5.10	5.00	6.60
扩大经营规模的意愿/%	5.90	22.70	53.50	74.60	48.40
联结新型农业经营主体的农户比例/%					
加入农民专业合作社	2.90	4.50	22.80	27.30	19.10
与农业社会化服务组织有经济关联	0	0	19.30	14.50	13.30
与农业龙头企业有经济关联	14.70	13.60	17.50	14.50	16.00

进一步看，小农结构性分化类型具有四个方面的差异性特征：

一是土地流转。表1.3中的数据显示，四类小农在土地经营面积和土地流转方面存在较大差异。发展型小农家庭土地经营面积平均为23.87亩，劳均土地经营面积达到12.60亩，显著高于兼业型小农的水平；而自给型小农和退出型小农的家庭土地经营面积都非常小。在55户发展型小农中，有30户转入了土地，其中将近一半的农户支付了流转租金。值得注意的是，发展型小农支付的租金水平较低（平均为379元/亩），低于兼业型小农支付的土地流转租金水平（平均为567元/亩），更显著低于专业大户或龙头企业集中流转土地所支付的租金水平（在调查地区，通常以每亩400千克稻谷来计算，折算为800~1 000元/亩）[①]。总体上看，发展型小农对扩

① 调查中发现，专业大户或龙头企业大规模流转土地通常是以当地农业产业项目和各类涉农补贴为支撑，这提高了土地流转双方对流转收益的预期，从而抬高了土地流转的市场价格。

大土地规模较为谨慎，更倾向于利用本村的社会关系进行低成本的土地流转。

二是收入结构。表 1.3 显示，全部样本农户的人均收入平均为 12 199 元，与 2017 年四川省农村居民人均可支配收入 12 227 元非常接近①，说明本书研究调查的收入数据具有一定的代表性。在四类小农中，自给型小农人均收入明显偏低，仅为 4 496 元；退出型小农人均收入最高，达到 14 222元；发展型小农和兼业型小农的人均收入水平相当，均超过 12 000 元。从收入结构来看，发展型小农人均务农收入达到 10 831 元，占人均收入的 87.4%。这说明，通过土地流转等方式扩大经营规模，发展型小农可以把务农作为家庭主要收入来源，并能达到或接近兼业型小农或退出型小农的收入水平。

三是发展意愿。扩大经营规模意愿的显著差异将使小农结构性分化的趋势继续下去。表 1.3 中的数据显示，在发展型小农中，74.6%的农户表示如有可能，希望进一步扩大经营规模；在兼业型小农中，这一比例为 53.5%。值得关注的是，在自给型小农和退出型小农中，仍有部分农户有扩大经营规模的想法，比例分别为 22.7%和 5.9%。这说明，一方面，小农生产向适度规模经营转变已经是大势所趋，而发展型小农具有相对更强烈的扩大经营规模的意愿；另一方面，随着农户在农业生产要素投入和农业经营专门化程度上的变化，四种不同类型的小农存在分化发展和相互转化的可能。

四是外部合作。在与新型农业经营主体的联结方式上，四类小农也表现出明显的差异。调查数据显示，总体上看，以不同方式与新型农业经营主体合作的农户比例较低，低于其他渠道发布的相应统计数据②。表 1.3

---

① 参见四川省统计局发布的 2017 年四川省国民经济和社会发展统计公报。

② 比如，据原农业部发布的《2016 年农民专业合作社发展情况》（http://www.jgs.moa.gov.cn/txjsxxh/201801/t20180105_6134211.htm），截至 2016 年年底，全国农民专业合作社成员达 6 458 万个（户）。如按照 2016 年第三次全国农业普查数据（http://www.stats.gov.cn/tjsj/pcsj/），以全国共有 23 027 万农户计算，入社农户比例约为 28.0%。另据原工商行政管理总局公布的数据，截至 2017 年 7 月底，入社农户占全国农户总数的 46.8%（参见《全国农民专业合作社达 193 万多家》，《经济日报》，2017 年 9 月 5 日，第 4 版，http://paper.ce.cn/jjrb/html/2017-09/05/content_343445.htm）。

显示，在全部样本农户中，加入农民专业合作社的农户比例只有 19.1%，而与农业社会化服务组织和农业龙头企业有经济联系的农户比例更低，分别为 13.3%和 16.0%。进一步分析发现，发展型小农和兼业型小农参与农民专业合作社的程度最高，加入合作社的农户比例分别达到 27.3%和 22.8%，而退出型小农和自给型小农中加入合作社的农户比例分别仅为 2.9%和 4.5%。虽然与农业社会化服务组织发生经济关联的农户比例总体偏低，但其主体同样是发展型小农和兼业型小农，退出型小农和自给型小农则表现出完全的封闭性。由此可见，相对于退出型小农和自给型小农而言，发展型小农和兼业型小农具有相对更强的内生发展动力，更容易与农民专业合作社和农业社会化服务组织形成利益联结。表 1.3 还显示，四类小农与农业龙头企业的联结程度都较弱，且差别不大，与之有经济关联的农户比例为 13.6%~17.5%。进一步分析发现，在与农业龙头企业的联结方式上，退出型小农全部是向其收取土地流转租金；自给型小农是向其销售少量农产品；兼业型小农则既向其销售农产品又向其收取土地流转租金；而发展型小农侧重于产前和产后两个环节，包括通过其采购生产资料和销售农产品。

综上可见，当前小农整体上孤立发展的特征仍然明显，这也是导致其在小规模生产背景下生存困难的重要原因。但与此同时，与市场化程度更高、带动能力更强的新型农业经营主体进行多样化的经济合作，为小农摆脱日益加重的生存困境提供了现实可能。不过，这依然是一个渐进的发展过程，而且不同类型小农参与合作的程度并不相同，其中，发展型小农和兼业型小农主动参与合作的行为取向值得特别关注。

五、小农生产转型的动因

上文基于“农业经营专门化程度”和“农业经营要素投入强度”两个维度的分析框架，根据样本农户的实际生产经营行为对四类小农的特征进行了描述性分析。为了进一步分析小农生产向适度规模经营转型的可能性，本书以被调查农户是否愿意扩大经营规模作为因变量，构建 Logistic 二元回归模型来分析影响小农生产经营意愿的因素，进一步检验在引入其他控制变量的情况下，对四类小农未来的发展转型趋势进行预判。模型的核心自变量是反映小农结构分化类型的变量，控制变量包括反映家庭人力资本存量、是否为贫困户以及不同的农业经营联结方式。变量的含义及其描述性统计见表 1.4。本书应用 SPSS20.0 统计软件对模型进行了回归，回归结果见表 1.5。

表 1.4　变量的含义及其描述性统计（$N=223$）

变量名称	变量含义和赋值	平均值	标准差	最小值	最大值
农户是否愿意扩大经营规模	否=0，是=1	0.489	0.501	0	1
农户结构性分化：					
退出型小农	其他=0，退出型小农=1	0.144	0.351	0	1
自给型小农	其他=0，自给型小农=1	0.099	0.299	0	1
发展型小农	其他=0，发展型小农=1	0.247	0.432	0	1
家庭人力资本存量：					
家庭劳动力最高受教育程度					
初中	其他=0，初中=1	0.440	0.497	0	1
初中以上	其他=0，初中以上=1	0.300	0.459	0	1
家庭劳动力平均年龄/岁	家庭劳动力 2017 年平均年龄	48.110	11.430	24	80
家庭劳动力人数/人	农户自我认定家庭劳动力总数	2.368	1.115	0	6
是否是贫困户	否=0，是=1	0.242	0.429	0	1
农业生产联结方式：					
合作社	未参加=0，参加=1	0.193	0.395	0	1
业主/龙头企业	没有利益联系=0，有利益联系=1	0.161	0.369	0	1
农业社会化服务	未使用=0，使用过=1	0.135	0.342	0	1

表 1.5　农户扩大经营规模意愿的影响因素的回归结果（$N=223$）

变量	模型 1		模型 2	
	回归系数	标准误	回归系数	标准误
农户结构性分化（兼业型小农）				
退出型小农			−2.512***	.807
自给型小农			−.469	.643
发展型小农			1.548***	.476
家庭人力资本存量：				
劳动力最高受教育程度（初中以下）				
初中	.476	.446	.258	.496
初中以上	−.047	.525	−.083	.587
劳动力平均年龄	−.033**	.016	−.057***	.020
劳动力人数	−.334*	.184	−.429**	.212
是否是贫困户（1=是）	−.736*	.413	−.813*	.457
农业生产联结方式：				
合作社（1=参加）	1.609***	.460	1.318***	.493
业主/龙头企业（1=有利益联系）	.261	.441	.561	.497
农业社会化服务（1=使用过）	.683	.497	.558	.516
−2LL	257.817		220.979	

注：***、** 和 * 分别表示估计结果在 1%、5%和 10%的统计水平上显著；模型中控制了区县变量，由于区县不是本研究关注点，故为了保持模型简洁而略去；样本量减少 2 个的原因是农户家庭劳动力的年龄出现缺失值。

模型 1 是基线模型，包括了所有的控制变量，模型 2 加入了核心自变量。比较模型 2 和模型 1 的−2LL 值（即负的 2 倍对数似然值）可得，卡方值chi（2）= 36.8，自由度为 3，卡方检验 $p=0.000$，模型 2 比模型 1 的拟合度有了显著性提高，说明小农结构分化类型对扩大经营规模意愿的差异性分布有显著贡献。由于小农分化的四种类型与被解释变量“扩大经营规模意愿”之间可能存在交互影响，同时，由于小农生产的复杂性，模型并未包括所有重要变量（比如与市场相关的变量），上述因素可能会产生内生性问题。为此，本研究将教育视作工具变量，对小农结构性分化进行了内生性检验，检验结果为 chi2（1）= 0.97，Prob> chi2 = 0.324 2，可以说明模型中不存在内生性问题。

模型 2 的回归结果表明，相对于兼业型小农来说，退出型小农扩大经营规模的可能性更小（回归系数为-2.512），而发展型农户则更愿意扩大经营规模（回归系数为 1.548），这说明小农结构性分化的趋势还将加速发展，特别是退出型小农和发展型小农这两个群体将面临完全不同的发展路径。从引导小农生产步入现代农业发展轨道的角度出发，发展型小农无疑是政策锁定的重要目标群体。

回归结果还表明，家庭劳动力年龄构成越年轻，农户越倾向于扩大农业经营规模。家庭劳动力的平均年龄每增加 1 岁，扩大经营规模的发生比（odds ratio）就要降低 5.5%（1-exp（-0.057））。这表明小农生产在向现代化农业转型发展的过程中，年轻的农业生产者有更多的机会和动力。家庭劳动力数量的增加反而会降低农户扩大农业经营规模的可能性。对此可能的解释是，当家庭劳动力数量较多时，农户更倾向于采用内部分工的方式来配置劳动力，即兼顾务农和务工，而不太会把所有劳动力都投入务农上，因此扩大农业经营规模的动力不足。

教育的影响并不显著，虽然已有大量研究表明，教育对非农就业有明显的促进作用（例如：赵耀辉，1997；曾旭晖，郑莉，2016），但是农户家庭最高受教育程度与农业经营规模扩大意愿之间并没有明显的关系。这表明在小农生产向现代农业转型的过程中，教育没有体现出人力资本的效用，对受教育程度较高的人才来说，进入非农行业仍然是首选。回归结果还表明，在控制其他因素的情况下，相对于非贫困户来说，贫困户缺乏扩大经营规模的动力（回归系数为-0.813）。

在农业生产联结方式中，合作社对小农生产的带动非常明显，在保持其他因素不变的情况下，参加了合作社的农户更倾向于扩大经营规模（回归系数为 1.318），而另外两类新型农业经营主体对小农生产的带动作用并不显著。

六、基本判断

当前中国农业正处于极为重要的转型发展的关键时期，数量庞大的小农的未来命运是生存或是消亡，不仅受到高度关注，而且也存在理论认知和政策选择上的重大分歧。基于前文分析和现实考察，本书对中国当前处于分化发展中的小农形成四个基本判断。

1. 坚持扶持小农应当是长期性基本策略

从中国农村土地经营制度看，农户家庭经营是最基本和最重要的制度。虽然各类新型农业经营主体持续不断地进入农业领域，小农结构性分化的加速也不可避免地使小农数量总体上趋于减少，但是，这并不能成为削弱甚至否定小农的基本理由。根据本书的调查数据，约有 71.6%的农户选择继续从事农业生产，表明小农仍然是当前中国农业最重要的经营主体。更重要的是，小农存在的价值并不能完全以经济效率来判断。小农在社会稳定、粮食安全、生态保护、传承乡土文化等方面都有重要贡献。因此，尽管中国小农数量的总体减少不可逆转，但是，中国在较长时期内仍将保持“大国小农”的基本特征，小农在土地利用和农产品供给上的重要作用不可替代。然而，在乡村衰退较为严重的区域，小农面临严重的发展困境，特别是在大多数偏远的丘陵地区和山区，由于地处农村腹地，产业升级困难、生产条件差、生产收益低微，表现出来的主要矛盾是小农的全面性衰退，由此构成农村“空心化”和乡村凋敝的重要诱因。因此，对小农发展予以充分重视和有效扶持，不应当是短期性的政策选择，而必须是长期性的基本策略。

2. 支持小农融入现代农业需要政策突破

中国已有的涉农政策表现出明显的规模偏好倾向，而对小农现实需求的关注则严重不够。大量实践证实，小农与现代农业并非不能并存。通过自主转型和多种形式的合作发展，小农是完全可以融入现代农业体系之中的。然而，当前的严峻现实是，小农发展面临普遍性的政策缺失，不论是生产条件改善，还是技术扶持，抑或是金融保险服务，几乎所有方面的农业支持政策都存在对小农的明显忽视。本书研究的调查数据显示，针对小农发展的政策支持仍然是最为薄弱的方面，有47.9%的被访农户表示没有得到过相关农业政策的支持。其中，37.6%的农户有农业经营方面的借贷需求而不能得到满足，46.3%的农户强烈希望得到农业技术培训和指导。必须承认，面对竞争激烈的农产品市场，小农无疑是弱势的，在缺乏资金、技术和风险承受能力的情况下，他们仅靠自身努力难以融入现代农业。因此，在中国全面建成小康社会和推进乡村振兴的战略目标下，亟须根据小农的现实需求进行系统化的政策创新和突破，以更具针对性的支持政策帮助小农提升生产效率，引领小农生产进入现代农业发展轨道。

3. 在合理引导小农分化发展中必须充分保障其基本的土地权利

随着中国城镇化的进一步发展，一些农民持续不断地离开农业和农村到城镇就业和生活，逐步完成农民市民化的身份转换。这是中国现代化进程中的必然趋势，也符合世界各国乡村发展的规律，具有其内在合理性。但同时必须清醒地认识到，在中国的资源禀赋和经济条件约束之下，城镇化推进中城镇的人口吸附能力只能渐进式释放。在农村，虽然农户兼业化已经成为常态，小农的结构性分化在不断发展，但总体上这种发展同样是渐进的，并非表现为短期内的根本性变化。尽管小农分化趋势十分明显，但这种分化同时又是多向的、动态的。以兼业型小农为主体，退出型小农、自给型小农和发展型小农都呈现出动态转化的共同特征。当家庭人力资本存量较高时，小农往往会更主动地配置资源，兼顾农业和非农就业；当农业政策有利、农业基础设施条件改善或农产品市场前景较好时，小农会更倾向于增加农业投入，甚至由外出务工向回乡发展农业转型；当家庭人口减少、劳动力老龄化或农产品市场环境不利时，他们则又可能会退回到自给型农业。这种动态分化的现实充分证实，虽然部分小农的离农趋势不会逆转，但绝大部分小农在较长时期内都会对土地保持基本的生存性和财产性依赖。本书研究的调查数据也表明，即使在有一定补偿的条件下，仍然有69.3%的小农不愿轻易放弃土地承包权利。因此，在宏观政策取向上，既要充分预见小农分化的必然性和合理性，采取因势利导的策略，又要防止超越现实基础以各种非市场方式倒逼小农退出，以发展现代农业之名行消灭小农之实。就现实而言，坚持家庭承包制的基础地位、充分尊重和保障农民的土地权益，应当是当前促进小农转型发展政策的基点和底线。

4. 小农的转型发展需要经营模式的重要创新予以支撑

现实表明，中国小农自身具有向现代农业转型的内在动力，但其转型发展过程中也存在一系列需要有针对性地加以解决的问题和矛盾，尤其是生产条件改善、农产品质量控制和农产品市场销售，都是小农普遍面临的基本难题。本书研究的调查数据表明，近80%的被访农户依然维系着分散化的、封闭的小生产状态，效率低下，生存能力较弱。但是，伴随着农业机械化水平的提升、社会化服务分工的深化、农产品电商市场的扩大，小农通过有效率的合作性集体行动同样可以解决上述挑战性难题。实践中，许多地区通过发展农民合作社以及通过土地入股、托管、联耕等多元化土地利用模式创新使小农获得了各种有利的发展机会，从而实现了其发展性成长，有的还进一步发展成为更具竞争力的专业大户和家庭农场。从本书调查数据看，已有部分农户参与到了与各类新型农业经营主体的合作之中，其中，加入合作社是首选，已有19.1%的农户加入了合作社，另有52.3%的农户希望接受合作社的带动。毫无疑问，小农的转型发展应当是中国推进现代农业的重要内容之一，但这一转型发展过程很难单纯依靠小农自身来完成，而必须通过强化内部合作和予以外部支持的双向努力来实现突破。在这一过程中尤为关键的是需要高度重视深化经营模式创新，构建更稳定的长效利益机制，使小农能够真正平稳地融入现代农业体系，可以合理分享现代农业发展的收益。与之相反，如果现代农业的发展一味追求土地的大规模连片集中，可能会导致大量小农被挤出而沦为无地农民或者不稳定的农业工人，中国农业的现实基础的稳固性就必将受到重大冲击。这无疑是向全面现代化发展的中国所不能承受的。

第三节 小农户迈向现代农业的路径①

我国是有着悠久农耕历史的农业大国，农业始终是固本安民之要。尽管随着时代变迁和社会进步，小农的规模、结构也在历史更迭中发生着演变，但小农仍会大量且长期存在也是我国当前的基本现实。“大国小农”是我国的基本国情农情，推进农业现代化必须始终立足于这一基本国情。目前我国农业生产经营组织的规模总体还不大，小规模的兼业农户仍是我国农业生产经营的主要组织形式。据农业农村部统计，截至 2016 年年底，我国经营规模在 50 亩以下的农户有近 2.6 亿户，占农户总数的 97%左右，经营的耕地面积占全国耕地总面积的 82%左右，户均耕地面积 5 亩左右。

党的十九大提出中国特色社会主义已进入新时代，应开启全面建设社会主义现代化国家的新征程，没有小农的现代化就不能实现中国农业农村现代化。党的十九大报告提出要“实现小农户和现代农业发展有机衔接”，这一要求是基于中国农村的历史演进规律和现实基础为农业农村现代化提出的重要发展指向。如何将小农生产引入农业现代化轨道是实现乡村全面振兴、推进农业农村发展深层次的攻坚任务，具有极其重要的现实意义。本研究在分析中国小农生产现实困境的基础上，以中国扶贫基金会善品公社为实证研究对象，系统总结其促进小农户抱团对接市场进而有效融入现代农业体系的实践探索及政策思考。

一、小农户迈向现代农业面临新问题

随着宏观经济政策的调整和发展环境的改善，小农生产向现代农业转型方面呈现出积极的因素，但是小农户在要素供给、市场对接等方面也面临诸多亟待破解的新问题。

---

① 本节内容来自“小农户对接市场的模式创新研究”课题研究报告（课题负责人为郭晓鸣），调研和报告写作时间为 2019 年；主要部分由笔者执笔完成。

1. 商品化生产的动力趋于增强但对接市场能力仍然薄弱

小农户是市场交易基本的构成单元。在市场化不断深化的背景下，小农户自给自足的生产方式逐步被打破，农业生产目标相应发生转变。兼业农户和专业农户的商品化动力不断增强，为销而产逐步成为未来小农户的主要生产目标（郭晓鸣 等，2018b）。然而，当前农户组织化程度低的问题突出，市场信息缺乏，市场体系自身功能不全等，导致单家独户的小农户难以有效对接市场（黄宗智，2015）。

2. 小农生产技术提档面临服务体系建设迟滞困境

现有农技服务体系难以满足小农生产转型的新需求。传统小农生产最典型特征是“多样化+自给自足”的生产模式，近年来伴随小农追求更高现金收入和减少家庭劳动力辛苦程度的内生需求，开始向“专业化+规模化”转型，农业产出商品率大幅度提高。新的生产模式对处于转型中小农的农业生产技术服务提出了更高要求。但目前现有的农业技术服务体系供给重心为种养殖大户或龙头企业，其服务时间、服务频次和培训内容的设置与小农生产与学习特点都不尽匹配。灌输式的培训方式和复杂全面的培训资料，使小农接受技术培训的实际成效非常有限。

3. 生产性服务需求快速增长但社会化服务建设总体迟缓

随着小农转型发展速度的不断提升，发展型小农的规模将出现可以预见的较快增长，小农产前、产中和产后环节的生产性服务需求同样呈现快速增长的趋势。然而，现实情况是：我国农业服务机构整体力量薄弱、服务水平低、服务覆盖面窄，基础性作用发挥有限，农民自我服务的合作组织能力有限的局面也没有得到根本性改变。小农生产的社会化服务需求仍然主要依靠个体农资经销商、个体农机手及农产品经纪人等提供的低质量私人服务来满足。总体而言，小农生产性服务需求快速增长与供需失衡的矛盾十分突出，绝大多数小农仍然游离于当前农业社会化服务体系之外，依靠不健全的市场参与竞争，面临着产业发展和收入增长的很大的不稳定性（赵晓峰，赵祥云，2018）。

4. 传统小农生产模式下的规模扩张难以实现增收

传统小农生产的特点是通过种养结合的多种经营，分担自然灾害风险、经营风险和市场风险。自然灾害所带来的风险很难预测，也难以避免。小农原来的风险应对方式，在单一品种规模化后面临几何级数的增长，最终会超出小农的承受能力。并且，经营风险涉及技术能力和设施提升是否能够满足规模的扩大，在缺乏规模化经营的知识和经验条件下，小农简单地扩大生产规模往往会带来难以承受的经营风险。最后，市场波动是对小农扩大生产打击最大的风险。在这种生产模式下简单地扩大规模，并不能保证实现增收。一方面，农业生产的周期性非常强，农产品的价格变动也非常大；另一方面，小农生产是由千家万户的生产单位构成的，单个家庭的理性算计往往在市场波动中不堪一击。在市场信息严重不对称条件下，小农本能的市场效仿、追涨杀跌，最终带来的大多是谷贱伤农的后果。此外，小农进入市场后的议价能力低，产前、产后被其他市场主体垄断，增产不增收的现象也十分普遍。

5. 新型农业经营主体对小农增收的带动作用依然有限

近年来，大力培育以农业龙头企业和农民专业合作社为代表的新型农业经营主体是农业政策支持的重要方向。然而由于我国小农数量庞大，且自身经营管理水平参差不齐，龙头企业、专业合作社等对小农增收的带动作用非常有限，从小农的角度能切实感受到龙头企业的帮助并受益的情况并不多见。合作社多存在内部管理不规范、管理技术人才缺乏、利益联结不畅等问题，导致小农虽然加入了合作社但拥有感、认同感不强的情形也普遍存在，对小农的增收带动作用并没有随着合作社数量的增加而加强（苑鹏，2013）。

二、善品公社的实践探索

善品公社（中和农道农业科技有限公司）是中国扶贫基金会发起成立的电商扶贫社会企业，目的是更好地推进“互联网+扶贫”实践，探索和推动移动互联网及电子商务时代农村社区产业发展新模式并促进食品安全问题的解决。善品公社通过支持贫困农村地区小农户抱团合作、生产优质农产品并有效链接市场，以此通过市场的力量提升小农户组织合作能力、品质生产能力和市场对接能力，最终实现可持续脱贫发展，并促进小农户和消费者之间的信任链接。自2015年成立以来，善品公社在全国各项目区不断探索，通过组织小农、提升小农、服务小农和发展小农，有效地推动了小农户与市场的对接（郭晓鸣 等，2018a）。

（一）组织小农：优化合作机制，破解集体行动困境

小农户只有报团合作和集体行动，才能应对市场。但是小农户合作能力差，往往面临集体行动困境，如何组织小农始终是一个难题。虽然根据国外农业发展的经验，合作社是一个可能的组织形式，但是结合我国农业和农户的特点，形成切实可行的合作化机制，却是一个需要在实践中不断探索的课题（杨团，2010；邓衡山 等，2016；徐旭初，吴彬，2018）。为了破解这一难题，善品公社在开展项目时首先对当地原有的合作社进行股份制改造，并加强合作社的组织化和制度化建设。

善品公社推进合作社股改前，各个合作社与农户的利益关系松散，入社门槛低，既无实质性社员权利，也无实质意义的收益分配。经股改后的各个合作社均重新与农户建立了更为紧密的利益联结机制。在股改制度设计中既强调社员权益，也强调社员义务。首先是设置两种股份，一是基本股，按合格社员人数进行量化，根据本合作社成员平均分配现金入股比例，社员入社即需缴纳，方可享受中国扶贫基金会与合作社提供的服务，同时可参与基本股利润分红。二是发展股，为合作社发展投资新项目时设立的集资股，仅限本社社员参与，实行单独结算，所产生的利润在提取“四金”基础上由发展股入股者单独享有。

【案例一：合作社股份化改造】

四川省雅安市坪阳合作社在股改前原有400多户社员，社员之间并无实质性利益联系。股改时，在尊重入社自愿、退社自由的前提下，实施社员重新入社制度，社员重新入社时需要交纳1 000元/户作为入社股份。合作社股改当年有144户重新入社，基本股总融资14.4万元，善品公社入股5万元，社员股份和善品公社股份的比例大致为74：26。股改之后合作社社员总体上呈上升趋势，坪阳合作社在2017年、2018年均有新增社员，目前坪阳合作社社员已达到325户，覆盖两个乡五个村。

通过股份改造，合作社的集体行动能力显著提高，在决策机制和利益

分配机制上都得到了完善。股改前，善品公社扶持的各个合作社尚未设置合理的决策制度，大多数社员对合作社事务并不关心，并没有决策会议让社员作为参与主体发挥合作社共同事务的决策作用。股改之后，各个合作社重新优化决策机制，社员大会（股东大会）为最高决策机构，理事会在社员大会授权下负责日常经营管理工作。理事会、监事会成员由社员大会选举、相关方（中国扶贫基金会、当地区/县政府相关部门、乡镇政府）联合提名产生，并且善品公社在理事会占一席，由授权代表出任。合作社决策采用全员投票表决方式，日常经营决策有理事会进行，其他重大事项经由理事会讨论后组织社员大会决策，投票遵循一人一票原则，善品公社作为单一主体与普通社员享有一票同等的投票权，享有附加表决权，不享受特殊表决权。

【案例二：合作社管理制度建设】

山西省隰县善品良田梨果种植专业合作社联合社在股份改造后全面优化了运营管理机制，联合社设立了三级决策，分为成员代表、理事会和经营团队。涉及日常经营管理决策的，由经营团队内部抉择，涉及重大事务抉择的，由经营团队上报理事会抉择，需要成员代表大会抉择的，由理事会召集会议决策。如出现经营团队和理事会抉择相左时，以理事会决策为准；如出现理事会和成员代表大会抉择相左时，以成员代表大会决策为准。在涉及公益资金使用的相关资金使用时，中国扶贫基金会顾问理事具有一票否决权。同时，为实现规范化管理，提高运营效率，该联合社基于“联合社+基层合作社+生产小组”三级组织架构，建立了多项制度，包括联合社运营管理制度、办公室日常工作制度、经营团队提质增效建设思路和相关条例。

善品公社通过对合作社进行培育和孵化，全国范围内各项目累计扶持和援助 29 家农民专业合作社，包括合作社 27 家、合作社联合社 2 家。这些专业合作社均进行了规范性的组建和优化，在合作社规范建设、电商运营、市场链接、品质提升和社区能人培养等方面进行培训和能力建设。2018 年在合作社的管理和建设过程中，善品公社优先在条件相对成熟的云南省红河县和山西省隰县探索和实践成立 2 家善品合作社联合社。善品公社在合作联社上的进一步探索，增加了项目的辐射带动，加强了对社员的综合服务能力，同时也为合作社的体系化建设提供了前瞻性的经验。

（二）提升小农：更新生产理念，破解品质管控难题

由传统农业向现代农业的转型离不开农业科技的进步和科技创新，但是科技成果如何应用到田间地头，让小农户从中受益，是我国农业现代化进程中需要解决的难题。传统小农户受教育程度较低，思想观念较为保守，更倾向于规避可能产生的风险。这些因素导致面向小农户的农业科技推广往往达不到预期效果，农产品质量良莠不齐，无法对接大市场。善品公社依托合作社的组织基础，通过利益机制和技术服务推动小农生产理念的更新，促进了农业科技的应用，探索了在小农生产模式下进行品质管控的办法。

农民是最讲现实利益的，不管采用什么样的生产经营方式，关键是农产品卖不卖得好，能否实现优质优价。传统的农技推广模式没有与产品市场对接，农技应用的成果没有得到市场回报，农民就没有动力改变原有的生产方式。针对这一问题，善品公社以“认证制”为资格门槛，通过市场机制倒逼农户。以接受品控生产规程为条件获得授权认证的农户，可以更高价格由善品公社售卖其农产品。在相对更高的市场回报面前，越来越多的农户意识到品控管理的重要性，品控生产意识和能力稳步提高，逐渐形成“优果优质、优质优价”的良性循环机制。为了有效地实现品质管控，善品公社深耕上游，探索了农业生产标准化建设机制与服务机制，如整合资源组建由农业专家和技术能人组成的生产技术指导小组，定期检查或抽查合作社农户的生产经营情况，并解决生产中出现的现实问题。同时，通过农资统购，确保农药、化肥的质量和用量符合绿色农产品的要求；通过组建农机服务队，实现农业生产关键环节的标准化、规模化和社会化。

【案例三：合作社的品质管控机制】

山西省隰县善品良田梨果种植专业合作联合社按照绿色食品标准，依托中国农科院柑桔研究所、山西省果树研究所、四川农科院、中国农业大学、四川农业大学等科研院校专家以及市县农业局的人力资源，因地制宜地设计了18套生产技术规程，并建立由“技术专家+县市农技特派员+合

作社+生产技术小组”组成的品控执行机制，选聘专家12名、农技特派员18人、生产小组长45人，组建玉露香梨技术指导小组，负责种植户和各基层合作社技术服务队的培训和指导，按月制订玉露香梨种植解决方案，尤其是用药、用肥和修剪方面，做好新技术的引进和示范工作。同时，开展关键农事节点、生物/物理防治技术和品质提升等技术培训和学习考察。此外，为了形成示范带动效应，联合社还制定了《示范园建设合作协议》《示范户遴选标准》等条款，鼓励农户按照合规的方式来生产。

（三）服务小农：搭建电商平台，打造本地公共品牌

引领小农户对接市场的关键环节在于农产品销售，这也是小农户面临的最大制约。如何把田间地头的农作物变成商品，并且能够与流通环节合理分享利润，这也是传统农业与现代农业的重要区别。尽管“互联网+”已成为推动小农生产向现代农业转型的重要动力（周绍东，2016；郭晓鸣等，2018a），但是小农户天然缺乏外部资源，无法介入流通领域，在商品市场中处于明显的弱势地位。即使是有心推动本地农业产业化发展的当地政府，也很难把握特定农产品市场的变化。善品公社充分利用“互联网+”的先进理念，着力打造本地公共品牌，以渠道授权和市场化运作的方式，搭建线上平台，形成农村电商的善品模式。在营销方式上，善品公社充分利用中国扶贫基金会的品牌效应，整合社会资源帮助当地特色农产品进行宣传推广和品牌打造，实现优质优价，助农增收；通过网络整合营销和品牌跨界合作的方式，进行公益推广和宣传，开展扶贫农产品推广活动；通过线上对接知名平台电商和内容电商、线下对接各大超市和连锁店，拓展销售渠道。

【案例四：合作社的农产品推广与营销】

山西省隰县善品良田梨果种植专业合作社以联合社为组织主体，完善各类市场准入条件（绿色/有机认证、溯源），使其具备对接的基础条件：组建线下市场销售团队，主动参加全国农产品展会和行业交流会，增加产品曝光；组织参观批发市场、大型商场和社区精品店等各类市场渠道，对接各类市场资源，增加产品销售渠道；组建电商运营团队，以联合社法人的身份在微商城、京东、天猫等C端平台开店，并多方对接各类B端平台

（分销和微平台），探索电商销售。

为提高农产品的商品化率和供应稳定性，善品公社同步推进合作社供应链能力建设和服务，引导合作社建设农产品仓储、冷藏、分级、初加工等设施。

【案例五：合作社的农产品分级】

黄果柑是四川省雅安市坪阳合作社的特色产品。2016 年年初时有 10 万斤黄果柑产品准备上市。为了帮助合作社打通市场环节，善品公社尝试将原来流通环节非标准化的黄果柑做成准标准化，采用分级方式，将 65~75 克的黄果柑从农户手中收购过来，由善品公社进行销售，原来所有果子是 1.2~1.5 元/斤（市场好的年份达到 1.6~1.7 元/斤），现在将 65~75 克的果子按照 3 元/斤给予农户，二次返利 0.1 元。

（四）发展小农：培育本土团队，实现可持续人才支撑

本土人才培养是乡村发展的重中之重。如何通过有效的外部干预有计划、有步骤、有节奏地培养社区本土人才，留下一只带不走、强有力的本土团队，对于合作社的后续推进及社区长效发展至关重要，也是确保脱贫攻坚与乡村振兴有效衔接的重要保障。善品公社依托合作社运营管理、电商专业运营等载体，促进本土人才队伍沉淀并持续提高综合管理能力。在合作社运营过程中善品公社注重以民主协商的形式，对重大决策多次以会议、集体讨论的形式与合作社管理人员和社员共同决策。更为重要的是，善品公社通过言传身教在潜移默化中将诚信生产的理念、企业家精神以及更为科学高效的工作方式传递给了本土人才。本土人才赋能直接孵化出当地首批电商创业群体，为当地产业发展积淀了重要的经营管理人才，大幅提升了产业发展的人力资本。

善品公社还通过专家技术服务和品控等机制，着力培养了一批本地技术能人，通过理念引导、视野拓宽等培训，由外部驱动逐渐转变为个人自觉。同时，还大力促进本土人才与外部人才的交流，一方面选派本土人才前往外地参访学习，另一方面邀请外部专家以培训、交流等多种形式支持合作社人才培养。比如在案例三中，通过建立品质管控机制，就引入了难得的外部专家资源，并与本土人才结合，形成学以致用的专业技术团队。

（五）帮扶小农：设计扶贫措施，体现善品公益属性

善品公社的公益模式集中体现在以合作社为载体的产业扶贫上。善品公社在合作社的制度设计中充分考虑了不同的扶贫措施，在投资和分配领域体现公益性。首先是入股投资的公益性制度设计。善品公社的捐助性投资，如农业机具、库房等基础设施投入后量化折股，但是善品公社只通过股份获得一定的决策权，而不参加收益分红。同时，善品公社的管理费用不计入当地合作联社经营成本。其次是直接补贴和帮扶。善品公社直接对合作社农户购买农资进行补贴，免费发放生活用品；合作社降低贫困户的准入门槛，如降低入社股金等；合作社生产技术服务队用工方面优先考虑贫困户成员；合作社农机服务队还为贫困户提供免费农机服务。最后是在合作收益分配中进行制度设计，保障贫困农户的利益。比如在合作社制度中规定，将合作社承接的各类扶贫资金投入发展股项目中，通过股份化的方式折资（资金或设备）量化入股，全村的贫困户均可享受该股份的分红收益。

【案例六：合作社的扶贫机制设计】

山西省隰县善品良田梨果种植专业合作社联合社2018年组建了农机服务队，共整合到政府产业扶持资金和社会捐赠资金30万元，占农机服务队量化股份的45%，当年可分配收益为5万元，其中22 500元为贫困户分红资金。联合社和各基层合作社每年从当年的总收益中提取3%作为扶贫救助金，用于救助全村的特困户群体和发生重大变故家庭。

三、善品模式的思考与启示

（一）农民专业合作社的利益联结

通过组建农民专业合作社，让小农抱团进入市场，在这一点上几乎没有什么争议。但是如何组建农民专业合作社，什么样的农民专业合作社才能真正实现这个良好的愿望，却历来有不同的观点。甚至在官方的统计数据中也能体现出不同认知导致的统计偏差。比如据原农业部统计，2016年全国入社农户比例为28.0%，而同年原工商总局的统计是有超过1亿农户入社，占全国农户总数的46.8%。在实地调研中，合作社名实分离的现象普遍存在，或者是挂个名的

"空壳"合作社，或者是大户把持的合作社，或者仅仅是土地集中流转后形成的土地合作社等。专家学者们发现国外的合作社发展经验很难适应中国的国情、农情。

善品模式的重要创新价值在于，深刻把握中国农民和农业的现实特点，探索切实可行、行之有效的农民专业合作社组织经营方式。其主要体现在基于激励原则的体制机制创新，着力解决"搭便车"问题和集体行动问题。善品公社按照"理念引导、治理规范、利益关联、能人沉淀、资源导入"的发展路径，对本地原有合作社进行规范性组建和优化，探索了很多新的制度设计，比如设立准入门槛、征信制度、合作社联合社试点等。上述合作社组织经营模式的探索都是围绕着股份改造来实现的。经过社员全部退出并重新入社的过程，合作社凝聚起一批认同善品公社与合作社经营理念、发展目标高度趋同的社员，从过去的"空壳"机构转变为具有集体行动能力的农户组织化平台。股改后的合作社改变过去合作社与小农、小农之间松散的关系，形成以农资统购、产品统销、技术指导、收益分红为纽带的利益联结关系，使合作社成为真正能够带动小农抱团参与产业发展的重要组织载体。

（二）小农户如何对接现代农业生产方式

标准化的品控管理是现代农业生产区别于传统农业生产的关键特征，能够稳定向市场供应优质农产品仍是评价农业产业发展成功的重要标志。如何保障分散的小农户持续生产出高品质的农产品是小农户对接市场的前提。过去以政府主导的农业科技推广面临的一大困境是无法与小农的切身利益挂钩，也就难以转变小农户的生产方式。

善品公社从两个方面促进了小农户与现代农业生产方式的对接。一是把以品控为核心的生产方式转变与市场利益挂钩。善品公社将合作社作为产业链上游深耕的关键支撑，以合作社为组织载体优化农户组织方式、生产方式和利益分配方式。善品公社以"认证制"锁定优质农产品供给主体，只有"认证农户"才能将产品经由善品公社的线上渠道进行销售，获得远高于传统线下渠道的溢价空间。随着合作社的市场议价能力的显著提升，分散农户通过合作社平台获得了产业发展中更高的价值分享，从而增加了改变农业生产方式的信心和动力。二是提供全方位的农业社会化服务。为了确保标准体系和技术规程能够落地执行，善品公社设计出由“科研专家、农技特派员、技术服务队、生产小组和认证农户”于一体的五级执行体系，通过多方合作，协同实现标准化生产。还依托合作社或合作联社成立农机具服务队、生产服务队等，制定相应的服务条约，实现以点带面、全程监管的服务流程。善品公社通过上述两个方面的探索，让小农户有动力、有能力实现向现代农业生产方式的转型。

（三）怎样才能做好农产品电商

近年来，农村电商作为一个新业态受到各方的肯定与推广。但是实地调研发现，虽然农村电商遍地开花，但形成持续盈利的商业模式并不多。不少乡镇和村上的电商设施建设好后并没有发挥应有的作用。关键问题还在于由地方政府主导的农村电商，既缺乏市场理念，又缺乏开拓市场的能力，结果只能以小作坊的方式来经营电商，并没有真正把小农户引入大市场。

善品公社准确地发现问题所在，从两个方面来推动农村电商的发展。一是抓住农产品生产供应端，确保货源。善品公社以“提供优质农产品”为电商发展的保障，高度重视以标准化为导向全产业链分工。善品公社全链式模式社梳理了整个产业链中涉及标准化生产、供应的关键环节，将标准化生产分解到产前、产中、产后各个环节，建立覆盖生产、流通环节的农产品标准化体系。二是抓住农产品的市场销售端，培育地域性公共品牌。善品公社以市场方式打造电商平台，充分调动中国扶贫基金会的软实力，与各大电商运营商合作，引入网络名人效应，召开主题营销发布会等，持续推广和培育地域性的公共品牌。在销售环节，农产品是直接面向消费者，善品公社倡导优质优价，按照市场规范行事。比如在产品收购上，一视同仁，达不到标准则不予收购；在产业链各个环节，交由相应的市场主体来完成，如物流、仓储、平台运营等。善品公社起到一个传递的作用，通过各地农民合作联社，收集符合条件的产品，再交给电商平台销售，所得收益再返还农民合作联社。

（四）如何在产业发展中兼顾扶贫

善品公社的公益模式集中体现在以合作社为载体的产业扶贫上。善品公社在合作社的制度设计中充分考虑了不同的扶贫措施，在投资和分配领域体现公益性。首先是入股投资的公益性制度设计。善品公社的捐助性投资，如农业机具、库房等基础设施投入后量化折股，但是善品公社只通过股份获得一定的决策权，而不参加收益分红。同时，善品公社的管理费用不计入当地合作联社经营成本。其次是直接补贴和帮扶。善品公社直接对合作社农户购买农资进行补贴，免费发放生活用品；合作社降低贫困户的准入门槛，如降低入社股金等；合作社生产技术服务队用工方面优先考虑贫困户成员；合作社农机服务队还为贫困户提供免费农机服务。最后是在合作收益分配中进行制度设计，保障贫困农户的利益。比如在合作社制度中规定，将合作社承接的各类扶贫资金投入发展股项目中，通过股份化的方式折资（资金或设备）量化入股，全村的贫困户均可享受该股份的分红收益。

（五）人力资本投资的重要性

舒尔茨在《改造传统农业》中提出一个经典命题，即要把传统农业改造为现代农业，提高农民的人力资本是核心。一切现代农业要素的前提是有具备相应人力资本的农民来使用。但是传统农民很难自动学习掌握现代农业知识和经验，需要强化针对农民的人力资本开发。一是加强本土人才培育。小农户对接市场不仅是生产方式的转型，也是以人为核心的生产要素的提升。地方农业部门应把农民培训作为一项重要的工作任务，通过体制机制创新探索农民培训供需对接的有效模式，精准使用培训资源，加强新型职业农民培训计划与本地农业发展项目的有机衔接。二是注重农村精英培训。农村精英具有极大的引领带动作用和辐射作用，是农业发展的关键力量。要鼓励农村本地的能人或精英更有效地参与到农业发展中来，这就需要为他们提供学习现代农业经营管理知识的机会，比如如何管理合作社，如何对接电商平台，如何为消费者提供高效的服务。地方政府可以探索以购买服务的方式引入有相关培训经验的第三方，制订培训方案、组建有较高水平和影响力的师资队伍，针对农村精英的需求设计经营管理与市场开拓等培训课程。

第二章　农业经营组织与经营方式

第一节　农民合作组织的发展与地方政府的角色[①]

一、引言

农民合作组织的发展正在受到理论界和实际工作部门的高度关注，在合作组织的发展过程中，地方政府的政策支持在很大程度上已经成为农民合作组织发展的重要推动力量。在已有的研究中，许多学者从不同的角度涉及这一问题。苑鹏（2001）从农村市场化的角度，详细剖析了国家与农民合作组织之间的关系，指出二者的良性互动对于农民合作组织的健康成长及加速农村经济的市场化进程至关重要。这里既有国家对农民合作组织的强大作用，也有农民合作组织的逐步独立和分化。苑鹏同时强调，政府对农民合作组织的作用更多地应体现在加强合作社立法建设、制定经济扶持政策、提供公共物品等方面，为农民合作组织的健康成长营造良好的外部环境，而不是过多地介入农民合作组织的日常经营决策中。黄祖辉等（2002）认为，当前农民合作组织的发展应从政府主导型制度创新的角度来理解。他们指出，农民（专业）合作组织从一开始就与各级政府部门衍生出十分复杂的关系。有别于西方国家以宽松的政策环境来支持专业合作组织的发展，我国各级政府更多地采取行政介入方式。一方面，县或乡镇

① 本节选自作者与郭晓鸣老师合作同名论文（载于《中国农村经济》2005 年第 6 期）。在收录时，作者对个别表述进行了修订，并添加了相关案例。

各职能部门和实体往往通过兴办专业合作组织以有效行使其职责；另一方面，农民专业合作组织也通过依托或挂靠这些部门和实体以寻求庇护和支持。他们认为，问题的关键在于政府部门对在农民专业合作组织创建和发展过程中自身角色定位的认识和介入方式的把握。张晓山（2004）分析了政府在扶持农民合作组织时已经和可能出现的问题，强调政府应发挥的积极作用。

基于已有的研究基础，笔者近期对四川省三台县、资中县、彭州市、仁寿县和天全县进行了一系列更具针对性的实证研究，重点从县、乡、村和农户四个不同层面深入考察在农民合作组织发展过程中地方政府所扮演的角色，特别是农民合作组织同地方政府所构成的互动模式[①]。实证分析所得出的基本判断是：农民合作组织与地方政府之间有着非常密切的关系，二者在不同层面上构成了一种互动的联系。在现阶段，农民合作组织表现出较为明显的行政主导趋向及发展态势，而农民合作组织在保护农民利益方面的作用虽然已经开始显现，但总体上还比较有限。

二、农民合作组织的基本特征

调查表明，当前农民合作组织的发展从组织运行模式上考察有下述几个方面的基本特征：

1. 农民合作组织的发展主要以当地具有一定比较优势的农业产业为依托

例如，三台县是四川省的油菜生产基地，其油菜协会的发展起步早、规模大，具有较大影响。与之类似，资中县的生猪、彭州市的蔬菜、仁寿县的水果和天全县的林竹都具有明显的产业比较优势，各自的养猪协会、蔬菜协会、水果协会和林竹协会也都得到了重点扶持并实现了较快发展。因此，从总体上判断，农民合作组织与当地具有比较优势的主导产业的发展有比较强的相关性，这既是地方政府产业政策导向的结果，也符合农民

① 本研究所定义的“农民合作组织”，指的是在向市场经济转型过程中出现的有别于传统供销社、信用社或者农村集体组织的各类新型合作组织，包括各种协会、股份合作社等；“地方政府”则以县、乡两级政府及相关职能部门为主要考察对象。

通过发挥自身比较优势增加收入的需要。

2. 农民合作组织的组织模式表现出多元化的发展态势

它们既有公司与合作组织的联合，科研机构与合作组织的联合，也有农业技术部门与合作组织的联合，还有营销大户与合作组织的联合。值得注意的是，在组织模式多样化的同时，农民合作组织的发展有两个明显的态势：一个是以乡镇协会为主体向上扩张，组建县级甚至市级产业协会；二是以县级产业协会为依托向乡镇延伸，扩大乡镇协会的数量和规模。从趋势上看，各个农民合作组织完全孤立地自我发展的方式正在逐步改变，农民合作组织纵向组织体系的构建已经初露端倪。但是，与一般农户利益联系更直接的村级小规模协会的发展极其有限，这导致现有农民合作组织发展的基础支撑存在明显缺陷，从而成为一个需要高度重视的问题。

3. 农民合作组织以多样化的注册方式谋求合法地位

一般而言，比较松散的小型农民合作组织通常是在科学技术协会（科协）或相关农业行政主管部门备案，有一定规模的合作组织主要是在民政部门登记，而从事一些经营活动的农民合作组织则需要在工商局注册。例如在仁寿县，有 30 个协会在民政局注册，有 69 个协会在科协登记，在畜牧局登记的有 29 个，在农业局登记的有 15 个，仅有 2 个协会在工商局注册。协会注册、登记方式的多样化一方面与现行多头管理的体制直接相关，另一方面也表明各类农民合作组织的实际发展水平参差不齐，总体上还处于刚刚起步的初始发展阶段。

4. 农民合作组织仍然维系着以技术服务为主的功能特征

尽管不同区域和不同类型农民合作组织发挥的主要作用是有差异的，例如，养猪协会主要是在饲料、兽药供应以及疫病防治方面发挥作用，油菜协会主要是通过提供优良的油菜品种来为农户提供服务，而蔬菜协会则主要是以提供优质品种及产品检验的方式为农户提供帮助，但是，上述差异主要表现为技术服务的内容和重点有所不同。从总体上评价，现有农民合作组织以技术服务为主的特征仍然十分明显，它们在农产品销售方面提供的服务还十分有限。在仁寿县和天全县进行的 190 户农户问卷调查显示，认为他们所加入的协会只提供了种植或养殖技术服务的比重达到 89%。

5. 农民合作组织的实际发展规模存在很大的不确定性

从四川省看，相关部门提供的统计数据是：全省已发展各类农民合作组织 1.1 万多个，覆盖农户达到 21%，大大超过全国 3%～5%的水平。但是，笔者在调查中发现实际情况与统计数据有较大的差异。农民合作组织的会员包括核心会员和联系会员两大部分。一个协会中的核心会员通常只有几十户或 100 多户，他们与协会的利益联系比较紧密；而联系会员则可以多达上千户乃至几千户，他们常常因为自己所在的村社成了政府或协会的示范区而被动地参与进来，与协会的联系主要是以单一或单向的农业技术服务为纽带，基本上没有直接的利益关联。例如，资中县养猪协会的核心会员为 180 户，而有关部门统计的联系会员则达到 8 000 户之多；寿县新店乡柑橘协会的核心会员仅为 32 户，而联系会员为 240 户。在多数情况下，联系会员的分布和当地主导产业的区域布局以及农业技术部门所提供的技术服务的覆盖领域是完全重叠的。所以，对联系会员基本上实行的是“通知制”，而不是“申请制”，会员对合作组织的参与度极低，以联系会员的数量来判断农民合作组织的实际发展规模和水平是不恰当的。

三、农民合作组织的主要功能

农民合作组织的主要功能表现在以下四个方面：

1. 通过保证一定的生产规模，形成特色农产品的聚集效应和品牌效应

在市场经济条件下，没有规模就没有效益。不形成一定的产业规模，特色资源优势就难以转化为现实经济优势。在小农户经营的基本格局短期内不能改变的情况下，依托农民合作组织可以逐步建立较为稳定的供求渠道，提升产品品牌形象，扩大产品销售范围。

2. 有利于形成一定的利益表达机制，促使政府协助解决市场中的不确定因素

单个农户势单力薄，自身合法利益的维护往往因缺乏基本的诉求渠道而受到漠视。农民合作组织的发展在提高组织化程度的基础上增强其外部谈判能力，可以在提高利益保护能力方面发挥十分积极的作用。

3. 有利于提高农业技术推广的效率，更有效地满足单个农户的技术需求

一般而言，一方面，单个小农户采用新品种、新技术的风险很大，小农户出于经济理性倾向于保持传统的种养方式，这使得政府的技术推广部门直接面对农户进行单纯的农业技术推广难度很大；另一方面，由于缺乏利益联结机制，政府统一推广的农业技术常常并不适合不同地区农户的具体情况。而通过农民合作组织来实施农业技术推广，既能够以农户自主参与的方式来分散风险，又能够在新品种或新技术的选择上更符合农户的实际需求，从而更有利于提高农业技术推广的效率。

4. 有利于发挥合作组织内部的自律功能，实施农产品生产过程中的质量安全控制

农民合作组织作为一个具有共同利益和长期目标的经济组织，有条件对品种、农药、饲料、兽药的使用进行明确规定，并以利益机制促使内部成员共同遵守，从而有效防止单个农户的机会主义行为。

但是，从整体上看，现阶段农民合作组织所能发挥的影响和作用仍然比较有限，首要原因是农民合作组织的实际覆盖面很小，它们所覆盖的主要是少量的核心会员。核心会员一般都是村里的能人或精英，能够在利益联结机制下参与协会的运作并分享利益；而大量的联系会员常常因为自己所在的村组或乡镇被纳入某一项目区或生产基地而被动地参与进来，与协会并不存在实质上的利益联系。从这个意义上来说，现有合作组织的边界十分模糊，它们对联系会员的实际影响也必然极其有限。此外，农民合作组织内部运行不规范，农户参与度过低，政策支持错位，这些都是农民合作组织发展的重要限制因素。

四、地方政府的现实需要

调查显示，地方政府在推动农民合作组织的建立和发展中居于主导地位，发挥着十分关键的作用。究其原因，最重要的是农民合作组织的发展从总体上看完全符合地方政府的实际需要，这主要表现在三个方面：

1. 农民合作组织的发展有助于弥补当前农村行政管理方面的薄弱环节

就农村现实看，税费改革之后农民负担虽然有了较大幅度的下降，但不容忽视的是县、乡政府普遍面临财政拮据、运行困难的窘境，导致政府管理能力相对削弱，特别是农村的行政管理出现某种程度的真空化状态。由于缺乏基本的经费来源，县、乡政府对许多事情都是希望有所为却不能为。在农民合作组织的实际发展过程中，地方政府发现，借助其内部组织管理的天然优势，可以以较低的行政成本实现某些过去实现难度较大的政府目标，例如农村社区内公共性的道路建设、沟渠修缮等。事实上，由合作组织填补农村基层行政管理的真空，依靠合作组织完成以前属于政府的各类工作，已经成为当前地方政府的一种非常有效并且可行的选择。同样重要的是，由于农民合作组织的发展受到了中央政府的高度重视，支持农民合作组织尽快“做大做强”理所当然地成为体现地方政府政绩的新形式，而且这方面的工作实绩也能够得到上一级政府的鼓励和支持。

2. 农民合作组织的发展有助于实施地方政府的农业产业政策

在农产品市场竞争日趋激烈的背景下，地方政府在对农业产业政策的选择上普遍注重三个关键的方面：一是扩大农产品生产规模，在一定区域内争取规模效益；二是强化技术推广，提高本地农产品的市场竞争力；三是构建质量安全控制体系，塑造本地农产品的品牌形象。换言之，地方政府的农业产业政策的基本取向是扩张规模、提升质量、打造品牌。显而易见的是，这三大政策目标的实现都必须依靠小农户的集体行动，而由地方政府直接面对数量众多的分散农户不仅成本很高，而且困难重重。相反，地方政府通过合作组织来实现政府农业产业发展的政策目标，则能够大大减缓政府直接面对农户所产生的经济冲突甚至政治上的风险，使产业政策的实施阻力更小，效率更高。由此也就不难理解为什么地方政府对农民合作组织会有较多的行政介入，以及农民合作组织的发展类型总是与地方政府的产业发展取向高度相关。调查发现，在农民合作组织的发展过程中，县、乡两级干部的工作方式也相应发生了变化，他们已经开始逐渐适应从过去以干部的身份到现在以协会管理人员的身份从事农村经济管理工作这样一种身份转换。

【政府依托协会推进产业政策】

三台油菜协会所在的乡镇本身就是上级政府指定的油菜品种推广示范点。通过协会的形式更容易把分散的农户组织起来搞大范围的选种育种工作，而农户有新鲜感，积极性也更高。在资中县，政府同样面临相似的情况：一是要把生猪产业“做大做强”，就必须搞基地建设，培养养殖大户；二是要保证猪肉食品安全，就必须控制生猪生产到销售的各个环节；三是推广三元瘦肉型猪，就得保证优质优价，树立品牌。政府也期待着协会的发展能够承担更多的工作。协会挂靠的福元公司就积极与政府合作建立大型养殖育种基地和屠宰场。（资料来源于调研访谈）

3. 农民合作组织的发展有助于促进乡镇农业技术推广机构转型

当前地方政府面临的财政困境更多地表现在乡镇机构上面，其中，乡镇农业技术推广部门处于更加困难的境地，突出的表现是原有农业技术推广服务体系普遍“线断、网破、人散”，农业技术服务功能显著削弱。在实施农村税费改革和乡镇机构改革之后，大多数乡镇都成立了综合性的农业服务中心。农业服务中心实现以“块”为主的管理体制，县级职能部门与它们有业务指导关系。由于县财政不负责支付农业服务中心人员的工资或者只支付其中一小部分工资，农业服务中心要通过为千家万户提供技术服务来实现自收自支非常困难。县级农业职能部门同样发现，其业务工作只能限制在几个有限的试点示范项目上，面上的工作大都不同程度地被悬空。农民合作组织正是在这种情况下成了“旧瓶”中的“新酒”。乡镇农业服务中心通过合作组织这个组织载体开展农业技术服务工作，不仅在农户中能够产生更多的认同感，而且也更容易获得相应的经济回报。这样，农业服务中心与合作组织的联合就形成了一种制度上的选择，并在不断的试错过程中重新界定经营性职能和服务性职能之间微妙的关系。

【资中县的案例】

在资中县的养猪协会中，各乡镇畜牧兽医站的负责人同时也是养猪分会会长，原有乡镇畜牧兽医和村兽防员则同时以分会技术员的身份出现在农户面前。畜牧兽医站协同乡镇经济发展办公室共同组建了协会工作联络站。养猪户在配种、防疫、饲料供应、圈舍修建、贷款方面有困难时，一般先找协会在村上的组织员（由村主任兼任）。如果解决不了问题，再找协会工作联络站，由协会工作联络站与相关部门取得联系帮助解决问题。（资料来源于调研访谈）

五、地方政府的作用方式

如上所述，在中国农业进入十分重要的转折阶段和地方政府面临解决“三农”问题压力不断加大的宏观背景下，农民合作组织的发展同地方政府的现实需求是完全吻合的，这也是促使地方政府积极介入合作组织发展过程并谋求有所作为的重要原因。那么，地方政府又是以何种方式作用于农民合作组织的实际发展过程的呢？调查显示，地方政府对合作组织的作用方式主要有以下四种：

1. 借助原有的组织资源和人力资源参与合作组织的创建

一方面，农民合作组织以乡镇或村组为单位的发展模式大大降低了合作组织的管理成本，同时，村组干部既是村组管理者，自身也是合作组织的积极分子，这种双重身份既有利于合作组织方便地联系农户，也有利于政府对合作组织的指导和整合。另一方面，合作组织的建立依托政府原有涉农服务体系，例如乡镇农业服务中心、农业技术推广站、农村经营管理站、畜牧站等，这也简化了合作组织的运作程序，不少这样的涉农机构的负责人或技术员也在合作组织中任职。县级一些相关的主管部门也通过一些名义上的组织形式同合作组织对接，例如专家委员会、技术顾问、产业发展办公室、项目办公室等。通过上述种种方式，政府在组织和人员上都同合作组织产生了直接或间接的关联，从而以不同方式介入合作组织的组建和发展过程。值得一提的是，虽然最近的发展趋势是一些政府官员特别是乡镇领导开始从合作组织管理层中退出，但是，其实际影响并没有受到明显削弱。

【资中县成立养猪协会的组织资源】

为了推动全县生猪业的快速发展，资中县委、县政府于1998年成立了生猪发展领导小组，县长和县委分管农牧业的副书记分别担任领导小组组长和副组长，县级其他相关部门负责人为小组成员，对生猪发展进行具体领导和协调。同时县委和县政府下发文件，对养猪大户制定了诸多优惠政策，还实施了许多相关项目，其中包括于2003年启动的四川省无公害生猪生产基地建设项目。资中县还成立了由农业副县长任组长的农村专业技术协会领导小组，并由畜牧局、科协、农办共同支持组建养猪协会。在乡镇一级，由主管农业的副乡镇长或者副书记负责协调协会工作，而村主任则成了协会组织员。（资料来源于调研访谈）

2. 不同形式的优惠和扶持政策

地方政府通常可以运用行政权力降低合作组织的组建成本，通过税收减免提高合作组织的生存和发展能力，或者通过给予直接的财政资金扶持为合作组织创造更好的发展环境。应该看到，地方政府的这种扶持政策虽然非常有效，但同时又比较有限，因为这种扶持往往表现为一种特殊的行为倾向，即注重给单个特定的合作组织以特定的扶持手段，而不是致力于从整体上为农民合作组织的发展建立公开、公平的行为规则。由于扶持政策的覆盖面受到限制，其政策影响的范围和力度也就必然会大打折扣。但是，就地方政府而言，这种个别的扶持往往使合作组织倾向于获取政府的庇护，从而也强化了地方政府对其发展的实际影响。

【政府对协会的推动作用】

在彭州市的案例中，彭州市为改变原来多头管理、权责不清、各自为政的状况，建立了市政府的直属职能机构——“蔬菜办”，使蔬菜生产和营销有了专门的指导、管理、服务、协调机构。重视发挥蔬菜营销户的作用，努力改善营销大环境，如创造良好的治安环境、完善基础设施建设、对营销户不征收任何税费等，每年对营销大户进行表彰，提高营销户的社会地位。在以营销大户牵头的蔬菜产销协会成立时，政府财政拨给了10 000元作为活动经费，协会注册商标时又给5 000元作为奖励。（资料来源于调研访谈）

3. 赋予社会身份和组织身份

在组织机构层面上，这表现为各种形式的表彰、评比活动，这些评比结果既是上级政府制定倾斜政策的依据，也是县级相关部门和乡镇政府政绩考核的标准。通过这种方式，地方政府向合作组织传达了它的基本态度和价值标准。在组织管理者层面上，这表现为对合作组织中的民间精英在制度上的接纳和社会身份的赋予，以强化其对政府的认同，例如，将其选举为本地人大代表或政协委员，或者为其提供向高层领导汇报工作的机会等。

4. 间接的利益分享

既然农民合作组织的发展符合地方政府的现实需要，那么，地方政府在支持合作组织发展的过程中合理谋求自身利益就是完全正常的现象。调查结果表明，在农民合作组织培育方面，地方政府一般是通过对现有组织资源和人力资源的让渡，在不同层面上参与或者整合到合作组织的某些产业环节，进而从中分享利益。例如，农业技术服务中心介入合作组织的技术推广过程，通过化肥、农药、饲料、优良品种的供应以及优质农产品的销售，来获取一定的经济收益。

六、结语

毫无疑问，对农民合作组织与地方政府之间复杂的互动关系的把握，有助于人们更清晰地认识当前农民合作组织发展中的一些关键性问题。笔者认为，至少应当有以下几个方面的基本判断：

（1）农民合作组织作为联系政府与农民的中介，其发展过程离开了政府有效的政策支持将是十分困难的。现实表明，发展合作组织既可以得到绝大多数农户的响应和支持，又符合地方政府的实际需求，地方政府能够提供有效的政策扶持。这种基本取向的一致性是我国农民合作组织赖以发展的最坚实的支撑点。有理由相信，只要能够选择合理的发展路径并且提供必不可少的外部支持，农民合作组织实现更有成效的发展，发挥更加积极的作用，就是一个完全可以期盼的目标。

（2）农民合作组织总体上仍然处于初始的发展阶段，面临着诸多共同的成长中的困难。地方政府个别的政策倾斜的扶持方式虽然在培育少数典型样板方面能够收到一定成效，但无助于解决普遍矛盾，难以产生更广泛的政策效应。因此，与提供个别的政策扶持相比，地方政府为合作组织发展创造良好的外部环境，建立公正、公平的行为规范，无疑是一项更加紧迫的现实任务。

(3) 农民合作组织的主体是农民，必须最大限度地发动和支持农民自主参与。合作组织应当由农民发起建立，由会员代表大会选举产生理事会和监事会，共同决定发展方向和重大事项，确保其真正成为农民自己的利益共同体。政府的支持和帮助应当以不干扰合作组织的制度规范和实际运行为基本前提。尤其重要的是，要让农民组织起来而不是把农民组织起来，不管基于什么样的产业目标和良好愿望，任何对农民合作组织发展过程的直接行政介入都是不可取的。

(4) 由于自身政策目标的需要，地方政府已经并且仍然在对农民合作组织的发展给予多样化的支持和帮助。尽管政策的实际影响空间还比较有限，但其积极的导向作用是无论如何都不能低估的。但是同时，应当清楚地看到，除了需要政策优惠和资金扶持之外，当前农民合作组织的发展还普遍面临着缺乏基本的内部管理知识、不具备基本的民主参与能力、不熟悉基本的应对外部市场竞争的经验等一系列更重要的制约因素，必须从外部为其提供具有针对性的培训和咨询服务。这方面应当说仍然是一个空白，也是当前农民合作组织总体发展状况并不理想的主要根源，而这恰恰是政府应该有所作为而至今尚未作为的一个重要领域。

(5) 合理确定地方政府的角色。地方政府对农民合作组织的政策支持是不可缺少的，但就现实而言，地方政府的支持方式与农民合作组织发展的内在需求存在一定程度的错位。因此，当前最紧迫的任务并不是规范农民合作组织的发展，相反，是必须帮助地方政府合理界定其角色，调整其支持重点，促使其在农民合作组织的发展中更富有成效地发挥作用。

第二节　农业共营制绩效评估[①]

在传统农业向现代农业转型过程中，重构农业经营体系是一个必不可少的环节。随着中国农村经济社会的巨大变革，曾发挥过巨大作用的农业双层经营体制的弊端不断显现，农业经营面临着土地细碎化、农户兼业化、劳动力老龄化、农业副业化和生产非粮化等多重挑战，“谁来种地”“怎么种地”“谁来经营”成为中国农业经营体系改造与重构所需要解决的重大问题。这就必须要转变以小农决策为基础的传统经营方式，使之适应现代经济体系和全球化经济格局的要求。

全国各地进行了农业经营方式创新的探索，但各地在实践中均面临同样的两难困境，即如何实现土地规模经营与保障农户经营主体地位的兼容，在不对小农户产生挤出效应的条件下实现土地的低成本集中和规模化经营。换言之，单纯地扶植龙头企业、家庭农场等新型经营主体带来了弱小农户的被动式挤出，利益结构的失衡既不利于乡村社会的和谐稳定，也会因为农业经营缺乏稳定性的主体支撑而对农业的持续发展构成严重挑战。

农业经营体系重构面临多重政策目标，包括土地规模化经营、保障国家粮食安全、维护农民土地权益和农户主体地位以及促进传统农业转型升级。四川省崇州市对农业共营制进行了探索。我们在把握崇州农业共营制的产生背景、历史演进脉络、组织结构和运作机制的基础上，对农业共营制的绩效进行评估，分析其成效和问题，并对其未来的选择与发展方向提出建议。

① 本节资料数据来自“崇州农业共营制绩效评估（2018）”课题（课题负责人为郭晓鸣），主要部分由作者执笔完成，课题组成员高杰、丁延武、张耀文和李奕丰对数据的搜集和报告写作也有贡献。该课题的相关研究成果发表在“四川崇州‘农业共营制’破解现代农业发展难题”（载于《农村工作通讯》2019年第10期）。

一、背景与演进

崇州市是隶属于成都市的县级市，崇州市在农业发展过程中面临严峻的“地碎、人少、钱散、缺服务”的问题。同时，作为成都平原重要的粮食主产区，粮食主产县“政府要粮”与“农民要钱”之间的矛盾及大都市优质农产品需求大与近郊县农产品竞争力弱、地缘优势发挥不足等的矛盾突出。为解决以上困境，早在1998年，崇州市就开始探索新的农业经营方式。最开始鼓励和引导粮食生产大户流转土地进行规模经营，逐步到引进龙头企业、开展订单农业及鼓励农民组建合作社。崇州市于2008年在全国率先开展土地确权，同时，新农村建设促进了人口聚居，扩大了生产半径，规模化经营的需求进一步增强，为农业经营体制的制度创新提供了外部契机。

崇州市农业农村发展仍然面临着严峻的挑战。一方面，人均耕地面积不足1亩且地块分散严重，农业生产效益低下，农业与工商业经济激励的悬殊导致农村大量劳动力外流。据统计，2012年崇州市外出务工的农村劳动力比例已经高达73.4%（谢琳 等，2014），“谁来种地”的矛盾十分尖锐。另一方面，由于劳动力的外流导致“高龄农民”的现象突出，务农人群多为60岁以上的老人，而新生代农村人口不愿意进入农业领域，“怎么种地”的问题同样严峻。崇州市最初探索农民相互之间的自发流转或引进企业流转土地以实现适度规模经营，但前者仍然无法实现对传统农业的彻底改革，经营发展步履维艰，而后者出现了企业失约、农民失利、土地撂荒等情况。面对发展困境，崇州市顺势而为，大胆创新突破，开始探索通过合作社的组织形式将农民撂荒、不愿意种的土地集中起来。

2010年，崇州市隆兴镇黎坝村组建了第一家土地股份合作社——杨柳坝土地股份合作社。农户以承包土地的经营权入股合作社，并按入股土地面积筹集生产成本；合作社由理事会代表社员负责统一经营管理，并聘请种田能手进行日常田间管理，解决了“谁来种地”“如何种地”的问题；由农业综合服务组织提供生产服务；经营收益按比例分成、保底二次分红、超产分红等方式进行分配。与业主流转土地的经营模式相比，土地股份合作社的稳定性和持续性优势在其成立之初就得到了充分体现。在杨柳坝合作社的绝大部分社员最初是在干部动员下勉强同意入股的，但在第一批入社社员分红后，更多的农户开始主动要求加入合作社。

从2011年起，土地股份合作社被推广到全市25个乡镇（街道）。随着合作社覆盖范围的不断扩大和经营规模的持续增加，对优质社会化服务和职业经理人的需求日益迫切，要求崇州采取有效的政策举措解决这一难题。崇州采取分片区建立农业社会化服务超市，将农技、农机、农资等各项农业服务整合为农业科技、品牌、金融和社会化“四项服务”，形成公益性服务与经营性服务相结合、专项服务与综合服务相协调的社会化服务体系，并让服务涵盖到了产前、产中、产后的全部环节。“土地股份合作+四大服务体系”的运作机制因此在早期被概括为“1+4”新型农业经营模式。

同时，为了满足规模经营对农业专业技能的要求，崇州市开始统一培育职业经理人。成都市出台《成都市人民政府办公厅转发市农委等部门关于加强农业职业经理人队伍建设试行意见的通知》《成都市人民政府办公厅关于加强农业职业经理人队伍建设的意见》等文件，明确职业经理人选拔、培养、管理、服务四大机制，和产业、科技、社保、创业、金融五个方面的扶持政策，构建了职业经理人的教育培训、认定管理、政策扶持三大体系，职业经理人队伍不断规范完善。随着土地股份合作社、职业经理人以及社会化服务体系等规模化、专业化与组织化运行机制的逐步完善，最终形成了“土地股份合作社+职业经理人+农业综合服务”三位一体的“农业共营制”①。崇州市农业共营制是在坚持制度框架下的重大创新。农业共营制在坚持农村基本经营制度和农民家庭经营主体地位的前提下，实现了土地的适度规模经营，大大激发了农村生产潜能。

同时，崇州市农业共营制的组织形式不断丰富，组织功能不断改进完善。2015年，崇州市开始探索“土地股份合作社+农业产业化企业”试点，农业共

① 2014年4月27日，国务院发展研究中心农村经济研究部、华南农业大学农村经济转型发展协调创新中心、四川省社会科学院主办的中国农业经营制度创新实践研讨会在崇州市召开，包括农业经济学在内的各学科顶尖级专家云集崇州市，并进一步地把崇州市“1+4”新型农业经营模式提炼总结提升为“农业共营制”。

营制由“土地股份合作社+职业经理人+农业综合服务”三位一体的组织结构提升为“土地股份合作社+农业职业经理人+农业产业化企业+农业综合服务”四位一体的组织结构（见图2.1）。合作社与企业通过入股经营、产品联营、资产联营三种形式的股份合作构成紧密的利益联结，并采取“优先股+分红”的收益分配方式，即首先确保合作社土地经营权入股或合作社产品入股（优先股）的收益，剩余利润再按股份比例重新分配。此外，顺应“互联网+农业”发展趋势，设立农产品电商服务平台，从而形成了科技、品牌、金融、电商和社会化五大服务体系。

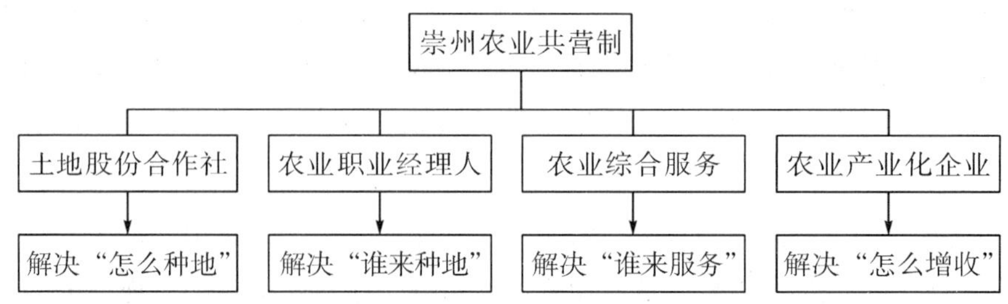

图2.1　崇州市农业共营制组织结构图

截至2017年年底，在共营制创建不到7年的时间里，崇州市土地股份合作社发展到246个，入社土地面积达31.6万亩，占全市耕地面积的61%，并被推广到全国其他地区。

二、评估方法与指标

从2010年开始，崇州市农业共营制经过7年的探索和实践，逐步推广和完善，目前农业共营制已进入较为成熟的时期。在国家乡村振兴战略的新形势下，亟须对崇州市农业共营制的发展进行一个全面的成效评估，从社会效益、经济效益、政策目标等方面形成综合性的判断。

本报告主要依据面上的统计数据，特别是现代农业监测数据，不会对指标进行权重处理，因为经过权重处理会加入研究者的主观判断，不如直接呈现各项指标的实际数值。农业共营制是一种农业经营体系的制度创新，其成效评价应该综合考虑政策目标的实现情况、社会效益和经济效益。具体说，从粮食安全、农业现代化水平、资源环境保护、经济效益、农户带动能力五个方面进行评价。评价的时间段为2010—2017年。

（1）粮食安全。崇州是成都市的产粮大市，承担了确保粮食安全的重任。因此，农业共营制是否起到了稳定粮食生产的作用，是重要的评价标准。

——粮食生产的主要指标有粮食播种面积和粮食总产量。

——水稻生产的主要指标有水稻播种面积、水稻总产、水稻单产。

（2）农业现代化水平。新型农业经营体系建设的重要目的就是要提高农业现代化水平，要促进传统小农生产方式向适合我国国情的规模化经营方式转型。因此，崇州农业共营制的成效应体现为农业现代化水平的不断提升。

——土地适度规模经营比重指土地适度规模经营面积与耕地总面积的比值，是反映农业生产经营专业化、标准化、规模化、集约化程度的重要指标。计算公式：土地适度规模经营比重=土地适度规模经营面积/耕地面积×100%。适度规模经营面积是指单个经营面积达到50亩（含）以上的种植大户、家庭农场、农民专业合作社、农业产业化龙头企业等规模经营主体经营的耕地面积之和。

——高标准农田面积比重指高标准农田面积与耕地面积的比值，是反映农业基础设施支撑能力的重要指标。计算公式：高标准农田面积比重=高标准农田面积/耕地面积×100%。

——农作物耕种收综合机械化水平指各种农作物机耕、机播（栽、插）、机收的综合作业水平，是反映农业装备水平的重要指标。农作物耕种收综合机械化水平按农作物机耕、机播（栽、插）、机收水平分别占40%、30%、30%的权重加权求和计算。计算公式：农作物耕种收综合机械化水平=机耕水平×40%+机播（栽、插）水平×30%+机收水平×30%。

（3）资源环境保护。经济的发展不能以牺牲生态环境为代价。现代农业的发展应强调资源环境的合理和高效利用，提高农产品的生态标准。这是能否实现农业可持续发展的重要影响因素。

——耕地保有率指本年年末耕地总面积与上年年末耕地总面积的比值，反映了耕地面积的变动幅度。计算公式：耕地保有率=本年末耕地总面积/上年末耕地总面积×100%。

——农田灌溉水有效利用系数指灌入田间可被作物利用的水量与灌溉系统取用的总水量的比值，是反映农田灌溉用水利用效率的重要指标。计算公式：农田灌溉水有效利用系数=灌入田间可被作物利用的水量/灌溉系统取用的总水量。

——“三品”认证农产品产量比重指该地区获得认证的无公害农产品、绿色食品、有机食品产量占当地食用农产品总产量的比重，是反映农产品优质、生态、安全水平和标准化生产水平的重要指标。计算公式：“三品”认证农产品产量比重=“三品”认证农产品产量/食用农产品总产量×100%。其中，“三品”认证农产品产量=无公害农产品产量+绿色食品产量+有机食品产量。

——单位能耗创造的农林牧渔业增加值指农、林、牧、渔业增加值与能源消耗总量的比值，是反映转变农业发展方式、节能降耗的重要指标。计算公式：单位能耗创造的农、林、牧、渔业增加值=农、林、牧、渔业增加值/能源消耗总量。

（4）经济效益。崇州市农业共营制的制度创新既要促进农业产业的升级，也要为农民带来经济收益，同时，更要保证经济效益的提高，包括劳动生产率、生产投资收益率，以及通过延长产业链产生的收益。

——农民人均纯收入指按人口平均的农村居民家庭纯收入（农村住户当年从各个来源得到的总收入相应地扣除所发生的费用后的收入总和），是衡量农村居民生活水平的核心指标。

——农业劳动生产率指平均每个农业劳动力创造的农、林、牧、渔业增加值。计算公式：劳均农、林、牧、渔业增加值=农、林、牧、渔业增加值/第一产业就业人员数。

——农产品加工业产值与农业总产值比值指农产品加工业总产值与农业总产值的比值，是反映农业产业化经营水平的国际通用指标。计算公式：农产品加工业产值与农业总产值比值=农产品加工业总产值/农业总产值。

（5）农户带动能力。在我国当前农地三权分置的政策背景下，农户式的土地承包关系将是长期稳定的，农业共营制的发展离不开对农户的带动。可以说，没有农户的普遍参与，共营制就缺乏根基。

——农户参加农民合作社比重是指参加农民合作社的农户数量与农户总数的比值，是反映农业组织化程度的重要指标。计算公式：农户参加农民合作社比重=参加农民合作社农户数量/农户总数×100%。

——持专业证书的农业劳动力占比是指持专业证书农业劳动力数量与农业劳动力数量的比值，是反映农业劳动力素质的重要指标。计算公式：持专业证书的农业劳动力占比=持专业证书农业劳动力数量/第一产业就业人员数×100%。持专业证书人员是指农业从业人员（包括各类农业企业、合作社、种养大户及一般农民）中持有涉农专业中等及以上学校教育及职业教育毕业证书、农业行业职业资格证书、农民技术职称证书、农民技术资格证书（绿色证书）的人员。

——农业标准化服务覆盖率是指享受农业标准化服务的农户数占农户总数的百分比。农业标准化服务是指以标准化为基础，以市场为导向，以农工贸、产供销一体化的经营组织为依托，严格按照标准指导和组织生产，从种子、种苗、种畜及生产过程的标准化抓起，逐步在产品加工、质量安全、储藏保鲜和批发零售环节实施标准化管理，建设标准化体系、为农业生产服务的体系、保障农产品安全的监督体系。

三、数据分析结果

（一）粮食安全得到有效保障

在粮食播种面积和粮食总产量呈下降趋势的大格局下，确保水稻产量保持稳中升至关重要。随着我国农业产业结构的调整、居民食物消费结构的变化以及城镇化进程的加速，核心大城市在粮食生产方面的作用会有所减弱。根据成都市农调队调查数据，成都市粮食播种面积近年来逐年下降，从 2014 年的 488.68 万亩下降到 2017 年的 454.85 万亩。崇州市的粮食生产总体上也表现出同样的下降趋势，但是这一下降趋势近年来趋于平缓，表明粮食安全总体上得到了有效保障。特别是同农业共营制直接相关的水稻生产近年来保持了稳中有升的态势，水稻播种面积自 2013 年以来，一直保持在36.5万亩以上的水平（见图2.2），水稻总产量则由2013年19.81万吨逐年上升，到2017年达到20.17万吨（见图2.3）。

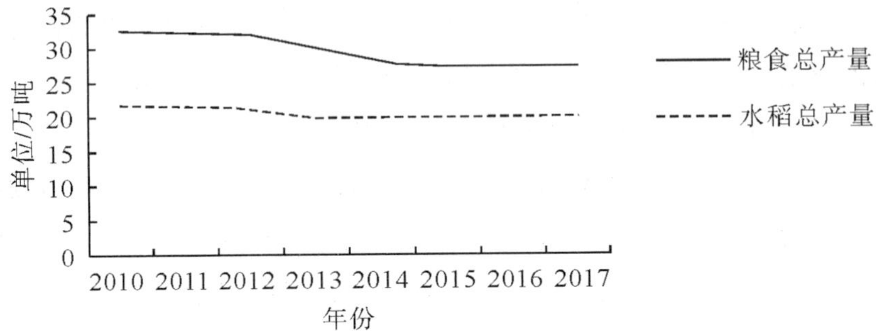

图2.2 崇州市粮食总产量（2010—2017年）

在粮食生产总量得到保障的同时，崇州市水稻单产呈现出逐年提高的趋势。特别是在2013年、2014年和2015年都有较大幅度的提升，到2017年水稻亩产达到552千克/亩，高于同期全成都市平均水平。

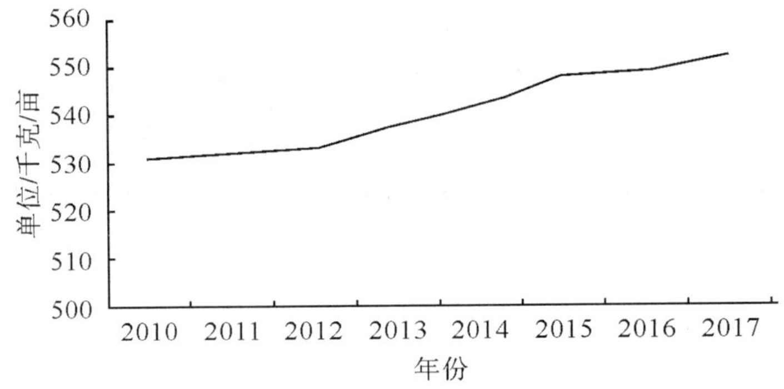

图2.3 崇州市水稻单产（2010—2017年）

值得注意的是，在普遍实施农业共营制的十万亩粮油生产片区，水稻平均产量得到显著提升，根据2016年的测产数据，平均亩产达到575.1千克，其中分乡镇计算亩产最高达到641.7千克，最低也有559.0千克（见表2.1）。这说明，崇州农业共营制核心区水稻增产效果较为显著。

表 2.1　崇州市土地股份合作社水稻产量（2016 年）

项目类别	数量
土地股份合作社粮油面积/亩	89 745.0
十万亩片区粮油面积/亩	60 307.0
十万亩片区水稻平均亩产/亩	575.1
十万亩片区分乡镇水稻最高亩产/千克	641.7
十万亩片区分乡镇水稻最低亩产/千克	559.0

资料来源：崇州市 2016 年土地股份合作社水稻测产表、崇州市 2016 年土地股份合作社面积汇总表。

（二）农业现代化水平显著提升

一是土地规模化经营基本形成。土地规模化经营的面积逐年持续增长，规模化经营面积的比重从 2010 年的 36.1%增加到 2017 年的 71%（见图 2.4），已经达到了国家全面实现农业现代化设定的 70%的目标值。

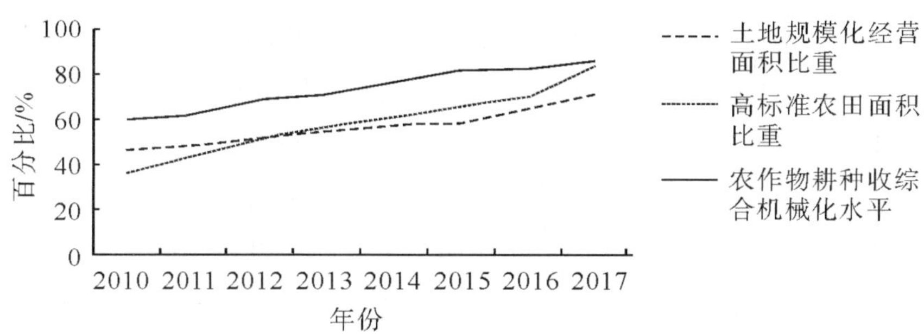

图 2.4　崇州市农业现代化水平三项指标（2010—2017 年）

二是高标准农田建设基本完成。大力推进高标准农田建设，高标准农田面积占比从 2010 年的 46.5%提高到 2017 年 83.7%，达到 49.04 万亩。高标准农田面积占比超过了国家全面实现农业现代化设定的 75%的目标值。

三是农作物耕种收综合机械化水平进一步提高。基本实现机耕作业和机收作业，机播作业起步较晚，但是发展迅速。农作物综合机械化水平从 2010 年的 59.8%提高到 2017 年的 86.1%。从机耕、机播和机收三个分项指标来看，机耕和机收的实现基础较好，在 2010 年均已超过 50 万亩。但是机播起步较晚，直到 2012 年仍然未达到 10 万亩，到 2013 年也仅为 11 万亩。其后，机播进入快速增长期，每年机播面积增加 10 万~18 万亩，到 2017 年，崇州市的机播总面积已达到 50.5 万亩（见图 2.5）。值得注意的是，要达到国家全面实现农业现代化设定的 90%的目标值，在机播能力方面还需要进一步提升。

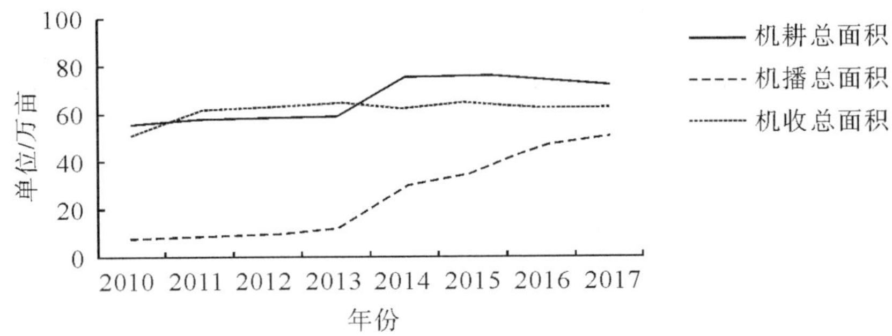

图 2.5　崇州市农作物耕种收综合机械化水平（2010—2017 年）

四是农业职业经理人队伍基本形成。经过几年的培养和培训，崇州市基本形成了一支成熟的农业职业经理人队伍。根据 2014 年的调查统计，共有职业经理人 1 343 人，其中有 1 232 人获得崇州市颁发的证书，有 447 人获得成都市颁发的证书。当年有 499 人上岗，其中有 256 人从事粮油类经营。通过农业职业经理人经营的粮油面积达到 99 470 亩，但是单个农业职业经理人经营的面积差别较大，最大经营面积达到 3 798 亩，最小经营面积则只有 21.2 亩，均值为 390 亩，中位数为 250 亩（见图 2.6）。

（三）资源环境保护成效显著

从耕地资源和水资源保护来看，崇州市基础较好，推进农业共营制以来，耕地和灌溉水资源都得到了有效的保护和利用。如表 2.2 所示，耕地保有率在 2013 年达到 100%，并一直保持在这个水平上。农田灌溉水有效利用率较高，从 2010 年的 0.67 到 2017 年的 0.72，稍高于国家全面实现农业现代化设定的 0.7 的目标值。单位能耗创造的农业增加值逐年提高，从 2010 年的 2.65 提高到 2017 年的 4.25，显著高于国家全面实现农业现代化设定的 3 的目标值。

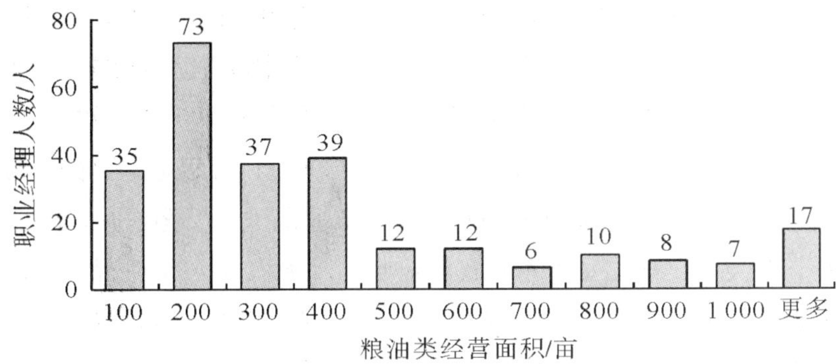

图 2.6 崇州市 2014 年职业经理人数量与经营面积

表 2.2 崇州市资源环境保护指标（2010—2017 年）

评价指标	2010 年	2011 年	2012 年	2013 年	2014 年	2015 年	2016 年	2017 年
耕地保有率/%	97.00	98.00	99.00	100	100	100	100	100
农田灌溉水有效利用系数	0.67	0.67	0.68	0.68	0.68	0.70	0.70	0.72
单位能耗创造的农业增加值/（万元·吨标准煤）	2.65	2.70	2.76	2.98	3.01	3.68	3.84	4.25
“三品”认证农产品产量比重/%	1.80	2.30	4.20	20.90	61.10	64.70	77.50	79.40

在生态有机认证农产品方面，崇州市可以说是从无到有，在短短几年的时间内实现了向绿色农业的转型。“三品”认证农产品产量比重在 2010 年仅为 1.8%，在 2013 年开启快速增长模式，当年实现 20.9%的比重，2014 年达到 61.1%，超过了国家全面实现农业现代化设定的 50%的目标值。其后几年生态农业保持稳定增长，到 2017 年“三品”认证的农产品产量已占全部食用农产品产量的 79.4%。

（四）经济效益得到体现，尚有更大发展空间

一是农民人均纯收入稳步增长。崇州市农民人均纯收入保持稳步增长的趋势，从 2010 年的 7 464 元增加到 2017 年的 19 543 元；保持与成都市三圈层产粮大县（市）的平均水平的增长趋势（见图 2.7）。为了更具体地分析共营制对农户家庭收入的影响，我们根据近期对崇州市农户的调查

数据，对入股型农户和流转型农户的家庭收入结构进行了比较。入股型农户是加入了土地股份合作社的农户，也就是共营制所覆盖的农户；而流转型农户是未加入土地服从合作社的农户，没有参加共营制。统计结果显示，入股型农户的2017年家庭总收入为54 105元，而流转型农户的家庭总收入为49 232元，入股型农户的家庭收入要高于流转型农户。从收入结构上看，两类农户都主要依靠非农就业收入，务农收入和经营性收入非常少。表2.3显示，相比于流转型农户，入股型农户非农收入要高近3 000元，转移性收入也较高，但是财产性收入要稍低一些。

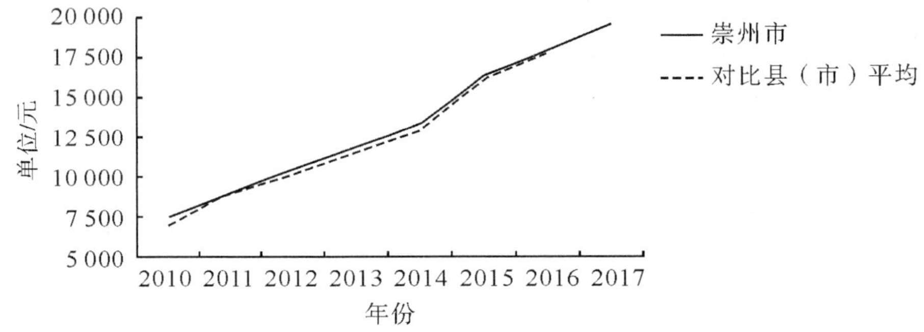

图2.7　崇州市和对比县农民人均纯收入（2010—2017年）

注：对比县（市）是位于成都三圈层的5个产粮大县（市），包括都江堰、彭州、邛崃、金堂和大邑。

表2.3　崇州市入股型农户和流转型农户收入结构　单位：元/年

农户类型	非农收入	财产性收入	转移性收入	其他收入	总计
入股型农户	41 962	3 016	7 596	1 568	54 142
流转型农户	39 152	3 958	6 249	372	49 731

注：其他收入包括务农收入和经营性收入。

数据来源：课题组2018年对崇州农户的入户调查数据，调查了234户入股型农户和89户流转型农户。

二是农业劳动生产率稳步提高。崇州市劳均农、林、牧、渔增加值一直稳步增长，从2010年的14 704元增加到2017年33 781元，提高了约2.3倍（见图2.8）。已经非常接近国家对基本实现农业现代化的目标值，即农业劳动生产率达到35 000元①。

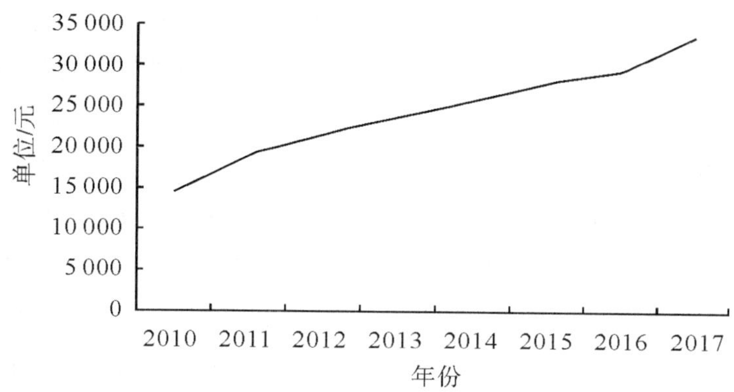

图2.8 崇州市劳均农、林、牧、渔增加值（2010—2017年）

三是农业产业化发展有所突破。崇州市农业产业化发展起步较晚，基础较为薄弱。截至2014年年底，农产品加工业产值与农业总产值的比值还不到0.5。随后在2015年和2017年有较快速度的增长，2015年增加了54.2%，达到0.74，2016年又增加了25.7%，达到0.93。但是2017年发展速度放缓，保持在0.94的水平（见图2.9）。尽管崇州市农业产业化发展近两年有所突破，还需要进一步加大力度，在延长产业链、增加农产品附加值上做文章。

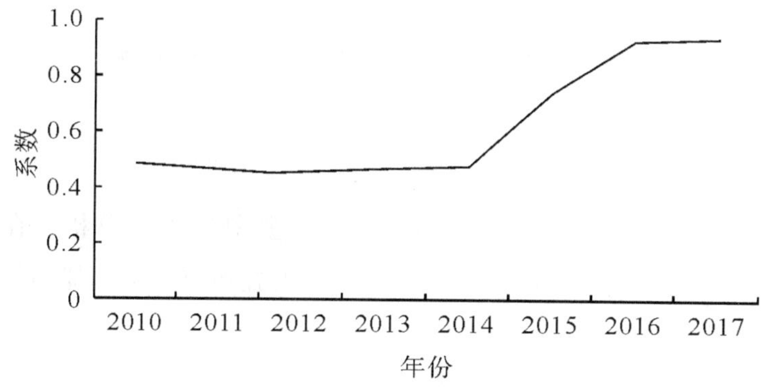

图2.9 崇州市农业产业化发展指标（2010—2017年）

① 关于农业劳动生产率的计算是以从事第一产业的农村劳动力为基数，但是考虑到农民大量兼业的客观事实，真正以第一产业为主要就业方式的劳动力数量会更少一些。因此，现有计算方式可能低估了实际的劳动生产率。

（五）带动农户能力进一步增强

崇州市农业共营制的一个重要特征就是通过一套制度设计，带动农户参与现代农业的发展。首先，农业共营制提高了农户参与农民合作社的积极性，入社比重持续增长，从 2010 年的 42.3%增加到 2017 年的 84.6%，超过了国家全面实现农业现代化设定的 75%的入社率。其次，农业标准化服务覆盖率由 2010 年的 54.3%增加到 2017 年的 92.%，基本上实现了全覆盖。最后，持专业证书的农业劳动力数量逐年增加，特别是在 2015 年上了一个台阶，由前几年 30%多的水平增加到接近 50%的水平，到 2017 年达到了 54.1%（见图 2.10）。值得关注的是，对农业劳动力的培训颁证还需要进一步加强，力争尽快达到国家全面实现农业现代化所要求的 60%的水平。

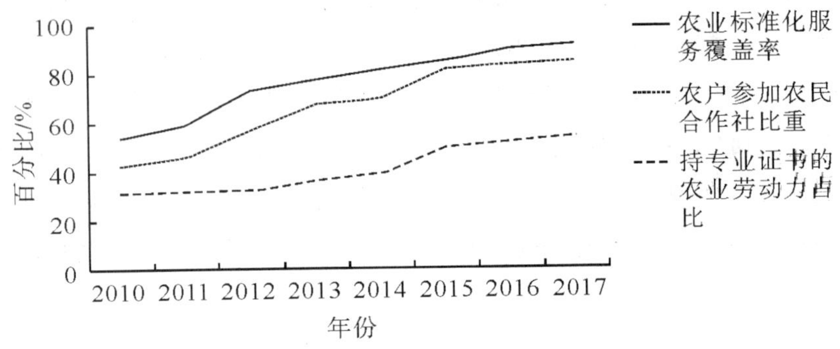

图 2.10 崇州市农户带动能力指标（2010—2017 年）

四、结论与讨论

根据对近年来与农业共营制相关的农业监测数据的分析，在粮食安全、农业现代化水平、资源环境保护、经济效益和农户带动能力五个方面均取得了显著成效。

首先，在农业现代化水平、资源环境保护和农户带动能力这三个方面表现尤为突出，主要指标值均超过了国家全面实现农业现代化所设定的要求。

其次，在粮食播种面积和粮食总产量呈下降趋势的大格局下，崇州市通过农业共营制的实践，使粮食生产的下滑趋势得到了有效控制。主要粮食作物水稻的产量自2013年以来呈现出稳中有升的态势，水稻亩产逐年提高，特别是以共营制为主的水稻产区，亩产达到575千克，增产效果显著。

最后，经济效益指标呈现出较为明显的增长趋势，但是尚有进一步发展的空间。一方面，从家庭收入结构分析看到，参与共营制有利于农户家庭劳动力的优化配置，表现为有更高的非农收入。另一方面，由于共营制主要覆盖粮油类作物生产，更需大力加强对复合种养和产后加工环节的支持，提高经济效益。

崇州市探索了以“土地股份合作社+农业职业经理人+农业产业化企业+农业综合服务”为基本构架的农业共营制，实现了农业产业、生产、经营“三大体系”的全面提升和协调发展，构筑了现代农业发展的总体架构。这不仅为全市现代农业的持续发展奠定了坚实的制度基础，而且为中国特色社会主义农业现代化探索了重要的发展方向和可行路径。

在农村产权制度改革不断深化，以及乡村振兴战略全面启动的新形势下，崇州农业共营制面临新的机遇与挑战。特别是近年来在基层大量实践中，一些原有的制度性约束也逐渐显现，需要给予特别的关注。

（1）政策性补贴。农业共营制仍以生产经营前段的补偿性补投入为主，缺少对经营绩效的激励性补贴。据调查，对共营制的补贴以粮食直补、良种补贴、农资综合补贴为主，同时根据合作社经营面积给予规模经营补贴，而此类补贴大多鼓励面积扩张，而未能对农户、职业经理人的经营绩效做出激励。这在一定程度上弱化了合作社、职业经理人积极寻求产业转型、拓展市场机会的内生动力，获得补贴成为部分职业经理人和合作社从事农业生产活动的重要目标。一方面，过度依赖政策性补贴使农业共营制演进失去内生动力，组织缺乏自我优化激励、职业经理人缺乏创新精神，导致产品市场竞争力较弱、利润较低。另一方面，从补贴对象看，仍以补贴小农户为主，缺少对组织本身治理和经营行为的补贴。

（2）农业生产经营基础性环节的普惠性投入。加大对全市农村高标准农田建设、水利设施、田间道路等生产性基础设施的投入，全面提升崇州农业生产经营的基础条件。在产业后端，做好公共品牌开发和宣传工作，切实发挥农村电商建设工程作用，帮助各类经营主体解决产品销售和价值提升问题。

（3）农业共营制组织的治理结构。在内部治理方面，要出台标准化的共营制内部组织管理制度，剥离合作社非经济职能以减少职业经理人决策过程，降低组织内部协调、管理成本，简化职业经理人决策过程。帮助各合作组织建立完善的现代企业制度，明确股东权责，建立规范的财务制度。在外部治理方面，要构建完善的职业经理人激励机制，在加强政策性引导的同时，充分发挥市场机制的激励作用，通过市场竞争激发共营制组织自我演进动能。在不改变企业（合作社）资产价值主体结构的前提下，短期内可行的路径是在进一步规范合作社内部组织结构和运行机制的同时，完善外部要素市场，包括土地市场、职业经理人市场、金融市场，发挥市场机制的信息传递和行为激励功能。特别要构建规范的经理人市场，以规范的市场信誉代替乡土人情作为选择职业经理人并确定薪酬的标准，发挥市场在配置职业经理人人力资本中的作用。

（4）农户与职业经理人间的利益联结。一方面，增强对职业经理人经营行为的激励。通过赋予其对等的剩余权利鼓励职业经理人主动拓展业务格局，在稳定现有种粮规模和产量的基础上，通过产后流通环节和加工环节提高产品价值，建立真正属于合作社的农业企业和农产品品牌。对获得执业证书并上岗的农业职业经理人在购买农业保险方面给予补贴。以持证后参与农业经营管理时间为标准，对新型职业农民参加城镇职工养老保险进行梯度缴费补贴。另一方面，引导农户形成合作精神。形成农户与职业经理人间对等的剩余权利。通过宣传、参观、讲座等形式加强对农户的教育引导，使其明确农业共营制与简单租地经营的区别，明确共营制的合作内涵。在此基础上，鼓励农民按照规范流程参与经营管理，发挥作为股东的权利和义务，特别要转变农户“共赢不共亏”的固化认知，形成“风险共担”的责任意识。

第三节　美日农业经营体系比较

一、美国的现代农业经营体系

自二战以来，美国一直是全球经济的领头羊，其 GDP 份额一度高达世界总量的三分之一。作为一个老牌的世界强国，美国发达高效的农业是一个重要的支撑。这个国家只有不到 2%的农业人口，但是农业产出不仅满足本国需要，还大量出口，使美国成为全球最主要的农产品出口国。根据 2011 年的统计数据，在全球农产品贸易市场中，美国提供了 28.2%的小麦、54.3%的玉米、44%的大豆、40.8%的棉花、35%的猪肉产品以及 33%的禽类产品（Hanrahan et al., 2012）。美国有三分之一的耕地用来种植出口农作物，有近三分之一的农场收入直接来自出口贸易。

总体来看，美国农业史是一部成功的发展史，是整个美国社会经济发展史的一部分。美国的现代农业经营体系是在这个历史过程中形成的。美国农业成功的原因是什么，这一直是一个广受关注的课题。下面，我们从几个方面来探讨一下。

（一）美国土地政策

"土地是财富之母"这句亚当·斯密的名言在美洲拓荒者中得到了最好的诠释。早在殖民地时期，土地是殖民地当局吸引移民的一个手段。来到这个新大陆的移民通过各种途径获得了大片的土地，包括英王赐地、向殖民地当局或土地投机商购买、同印第安部落的土地交易或者自行占地垦殖。在美国革命期间，土地又成了大陆会议吸引美国人参战的有效办法，入伍军人（包括英国雇佣军里的逃兵）都有望得到多达 100 英亩（1 英亩≈4 047 平方米，全书同）的土地。美利坚合众国成立后，联邦政府又把土地分配作为国库最大的收入来源。土地以 160 英亩为单位进行划分，然后转卖到私人手中。在 1820 年的土地法中，放宽限制，允许 80 英亩的小额交易。退伍军人继续享受政府的授地，也是以 160 英亩为单位。这一政策实际上促成了土地的普遍分配，因为在美国立国之后到内战前，一直在不断地打仗，扩张领土，几乎每个家庭都有人曾经参加过战争（施莱贝尔，1981）。大片土地整体购买和可以转让的土地授权证，一方面确实刺激了土地投机，但是，另一方面，也使很多移民成了土地所有者，大大促进了农场生产的发展。

在内战前后，联邦政府进一步转向自由分配政策，实行更为慷慨的土地授予。以 1862 年的《宅地法》为标志，政府直接把 160 英亩土地分给符合条件的公民。实际上，这一政策是帮助农场主和农场尽快得到发展，并鼓励农场主向西迁移。这是一个土地所有权民主化的过程，农场主从中得到很多好处，他们可以省下购买土地的花费，用来进行生产投资，并推动了商业性农业的发展，对美国农业效率和生产的增长产生了深远的影响。

总的来看，大面积的土地分配制度（从有偿到无偿），让农场主得到了土地，并鼓励垦殖。正是这一个个独立的家庭农场，构成了美国农业的基础。在市场竞争中，一些人退出了农业，土地通过买卖和转让向大农场集中。农场越来越少，而规模越来越大（施莱贝尔，1981）。劳动生产率不断提高，所需的农业劳动力越来越少，农业人口也越来越少（见图 2.11）。农业人口百分比从 19 世纪 80 年代起就不断下降，在 20 世纪初开始绝对减少。根据美国人口统计，在 2007 年只有不到 1%的人以务农为业，在这些人中，把农业作为主业的只有一半多。

（二）美国农场经营结构

美国农业的人口比重和农场规模发生了如此大的变化，但是，家庭农场这种经营模式一直没有变，18 世纪是这样，21 世纪还是这样。2007 年，在总共 220 万个农场中，家庭经营的农场占到 96%，只有 4%的非家庭经营农场。在所有家庭农场中，有 90%的农场年产值在 25 万美元以下，被称为家庭小农场。大多数这类农场的主人并不是以务农为主业，甚至并不是以务农为生，家庭收入主要来自非农领域。所有不是以务农为生的小农场占美国农场总数的 71%，平均农场规模相对很小，大概 160 英亩（约 971 亩）的样子。按照美国统计部门的定义，真正的大农场并不多，其中把农业作为主业的家庭大农场和超级大农场，有接近 19 万个，再加上约

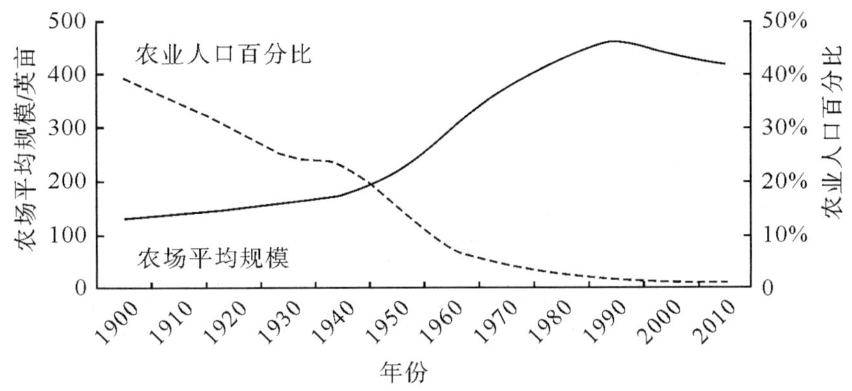

图 2.11　美国历年农场平均规模和农业人口比重（1900—2010 年）

资料来源：农业人口百分比数据来自《美国人口普查》，农场平均规模数据来自《美国统计简报》。

美国农场分类标准：

（1）非家庭农场：由非家庭的公司组成，同时雇佣经理来经营农场。

（2）家庭超大农场：销售额大于 50 万美元的家庭农场。

（3）家庭大农场：销售额在 25 万 ~ 50 万美元的家庭农场。

（4）务农/高产出型农场：销售额在 10 万 ~ 25 万美元，主要经营者把务农作为第一职业。

（5）务农/低产出型农场：销售额低于 10 万美元，主要经营者把务农作为第一职业。

（6）家庭小农场：销售额在 25 万美元以下的家庭农场，包括：①资源局限型农场：销售额低于 10 万美元，主要经营者的家庭收入低于 2 万美元；②退休型农场：销售额低于 25 万美元，主要经营者已经退休；③居住/生活方式型农场：销售额低于 25 万美元，主要经营者把务农作为第二职业。

9 万个非家庭经营的大农场，一共有约 28 万个，占美国农场总数的 12.7%。从规模来看，这些大农场平均占地达到 1 711 英亩（约 10 319 亩），全部加起来占美国农场总面积的一半，劳动生产率也相对更高，其产值占美国农业总产值的 85.5%（见图 2.12）。值得注意的是，即使是大型的合伙农场或公司农场，多数也是以血缘关系为基础的合作经营，或者是以家庭控股的方式经营。

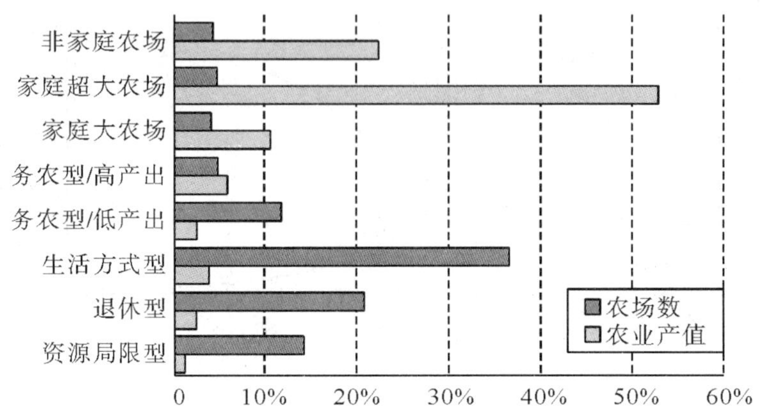

图 2.12　美国不同农场类型的数量和产值比重（2007 年）

资料来源：2007 年美国农业普查（USDA 2009）。

这些数据说明美国农业经营模式主要有两个类型。第一类是作为一种生活方式或者副业的农场经营。农场的主人与其说是农场主，不如说是其他非农行业的人员，同时还拥有一片土地，用来经营农业，并把它称作农场。第二类是规模化、产业化和国际化的经营模式，把农业产出作为主要的收入来源。这一类农场无论从土地规模、农业产值，还是从经营方式来看，都是一个个的企业，农业主就是企业家。所以，当我们在讨论美国的现代农业经营体系时，应该首先分清楚这两类不同的经营模式。

（三）美国农业产业中的科技进步

科学与技术进步渗透到美国社会的各行各业，在农业生产、牲畜养殖、农产品运输、贮存和加工以及产品销售等方面，技术创新日新月异，劳动生产率提高的速度总是令人吃惊。美国的农业史，就是一部科技进步史。可以说，没有强大的科学技术的支撑，就没有美国的现代农业经营体系。

美国的农场主拥有大片的土地，主要是以家庭为单位来经营，节省人力、物力成了农业机械化的强大动力。各种用途的拖拉机在 20 世纪初开始出现，从无到有，其后就是不断地改进并迅速普及。从图 2.13 可以看出，这一生产方式的根本转变在 20 世纪 60 年代已基本完成。值得注意的是，以拖拉机为代表的农业机具在 20 世纪 70 年代后总量上持平稳并略微下降。

这实际上体现了美国农业经营体系的另一个发展趋势，即农业服务公司的兴起。大型的农业机具可以通过租赁的形式使用，甚至直接把田间作业和产品加工包给不同的农业服务公司来做。在生物工程上，遗传学上的科学发现很快被应用于种植业，最典型的是杂交玉米。我们还可以列出一长串重要的技术进步，从方方面面推动着美国农业的发展。农业生产率稳步提高（见图 2. 14）。

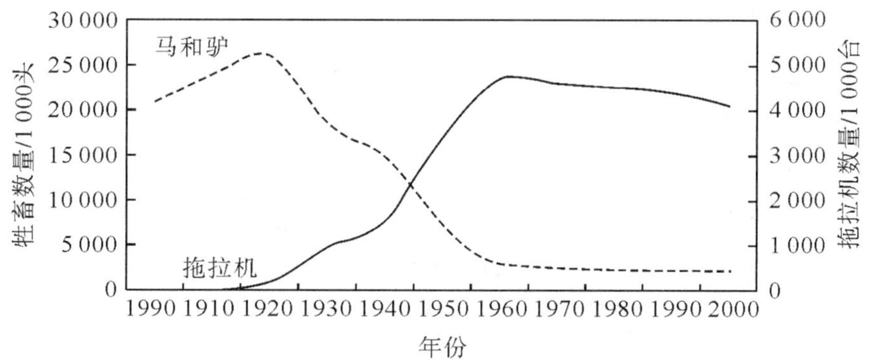

图 2. 13　美国历年牲畜动力和拖拉机动力的使用

资料来源：《二十世纪的美国农业》（Gardner 2002：Figure 2. 2）。

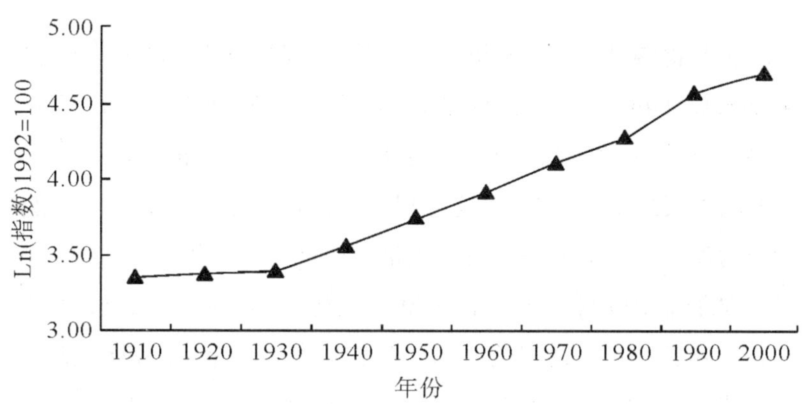

图 2. 14　美国历年农业多因素生产力（MFP）指数

资料来源：《二十世纪的美国农业》（Gardner 2002：Figure 2. 9）。

（四）政府的介入

美国政府在农业发展过程中有着举足轻重的作用，同自由放任的经济政策相去甚远。政府的介入方式可以分为以下三种机制：

一是农业投资机制。这主要是指在公共服务领域承担起必要的基础设施建设。一方面是投资于有形的基础设施，包括灌溉、邮政、道路、电力和电话。另一方面是投资于无形的公共资本，包括在市场信息的搜集和发布、农技教育和培训以及科研上的大量投入。以科研投入为例，包括联邦政府和州政府的支出一直持续增长（见图 2. 15）。

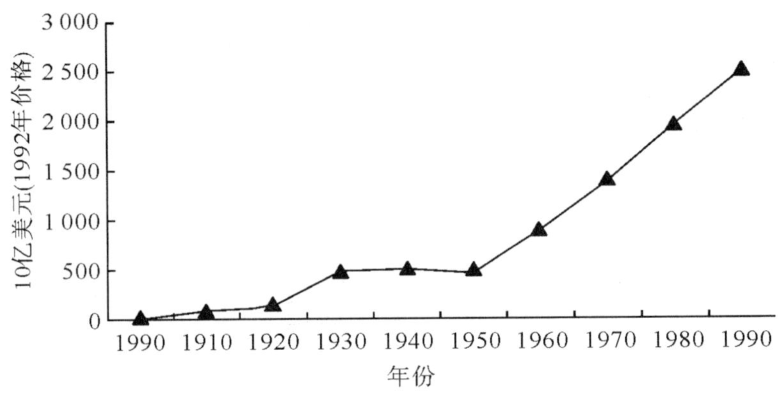

图 2. 15　美国历年用于农业科研上的公共支出

资料来源：《二十世纪的美国农业》（Gardner 2002：Figure 6. 1a）。

二是农业刺激机制。这一机制主要是指从罗斯福新政时期开始实行的各种农业补贴政策。补贴范围包括农业信贷、农作物保险、农产品营销以及土壤保护。需要特别指出的是，就如美国的其他政策一样，涉农政策从来都是充满争议的，是在左右摇摆过程中不断演进的。争论各方都能找到一些合理的理由，而最后的政策往往是一个妥协的结果。

三是农业监管机制。该机制在 20 世纪初引入，从最初的食品安全、反垄断、农产品营销、农村银行、贸易和其他金融行为，到后来的环境监管、人体营养、农业工人保护以及乡村土地利用，可以说是无所不包。需要特别指出的是，为了保护农场主的利益，农业一体化公司往往成了管制的对象。

美国政策制定者们并不是作为一个同心协力的团队去规划现代农业经营体系的蓝图。相反，政策的制定往往是滞后的，是设法去解决一个个已经存在的问题，是利益各方相互抗衡和妥协的结果。比如最有影响的1862年《宅地法》，从1852年的正式提案开始，利益各方以拉锯战的方式，用了差不多10年才得以通过（洪朝辉，1990）。而罗斯福新政中的农业调整法案，虽然补贴了农场主，却损害了加工者的利益，以至在1936年被宣布违宪。其后又几经尝试，才在1938年通过了第二个农业调整法案。即便这样，该法案也没能控制农产品产量、稳住不断下跌的价格，尽管大规模的农业补贴确实拯救了农场（施莱贝尔，1981）。

美国的农业补贴政策也是一个不断演变的过程。罗斯福新政中的农业政策从一开始就受到激烈的批评。反对者认为，对农产品的价格补贴严重扭曲了市场信号，资源不能得到优化配置，农业效率降低。双方争论的结果是在1965年通过了一个折中法案《食品和农业法》，力图减少价格补贴的影响，开始尝试通过收入补贴来支持农户。随着美国农产品不断开拓更大的国际贸易市场，在农业生产方面就要求更多的市场激励因素和作物种植上的机动性，正是在这个背景下通过了《1985年食品安全法》和《1990年食品、农业、资源保护和贸易法》。在随后通过的《1996年联邦农业改进与改革法》中，政府不再控制包括价格在内的农业产品供给，另一方面，引入新的收入补贴形式，这种补贴不再同农户当前的生产决定直接相关。支持者认为，政府对收入的补贴要好于对价格的补贴，这有利于提高经济效益和优化资源配置（Dimitri et al.，2005）。

二、日本的现代农业经营体系

日本农业现代化进程始于20世纪中叶，其现代农业经营体系的建立有着独特的背景。一是人多地少，土地资源稀缺，耕地分散在小农户手中，并实行限制耕地兼并的政策，这使得日本农业建立在小规模的家庭经营基础上。二是在农业现代化的起步阶段，工业迅猛推进，并向农村扩散，以工业化和城市化推动农业现代化，农户很快就能分享到整个社会经济发展的成果。三是财政实力雄厚，政府能够对农业长期实行高额补贴和保护政策，以至农业补贴接近或超过农业总产值。四是农协组织强大，从政治、经济到社会事业，无所不包，政府的农业政策主要是通过农协来组织实施。

（一）土地制度和种植业结构

日本农业现代化的历程始于二战后的土地改革。在美国的主导下，日本从1945年开始实行土地改革，目的是建立起一个自耕农体制。政府从土地主手中强行征购出租田，然后低价转卖给佃农，价格仅相当于原价的九分之一，近于免费赠送。这个改革在1950年基本完成，从土地主手中征购的土地达到日本农田总面积的31%，占原土地租佃地面积的80%（阪本楠彦，1981）。到1960年，租佃地只占不到7%的农田总面积，90%以上的土地成了自耕地。地主阶级消失了，土地回到了耕作者的手中，日本的土地所有形式发生了根本的改变，形成了以自耕农为主体的家庭经营模式。

日本的耕地面积和人均耕地面积一直都在下降。根据日本农林水产省的统计数据，1960年，全国可用耕地面积为607万公顷，人均耕地面积为0.065公顷；截至2010年年底，可用耕地面积只有459万公顷，而人均耕地面积仅为0.036公顷。耕地面积的限制无疑影响到日本的种植业结构和粮食供给。为了保障最重要的主食——稻米的供应，日本形成侧重水稻的农业发展战略。一方面，政府对水稻生产实行优先保护政策，使种植水稻的收益不受市场和产量变化的影响。另一方面，水稻生产可以达到很高的机械化水平，通过作业委托服务和协会组织生产等形式，家庭劳动力付出量大大减少，特别适宜农户的兼业经营。比如，日本2010年水稻种植面积占耕地总面积的38%，如果不算用于饲料的种植面积（占24%），水稻种植面积比重达到了一半。此外，种植作物还包括蔬菜（占13%）、麦类（占13%）、果树（占6%）以及其他作物（占13%）。

在水稻优先的农业发展战略下，小麦、大豆等其他粮食品种几乎完全依靠进口，综合食料自给率则一直在下降，从1960年的80%降到了1998年的40%（见图2.16），此后10年止住了下滑的趋势，维持在40%的水平上。相比之下，稻米的供应一直非常稳定，多数时候自给有余，只在近些年略有下降，但也保持在95%以上的高水平。正是在稻米的支撑下，主粮自给率才能在20世纪后期维持在70%的水平，进入21世纪后则处于60%这一新的平衡点上。

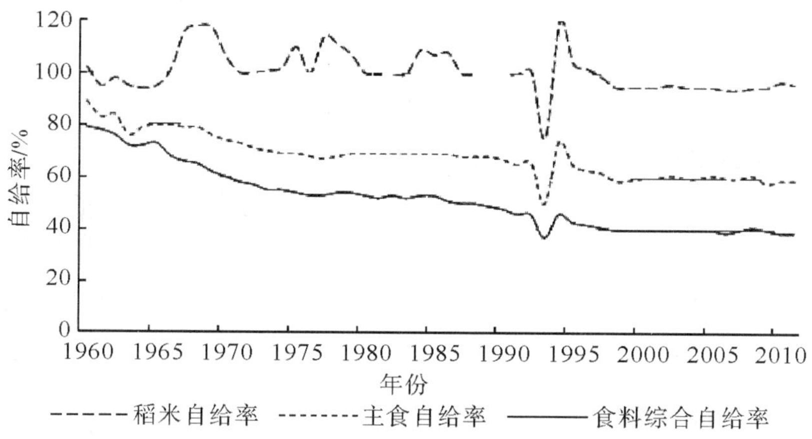

图 2.16 日本历年农产品自给率变化趋势

资料来源：日本农林水产省（MAFF）历次统计数据①。

（二）日本农户的经济结构

随着日本工业化和城市化的推进，农业人口的比重显著下降，农业生产效率不断提高，农户的生产结构也发生了根本的变化。

首先，相对于不断减少的人均耕地面积，单位农业劳动力或农户的经营耕地面积却逐年增加。在日本农林水产省最近的统计中，农户的界定标准是经营 10 公亩（1 公亩≈0.15 亩，全书同）以上土地或者农业销售额超过 15 万日元的家庭。其中，土地经营超过 30 公亩或年销售额在 50 万日元以上的家庭称为贩卖农户（或商业经营型农户），没有达到这个标准的称为自给农户。也就是说，如果耕地面积小于 10 公亩并且农产品销售额也达不到 15 万日元，这样的家庭就不算作是农户了。按照这个标准，日本 2010 年有农户 252 万户，其中贩卖农户 163 万户，自给农户 89 万户；农业人口 454 万人，其中以务农为主业的劳动力 260 万人。以农业劳动力为单位计算，在商业经营型中，人均经营耕地 1.225 公顷（或 18 亩），其中以饲料和麦类作物种植为主的北海道人均耕地面积高达 8.46 公顷（或 127 亩），而以水稻和其他经济作物为主的都、府、县则只有 0.90 公顷（或 13.5 亩）。

① 资料来源：日本农林水产省（MAFF）发布的农林水产省历年统计数据（http://www.maff.go.jp/j/tokei/index.html），下同。

若以都、府、县的贩卖农户为总体，可以看到，在水稻和经济作物的种植上，主要还是属于小规模的家庭经营。从图 2.17 我们看到有一个走向适度规模的趋势，但是这种变化非常缓慢。截至 2010 年年底，经营耕地面积不到两公顷的农户仍然高达 83%。若以北海道的贩卖农户为总体，则是另一种完全不同的结构。由于饲料和麦类作物适合大规模机械作业，土地成本也相对较低，使得北海道能够实现大片土地的集中经营。截至 2010 年年底，在北海道有四分之一的农户经营耕地面积达到 30 公顷以上，相当于 450 亩（见图 2.18）。

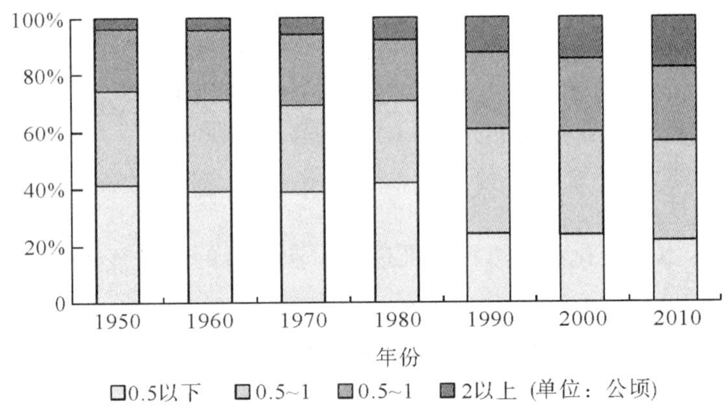

图 2.17　日本都、府、县按经营耕地面积分类的农户比重（1950—2010 年）

资料来源：日本农林水产省（MAFF）历次统计数据。

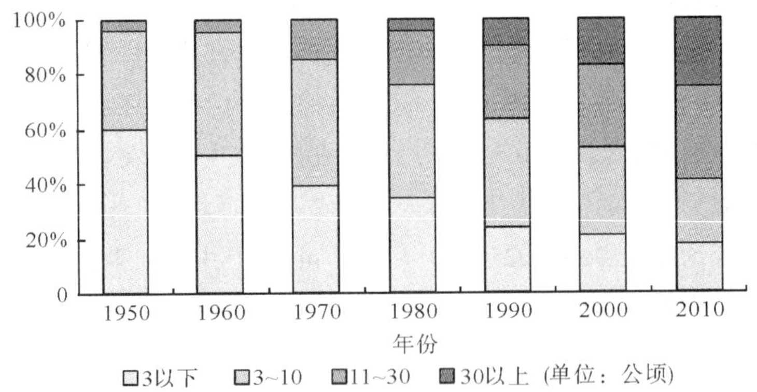

图 2.18　日本北海道按经营耕地面积分类的农户比重（1950—2010 年）

资料来源：日本农林水产省（MAFF）历次统计数据。

其次，日本农户经济结构的另一个重要特征是兼业。一方面，土地资源受到刚性制约，对大多数农户来说，仅仅依靠务农收入难以维持家庭收入水平。另一方面，随着日本工业经济的高度发展，工厂延伸到了农村，汽车开始普及，农户家庭成员可以在当地从事非农工作，于是出现了大量保留着农民身份的工薪阶层，或者说是拥有土地的工人。土地被转包出去，或委托农业服务组织来经营。这使得日本农户同时从事非农职业的现象非常普遍。

农林水产省把兼业性作为一个重要的农户分类标准：按农业经营状况，把贩卖农户分为主业、准主业和副业三类；按家庭劳动力职业分配情况，把贩卖农户分为专业、第一类兼业和第二类兼业（详见图 2.19）。在 1950 年，专业农户兼业农户各占一半，到 1979 年专业农户为 59.5 万户，在总农户中的比重下降到 12.5%，而兼业农户为 414.6 万户，占总农户数的 87.5%。在兼业农户中，又有 80%的农户是第二类兼业农户（阪本楠彦，1981）。值得注意的是，专业农户的比重最近有所提高，2007 年达到 15%，2010 年达到 18%（刘文璞，1983）。若以贩卖农户为总体（农林水产省的各项统计指标主要是针对贩卖农户），以务农为主的农户比重有所提高，但是截至 2010 年年底，专业农户只占到 28%，主业农户只占到 22%（见图 2.19）。

贩卖农户按农业经营状况分类：

（1）主业农户：农业收入超过家庭收入的 50%，并且有 65 岁以下的家庭劳动力一年务农时间超过 60 天。

（2）准主业农户：以非农收入为家庭收入主要来源，并且有 65 岁以下的家庭劳动力一年务农时间超过 60 天。

（3）副业农户：家庭中没有 65 岁以下的劳动力一年务农时间超过 60 天。

贩卖农户按家庭劳动力职业分类：

（1）专业农户：家庭中没有人从事非农职业。

（2）第一类兼业农户：家庭中有人从事非农职业，但是以农业收入为主。

（3）第二类兼业农户：家庭中有人从事非农职业，并且以非农收入为主。

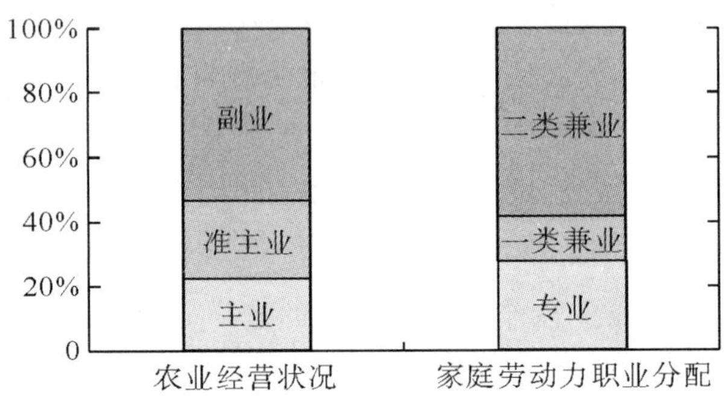

图 2.19　日本贩卖农户的两种分类：农业经营和劳动力职业分配（2010 年）

资料来源：日本农林水产省（MAFF）2010 年统计年鉴。

从家庭收入结构来看，主业农户和准主业农户家庭经济效益都很高，2010 年可支配收入分别达到 606 万日元和 638 万日元，而同期日本平均水平为 424 万日元。值得注意的是，日本农业劳动力的平均年龄是 65.8 岁，各项退休金也成为家庭收入的一个重要组成部分。特别是对副业农户来说，退休金占了一半的家庭收入，家里主要是 65 岁以上的老人在从事农业（见图 2.20）。

（三）日本农业机械化

日本的农业机械化从 20 世纪 50 年代中期开始，到 70 年代末期基本结束。其大致可分为两个阶段：第一阶段（1955—1966 年）是以动力耕耘机为中心的小型机械化，集中在耕地、耙地、秧田翻地等部分作业上。第二阶段（1967—1977 年）是插秧和割稻等重要作业的机械化。到 1977 年，动力耕耘机的普及率已经达到 66%，动力撒粉机、稻麦两用动力收割机、动力喷雾器与动力插秧机的普及率也达到 30%左右，而乘坐型拖拉机与自动脱粒联合收割机的普及率则较低，分别为 17%和 11%（土屋圭造，1981）（见表 2.3）。

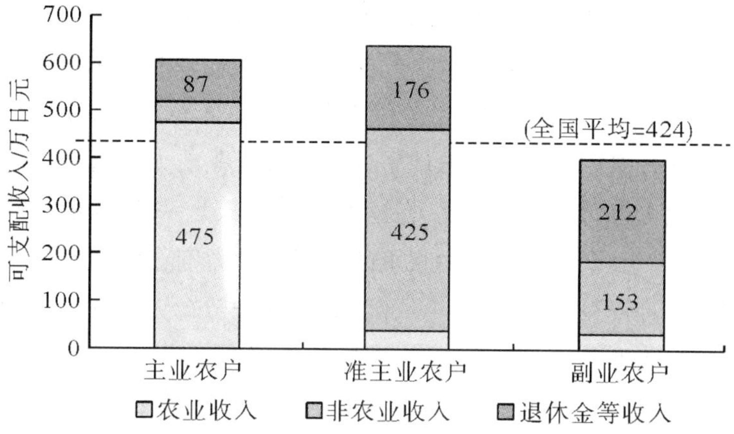

图 2.20 日本农户家庭分类型收入结构（2010 年）

资料来源：农户家庭收入数据来自农林水产省（MAFF）2010 年农业统计年鉴；全国平均可支配收入来自厚生劳动省调查报告（2013）①。

表 2.3 日本历年主要农业机械台数及普及率（1955—1977 年）

单位：万台

年份	动力耕耘机	动力喷雾器	动力撒粉机	乘坐型拖拉机	动力插秧机	稻麦两用动力收割机	自动脱粒联合收割机
1955	8.7	7.6	1.1				
1960	75.0	23.0	7.3	0.5			
1965	249.0	60.0	25.0	1.9		1.8	
1971	320.0	115.0	125.0	27.0	7.7	58	8.4
1975	(350.0)	132.0	129.0	(43.0)	74.0	133.0	34.0
1977	368.0	139.0	171.0	83.0	125.0	160.0	53.0

资料来源：《二次大战后日本农业机械化的展开过程》（土屋圭造，1981）。

七户长生教授（1981）总结了日本农业机械化经验和教训。首要的问题是，与机械化相适应的产业结构的调整相对滞后，主要体现在农业经营模式的转变和劳动力转移这两个方面。随着工业的快速发展，农业机械化

① 资料来源：日本厚生劳动省发布的所得再分配调查报告书（http://www.e-stat.go.jp），下同。

也以极快的速度推进。农业劳动生产率不断提高，在土地资源基本不变的情况下，必然出现大量的农村富余劳动力。日本有三种不同的模式来解决这一问题。一是以土地较多的北海道为典型，越来越多的农民脱离农业，土地通过兼并，聚集到种植大户的手中，形成农业的大规模经营。二是以东海一带的兼业型农业为代表。在这里，农业只是一个家庭的辅助性收入，由家庭主妇和老人承担，而家里的主要劳动力则在附近的工厂或企业上班。三是一种混合经营方式，一部分农村富余劳动力离开了土地，但是仍然在新设的农业生产部门工作，也有一部分劳动力利用农闲外出务工，作为农业之外的一个辅助性收入来源。第二个问题是容易陷入"过剩投资"或"机械化贫困"的困境。为了促进农业现代化的实现，日本政府在规模经营和机械化投资方面实行各种补贴和信贷支持，市场机制没有得到很好的体现。结果是机械化成本超过了机械化带来的经济利益，农产品价格、农业工资和机械价格之间难以达成平衡。政府不得不通过政策措施来确保农户的收益，包括直接控制主要农产品价格。值得一提的是，日本农协在这方面起到了积极的作用，通过对本地农业生产的组织和委托服务，有效地降低单个农户的机械化成本，为机械化的推进创造了有利的条件。

由于机械化的经营模式要求农作物的高度集中和单一种植，还会引起一些其他问题。一是土地利用的畸形化。这主要是指农药使用过多，造成地力低下，土壤污染，农产品品质受到影响。二是对单一作物的过度种植。要想做到农作物的适时作业，就会在特定时期内出现大量的劳动需求，造成劳动极度的忙闲不均。如何根据不同地区农业发展的特点，研制和采用适宜的机械，是一个不能忽视的重大课题。

（四）日本的农业政策

日本的农业现代化是从土地改革后的自耕农体系开始的，但是有计划的实施则是以 1961 年的《农业基本法》为标志。在这之前，虽然广大农户从政府那里分得了廉价的土地，成了有产者，但是，政府又实行农产品的低价收购政策，以确保城市化和工业化的顺利进行，渡过战后的经济困难期。这一进一出，农户并没有得到实际的利益。直到《农业基本法》的制定，才确立了帮助农户实现农业现代化的目标，加大农业补贴，保护农产品价格，最终提高农户家庭收入。

政府对农业的扶持主要体现在农业基本建设上，包括排水设施、农道、机耕地平整等，以及农业机械和生产设施引进方面。补贴力度是非常大的，在资金来源中，国家补助占50%，县一级补助占25%，剩下的部分由农民个人负担，但是可以申请长期低息贷款。同时，通过农林水产省下属的农业改良普及员和农协下属的营农指导员，帮助农户实现农业生产方式的现代化（菅沼正久，1981）。这样一来，对农民来说，农业现代化的成本和风险都很低。大约到20世纪70年代初期，日本就实现了以机械化为中心的现代农业技术，农业劳动生产率大幅提高，农户家庭收入超过了职工家庭（中国农业代表团，2002）。

然而，日本的农业现代化政策也导致了一些负面的结果，如：粮食自给率不断下降，农业补贴接近并超过了同期农业的产值，兼业农户大量存在，经营规模增长缓慢。在1961年《农业基本法》实施近40年后，日本重新调整农业政策，通过了第二部农业基本法，称为1999年《食品·农业·农村基本法》。相对于旧基本法，新法减少了政府的直接干预，引入了更多的市场因素，以促进资源的优化配置。这主要体现在以下几个方面：一是从价格补贴转向对提高农业生产能力的补贴，包括农业科技、基础设施建设和资金支持；二是在生产和流通领域逐步市场化，政府只保留宏观调控的职能；三是重点扶持专业从事农业的贩卖农户，以促进适度规模的经营（中国农业代表团，2002）。总的来看，日本的农业政策在日本农业现代化过程中起到了关键性的作用。正是政府的强力介入，促使二战后的日本农业在很短的时间内实现了现代化，尽管也付出了不菲的代价。

（五）日本农协的作用

日本农协在现代农业产业体系构建过程中起到了至关重要的作用。通过1947年的《农业协同组合法》和1956年的《农业整建措施法》，日本农协在政府的推动下得以组建发展。1961《农业基本法》颁布后，农协的地位得到加强，成了联结市场、政府和农户的中介组织，从而确立在农村经济中的领导地位。在日本经济高速增长期，农协为适应农业专业化、机械化和市场竞争的需要，在组织机构、农产品流通形式、社会事业等方面不断进行调整，有力地推动了日本农业的发展。目前，农协已经形成涵盖全国的三级组织网络，即每个市、町、村都设有基层农协，以此为基础每个都、道、府、县都组成联合会，再由都、道、府、县的联合会组成全国的联合会。三级农协系统组织与中央—都道府县—市町村行政组织相对应，对农协发挥政府农业政策的执行作用十分有利。

日本农协经营服务活动渗透到日本农村生产、流通、卫生保健、科技文化等各个方面。农协所提供的具体服务包括：为农业生产和农民生活提供各种业务指导；有计划地收购并销售农产品；共同购买农民所需生产资料和生活资料；提供长期低息贷款给需要农业生产资金的组合员；利用事业农协为组合员举办或设置农户个人无力购置的大型设施，供其共同利用，包括生产、销售、加工和各类生活设施等；开办自己的医院，为组合员提供疾病预防和治疗服务，定期开展集体体检及健康咨询活动；对遭受意外灾难的组合员进行救济。除上述之外，农协还从事农业经营委托、宅地和住宅供给、土地改良等特别事业。

三、美国和日本农业现代化的启示

无论是美国还是日本，现代农业体系的形成都是一个独特的过程，是本国的国情和社会历史背景的产物。

在美国的农业发展史上，我们看到的是不断扩张的领土和丰富的土地资源，科学和技术在农业生产、运输、加工和销售上日积月累的贡献，不断减少的农业人口和不断提高的劳动生产率，大量的兼业型家庭小农场以及少数按现代企业制度经营的超级大农场。一方面，政府扮演了农场主和市场的中介，分担农业风险，补贴农业损失，引导农业产业结构调整，缓解市场波动对农户经营的影响。另一方面，商业企业在农业产前、产中、产后大规模的激烈竞争一直持续，市场这只看不见的手，既引导着科技进步的步伐和方向，也主导着政府对农业和农场主的扶持政策。

日本农业现代化进程的瓶颈是土地资源稀缺，优势是强力的工业化和城市化带动，这两个方面相互作用，深刻地影响了日本的农业产业结构和农业政策。从二战后的土地改革开始，日本的农业发展就服务于整个国家的经济发展战略。在经济恢复时期，日本通过自耕农体系的建立确保了耕者有其田，通过农业产品的统购统销，稳定了对城镇居民的粮食供给。在经济快速推进时期，以 1961 年《农业基本法》为标志，实行政府主导的农业现代化改造。现代农业把富余的劳动力从农村推向了城市和工厂，保证了工业经济的持续发展和不断扩张。同时，实行水稻优先和食料进口的政策。一方面，保证主食稻米的自给；另一方面，在产业发展上利用比较优势，以工业发展为重点，以工补农，平衡国际贸易。

我们看到，美国和日本实现农业现代化的路径大不相同，现代化的结果也是各有特点。如何总结美国和日本经验，为中国农业现代化的发展战略提供有益的参考和借鉴，这是当前政策研究和学术研究共同关心的问题。我们从以下几个方面总结出一些共性和规律性的东西。

（一）农业人口比重和农业 GDP 比重

首先是实现农业现代化或推进现代农业经营体系的基本社会经济背景。这可以用两个数据来看，即农业人口比重和农业 GDP 的比重。从农业人口比重来看，美国农业人口比重在 1920 年就降到 30%以下，农业机械化进程在这之后加速推进，到农业现代产业体系基本形成的 1960 年，农业人口只占总人口的 7.5%。日本的现代农业经营体系建立也经历了相似的过程，农业现代化在 20 世纪 50 年代后期开始起步，当时的农业人口比重大概为 30%。到 1980 年，农业人口只占到 18%。值得注意的是，日本农业人口比重明显高于美国，这同日本的农业经营方式有关，比如适度规模经营和兼业经营等。根据中国统计年鉴，截至 2010 年年底，乡村人口仍然占到 50%，而 2000 年的统计数据是 63%，1990 年是 75%。按这个城市化速度，乡村人口比重会在 2020 年后降到 30%的水平。从农业 GDP 的比重来看，在 20 世纪初，美国农业的 GDP 份额就降到了 10%以下，在 1930 年仅为 7.7%。日本农业的 GDP 份额在 1960 年为 9%。根据最近的统计数据，2011 年美国农业 GDP 份额为 1.25%，日本是 1.17%，中国是 10.0%。

根据美国和日本的经验，要实现农业现代化转型，农业人口的比重要降到 30%以下，农业 GDP 份额要低于 10%。在这个基本社会经济背景下，才能适应规模化的现代农业经营，实现以工补农，消除农村和城市家庭的收入上的差别。这两个标准是不是适合中国国情，是我们要继续研究的课题。目前，中国的农业 GDP 份额已经达到 10%的临界点，但是全国还有一半的农业人口，按现行的统计标准，要达到 30%这个农业人口比重的临界点，还需要 10 年以上的时间。另外，根据中国社科院发布的《2012 社会蓝皮书》，30%的农业户籍人口已经居住在城镇，不再务农。如果把这部分农业人口排除在外，则全社会农业人口比重将从 50%下降到 35%。综合起来看，相对于产业结构的转变来说，人口的转移明显滞后了。中国的土地制度、户籍制度和城市保护政策都是限制人口转移的重要因素。

（二）兼业型家庭经营

美国和日本实现农业现代化转变的一大特点是，大量的兼业型农户与少数专业型农户并存。在最近的统计数据中，我们看到，有 71%的美国农场不是以务农为目的来经营的，农场主的收入主要来自非农职业，只有那些经营超级大农场的家庭企业才是以农业收入为主（Gardner 2002：Table 3. 2）。同样，在日本有超过 80%的兼业农户，多数农户家庭的收入以非农业就业为主。可以说兼业是现代农业的一个重要特点。

在现代农业经营体系中实现兼业型家庭经营有以下几个要求：一是在当地有足够的非农就业机会，农户家庭成员可以兼顾务农和务工，合理安排劳动时间。二是非农就业的边际效益要大于机械化或适度规模化的农业经营成本，否则节约下来的劳动力就会成为冗余资本。三是有完善的现代化的农业服务市场，通过协会管理、作业委托或土地租赁，大大减少了在产前、产中和产后对家庭劳动力的需求，提高了农业劳动生产率。

在中国，农户家庭劳动力面临的往往是二元选择，要么在家务农，要么外出打工。外出打工的农村劳动力退出了农业，但是并没有退出土地，家还是在农村。农业人口向城市人口的转变明显滞后于产业结构的转变。根据中国社科院《2012 社会蓝皮书》的调查结果，在农业人口中，有 47%完全从事非农工作，有 40%完全从事农业劳动，而兼业型的农业人口只占 13%。

从美国和日本的农业现代化过程来看，一方面，要加快推进农业人口向城市人口的转变，提供相关的政策支持，特别是如何处理家庭承包地和城镇户口的问题。另一方面，要调整产业布局，增强县城经济的实力，为本地农村劳动力提供非农业就业的机会（卢荣善，2007）。这或许能从根本上解决农户家庭劳动力分配的二元模式。

（三）农业补贴和农业立法

美国和日本的农业现代化进程也是一个以工补农，逐渐加大对农业补贴的过程。美国的农业补贴政策成型于20世纪30年代的罗斯福新政，以1933年的《农业调整法》为标志，从农业产品供给机制上实行补贴。但是，美国的涉农立法远远不止这些，Gardner选择性地列出了20世纪的相关联邦立法，100年间通过了97个法案（Gardner 2002：Table 7.2）。总体来看，美国的立法思想是重在引导，通过各种经济刺激计划，让每一个市场参与主体自行做出选择。每一个法案的通过也是利益各方平衡的结果，在制度设计上锱铢必较。

日本的农业补贴政策以1961年的《农业基本法》为标志，配套制定了200多部农业法律，形成了比较完善的农业法律体系（丁关良，2001a）。相比于美国在各利益集团的争夺下，频频调整农业法（基本上每5年修订一次）（丁关良，2001b），日本农业立法的一个特点是以一部类似于农业宪法的“母法”为基础，制定不同的配套法律。

在考察美国和日本的农业补贴政策时，我们有一个并不可靠的假定，认为各种补贴的实施是政府的行政行为，是一种“政策”。其实，无论是美国还是日本，各种农业补贴项目都有相应的法律条文来支撑，都是通过立法来保证的。这是行政权和立法权分离的结果。

即使同其他发展中国家相比，中国在农业补贴方面实践也来得非常晚。中国从2000年开始试行减免农业税费的改革，到2006年才全面取消农业税费。此后，政府逐渐推出各项农业补贴政策，支农力度逐年加大，预示着中国已经跨入了以工补农的阶段。但是，对比美国和日本的经验，中国在制度设计和立法实践上还处在比较初级的时期，对农业补贴范围和资金运作还缺乏一个清晰完整的法律架构。

第三章　农村土地研究

第一节　农地利用与流转①

近年来，改革农村土地产权制度、促进土地适度规模经营成为推动我国农业现代化的重要路径。党的十八届三中全会明确提出要“赋予农民对承包地占有、使用、收益、流转及承包经营权抵押、担保权能，允许农民以承包经营权入股发展农业产业化经营”。随后又进一步提出在农村土地集体所有的前提下，实现所有权、承包权、经营权三权分置。“三权分置”把原来的承包经营权分离为承包权和经营权，实现了土地权能的细分，为土地流转过程中更多的制度创新提供了空间（潘俊，2015）。截至 2015 年年底，全国家庭承包经营耕地流转面积 4.47 亿亩，占家庭承包耕地总面积的 33.3% 。随着规模的扩大，土地流转也呈现出主体多元、形式多样的发展态势。如何进一步引导农村土地经营权有序流转，发展农业适度规模经营，是新一轮农村集体产权制度改革试验与试点的重点内容（黄延信，王刚，2016；乔金亮，2014）。本研究总结农村集体产权制度改革试验区的基本做法与经验，分析在农村土地利用方面存在的问题，并提出相应的政策建议。

---

①　本节选自《产权制度改革下农地流转问题研究》（载于《当代县域经济》2017 年第 4 期）。

一、农村土地流转方式及创新

农村土地流转是在国家政策约束和地方实践的互动过程中进行的。在中央农村政策的宏观调控下，不同的土地流转形式往往同当地的资源禀赋、农业经营方式、乡村社会结构以及外部资本要素和市场要素等密切相关。流转方式主要是土地转包、土地出租或者土地互换（郭晓鸣 等，2012）。

一是土地转包。转包是一种较早出现的土地流转形式，主要是在农户举家外出务工的情况下，农户由于无力耕种自家的承包地，但是在土地长期不变的政策背景下又不愿意放弃土地的承包经营权，往往是通过口头协议转包给亲戚或熟人耕种，从而避免土地抛荒。转包一般都是农户之间的个人协商，不收取费用，土地产出也归代耕者所有。但是，如果原承包者需要的话，可以随时要求收回承包地。土地转包主要出现在农村劳动力外出务工多、农业经济效益低的传统农区。转包有效地避免了土地抛荒，但是由于现代农业生产要素还没有形成，仍然维系传统的农业经营方式。

二是土地出租。土地出租是农业生产要素较为活跃的地区普遍采用的流转方式。在这类地区现代农业经营方式开始出现，土地流转市场逐步形成，农村土地的价值就得到了体现。农民将土地承包经营权出租给农业经营大户或农业生产经营企业，用于规模化经营，发展现代农业，并收取一定的租金。租金缴纳方式一般为实物租金，即以每亩多少斤粮食（随行就市）来计算。土地出租这种流转方式比较正式，通常有政府认可的正式合同，并明确一定的流转期限以及合同终止的条件等。农户可以直接与交易对象商谈租金的多少，租金多少同地块区位、土地质量、种植品种等因素有关，差别很大。四川省成都市周边的土地出租价格从不到 1 000 元/亩到 3 000 元/亩以上不等。由于土地出租简单直接，又有较为正式的合同保障，是农户比较容易接受的一种方式。

三是土地互换和转让。为了解决土地细碎化的问题，农户之间以自愿协商的形式将原有零碎分散的承包地整合归并，以互换不同位置地块的方式调整承包地块，将原来零碎分散的小块土地整合为相对集中成片的一大块耕地。这种土地互换或转让的流转方式如果是在单个农户之间进行，往往规模不大，对土地的连片经营影响很小。如果是以村为单位来推动土地互换，往往需要有一个强有力的集体组织在其中调解，有相关的涉农项目资金支持，特别是有关土地整理的项目和农业产业化园区的项目。如果没有这些内外部条件，单纯靠农民自发地实施，很难形成规模效应。由于土地转让涉及原有土地承包关系的变更，在当前土地承包经营权长期不变的政策下，农户之间的土地转让同样缺乏有效的激励因素。

随着我国农村土地产权制度改革的推进，农地经营权流转方式也呈现出新的变化（张晓山 等，2015），有学者分析了农地产权结构细分对“三权分置”构成的约束，认为农地股份合作社是一种有效的组织治理途径（李宁 等，2016）。相比于前面几种土地流转方式，承包经营权入股更为灵活，为流转机制创新提供了更大的空间。在对农村产改试验区的调研中，我们发现有以下三种代表性的土地入股流转方式模式：

一是以能人带头成立土地股份合作社。这种方式是农户以自己的承包地入股，由种植大户牵头，引进外部资本和技术，发展农业产业化经营。武汉农村产权改革试验区的陶田东方农博土地股份合作社是一个比较典型的案例。针对本村劳动力外出务工、土地抛荒较多的现状，陶田村农业科技示范户陈某在三店街农村产权制度改革办公室指导下，依托武汉东方农博农业发展有限公司，于 2013 年年底组建土地股份合作社，并担任理事长。该合作社按照“土地自愿入股，共同出资经营，年终按股分红”的原则，吸纳本村 125 户农户的承包地及村级机动地、水面、四荒地共 1 613 亩入股经营。合作社总股份 3 158 股，其中土地按亩折股 1 613 股，东方农博公司 7 个股东投入资产、资金约 294 万元，折股 1 545 股。年度每股保底分红 240 元（当地的土地流转价格在 300～600 元），每三年调增 15%。合作社成立后，请农业专家进行合理规划，购买和租赁挖掘机、铲车、旋耕机和烘干机等农业机械和加工设备，整理土地，发展多种特色种植和养殖以及都市生态休闲观光农业。类似于武汉陶田土地股份合作社的例子还很多，比如北京通州区硝营村、山东省郑龙村、成都市郫都区凌云村以及成都市崇州市桤泉镇等案例，都是以土地（股份）合作社的运作方式实施土地流转（张曙光 等，2010）。在上述形式的土地入股中，虽然主要是由村集体负责流转的组织管理工作，但是由于农户承包地的地块是明确的，在制度设计上仍然保有进入和退出土地合作社的权力。

二是在村集体组织引导下，整村推进土地入股，实行“定量不定位”管理。这种方式强调土地的集体所有权，强调村集体组织的作用，要求更高层面的集体行动。在新一轮农村产权制度改革中，温州市探索了在土地极端细碎化下，土地入股整村推进，实行“定量不定位”管理的新型土地入股和流转方式（刘长全，杜旻，2015）。温州市在土地确权的基础上建立土地股份合作社，作为农户间利益共享机制，农户承包经营权转化为单一的收益权，淡化了单个农户对具体地块的决策权及其对规模连片流转的影响力。政府通过合理导向的激励机制和激励政策，引导土地合作社开展土地整村流转，土地向龙头企业、家庭农场等新型农业经营主体相对集中，从而实现了土地规模极小且极端细碎化条件下的农业规模化。这既降低了交易成本，提升了土地的利用效率，又促进了外部要素的参与。这种方式适合于土地稀缺、零碎，且现代农业产业发展需求旺盛的区域。这些区域通常城镇化发展较快，农户收入对农业生产依赖度低，但是农民也不愿意失去对土地的控制权。在这种方式下，农户实现了离地不失地，离地不失权。

三是由村集体组织统一管理土地等资源性资产，以集体经济组织成员资格确定土地股份。这一方式在土地股权化改革方面又再进了一步，不再把具体地块确定到单个的农户，而是确定集体经济组织成员的资格和份额。成都市温江区实行的“两股一改”是一个较有影响的案例（郭晓鸣，廖祖君，2013）。“两股一改”即是指通过实施集体资产股份化和集体土地股权化改革，来改革完善农村集体经济组织形式和治理结构。温江集体土地股权化改革是对土地承包关系的重新界定，是直接以集体组织成员身份界定为新的分配标准，将土地收益权折股量化到农民。另一个案例是大连甘井子区试行的“耕地确权量化”改革。该项工作涉及土地收益分配、人员界定、社会保障、资产量化等一系列内容，其核心就是采取“分份不分地”办法，把试点村现有耕地按集体经济组织成员进行人均权益量化，以耕地权益份额证的形式加以确定，并实现收益分红。

二、农村土地流转的政策支持

（一）土地流转补贴制度

土地流转补贴制度是指在地方财力许可的情况下，依托财政支持，通过各种补贴措施的设计，运用经济手段引导农民转出土地，发展规模化、集约化经营，是一个比较容易推行的办法。作为农村产权改革试验区，苏州市先后出台多项政策，对符合要求的土地流转和规模经营予以奖励或补贴。一是规定对流出土地的农户给予每年每亩 300 元的财政奖励补贴，其中市级财政负担 70%，镇级财政负担 30%。二是为平衡转出方与转入方的利益，一方面将土地流转费的最低标准确定为 700 元/亩，极大地提高了农地流转的积极性；另一方面，市、镇两级财政每年出资 300 万元，对评选出的本市示范户按粮食每亩 40 元、蔬菜果品每亩 120 元、设施农业每亩 1 000元的标准给予奖励。三是建立耕地保护专项资金，加强基本农田保护。对连片 1 000~10 000 亩的水稻田，按 200 元/亩予以生态补偿；连片 10 000亩以上的水稻田，按 400 元/亩予以生态补偿。在 2012 年年底即有 5.5 万亩连片水稻田被纳入补偿范围。四是在全面落实国家粮食直补、水稻良种补贴、农资综合三项直补的基础上，对种粮农民实施良种购置补贴和农机购置补贴等。武汉市则通过建立以土地股份合作为主体的农业产业化运营模式，设立适度规模经营标准，通过“园区（企业）+土地股份合作社+基地+农户”模式建立农业产业化示范园区，依托园区建设落实农业补贴政策。2013 年投入 7 亿元资金，引入 66 个新型农业经营主体，带动投入近 30 亿元共同建设高标准设施蔬菜大棚。

（二）土地流转交易平台建设

在引导农村土地有序流转、发展规模经营方面，建立行之有效的土地流转交易平台和服务平台是政府的重要职责。这一类交易和服务平台建设带有公共产品性质，能够帮助供求双方进行信息发布、价格发现以及流转合同的签订，节约双方的交易成本，提高土地流转效率。成都市在 2006 年建立了土地承包流转服务中心，2008 年成立农村产权流转担保股份公司，随后又成立了全国首家农村产权交易所。成都的做法也为当前农村改革试验区建立产权交易平台提供了丰富的经验。2014 年，武汉市以农村综合产权交易所为龙头，率先启动覆盖全省的统一的农村产权交易平台建设，通过建立各级农村产权交易市场体系，打造农村产权交易平台；同时完善农村产权交易相关服务功能，包括政策法规咨询、产权信息查询、农村产权融资服务、产权纠纷调处等。截至 2014 年 8 月底，武汉农交所组织农村产权交易 1 883 宗，涉及土地承包经营权、"四荒地"使用权、养殖水面承包经营权等十大类交易品种，交易金额约 111 亿元，涉及农村土地面积 105 万亩。

（三）土地经营权抵押贷款机制

近年来，各地对农村土地产权抵押进行了有益的探索，研究者们总结了不同的模式，有按制度推动方向归纳为政府供给型、金融机构供给型和农户需求型（安海燕 等，2016），有按交易方式分为资产主导型和关系主导型（汪险生，郭忠兴，2014）。在新一轮农村产权改革的背景下，创新土地经营权抵押贷款无疑是对产改成果的重要应用。我们结合相关调研①，从三个方面总结了各试验区的一些值得借鉴的做法。

一是新增多样化的抵押品种，以适应农业产业化经营的需要。黑龙江克山县作为全省农村金融改革的试点县，针对本地区农业发展特征，围绕种植大户、家庭农场和合作社等规模经营主体，创新实施土地经营权小额贷款、"土地经营权+预期收益权""土地经营权+担保公司担保"三种土地经营权抵押贷款模式。通过贷款模式创新，种植大户单笔贷款最高达到 350 万元，合作社单笔贷款最高达 1 500 万元。武汉市则探索以"交易—鉴证—抵押"为中心的融资机制，在明晰权属的基础上，把农业资源明确为可以进行融资的资产，并先后出台了农村土地经营权、水域滩涂养殖权、森林资源资产抵押贷款操作指引和农村土地经营权抵押贷款利息补贴办法等制度。截至 2014 年年底，已联合金融机构向农业企业、合作社、种养殖大户实现贷款金额 23. 57 亿元。

① 来自四川省决策咨询委员会农业组于 2015 年进行的一项调查研究报告《农村土地经营权流转与规模经营的创新经验——赴黑龙江、山东、河南的考察报告》（高杰执笔）。

二是注重抵押贷款的制度设计。如武汉市实行中国人民银行推动，商业银行跟进的办法，由中国人民银行武汉分行营管部联合市政府相关部门陆续出台三份农村产权抵押贷款的规范性文件，为水域滩涂养殖权、农村土地经营权和森林资源资产三类农村产权的抵押贷款提供了操作指引。同时在中国人民银行的指导下，武汉农村商业银行与武汉市农交所共同制定了农村经营权抵押登记管理办法和流程、农村土地经营权评估管理办法等，为金融支农提供了制度保障。

三是建立了抵押风险防范机制。成都市的做法主要是由财政出资设立农村产权抵押贷款融资风险基金，专项收购抵押资产，一旦抵押贷款产生损失，风险基金承担80%，金融机构承担20%。这一做法由财政担保农民和金融机构的损失风险，抵押贷款和入股流转中的风险仍然存在。为此，武汉市一方面加强制度建设和前置审查，由市农村综合产权监委会制定交易管理办法和交易规则，并从流转主体、期限、程序及合同内容等方面对工商资本进入农业进行了规范；另一方面完善产权抵押贷款流程，开发了农村产权抵押登记托管系统、查询系统，公开发布抵押公告。此外，还通过农投公司下设的农业担保公司作为兜底方为企业进行担保，并开展农业保险业务进一步降低风险。截至2014年年底武汉试验区已开办了10个险种，承保农户96万户次，提供经济保障713亿元。

三、农村土地流转存在的主要问题

当前我国农业正处于加速转型的关键期，传统农业能否顺利实现向现代农业的历史性跨越，从根本上看取决于土地流转和适度规模经营的进程是否能够平稳有序地推进。在中央进一步明确深化农村改革和加快土地流转的宏观政策目标之下，随着地方政府和相关部门的大力推进，可以预期，我国农村土地流转和适度规模经营必将迎来全面加速发展的新阶段，农地利用效率和现代农业水平在原有基础上必将全面提升。但是，由于存在一系列复杂的制约因素，在这一进程中有三个方面的重要问题需要高度关注。

（一）土地流转过程中农民利益保护问题

一是农村产权制度改革明确了农民的承包经营权，进一步促进了经营权流转和交易。一方面让农民“吃到了定心丸”，对分享土地流转收益更有信心，另一方面也为地方政府实施农业产业调整，推动规模经营提供了强大的动力。但是在具体工作中，地方政府存在方式不当，注重效率而没有兼顾公平，农民的主体性被削弱（吴越，兰婷，2015；何格，2016）。

二是在推进土地流转和适度规模经营的过程中，行政干预手段过于简单化，农民的主体地位没有得到体现。从根本上看，土地流转是路径而不是目的，不能为流转而流转。在工作推动过程中，地方政府存在急于求成的现象，忽视了农民的主体性地位，或者以少数服从多数的名义，将整村整组农户承包地集中对外招商经营，从而损害了部分农户的切身利益。特别是有的地方以定任务、下指标，或将流转面积、流转比例纳入绩效考核等行政方式推进土地流转。这种“越位”式行政干预往往导致农民土地权益受到其他利益主体的剥夺，甚至形成农民群体被大规模地挤出农业生产过程的严重现象。

三是土地流转收益以简单的租金支付为主，农民失去与农业产业发展的联系。大量调查显示，虽然土地流转形式多样，但是“长期出租、固定租金（实物）、每年支付”仍然是当前土地流转的主导模式。多数采取按实物当年价格计算租金的方式，虽然基本保证了土地流转收益的安全性，但农民仍然难以充分参与农业规模经营过程和分享产业增值收益。

四是土地流转中出现新的利益分配矛盾，农民土地收益差距加大。农村产权制度改革带动了土地要素的流动，进一步拉开了不同农户之间的土地价值。首先，在现代农业产业发展较好的地区，土地出租获得的收益往往低于入股企业或成立土地合作社的收益。其次，不同区域间的农民土地收益差距加大，城市近郊农户获得的土地收益远远高于其他地区。除少数存在显著资源优势的地区外，大多数远离城市的农村地区土地流转收益较低，甚至许多地区无人流转土地。最后，不同的产业发展规划和财政涉农项目安排，导致同一区域内部出现不同的土地流转收益。承包地被纳入规划区、园区或项目区的农民，土地价值得到提升，更有可能获得较高的土地租金。

五是发展规模经营中工商企业对农户的排挤。在地方政府大力推动的土地流转中，基于利益驱动的城市工商资本大举进入农业，所形成的公司农业模式以更快的速度扩张。但是工商企业长期大面积租赁农户承包地，存在浪费农地资源、套取政府支持资金、损害农民土地权益的问题。一旦出现经营风险，工商企业往往一走了之，留下难解决的经济矛盾和社会矛盾。

（二）适度规模经营支持政策适应性问题

随着农村产权制度改革的推广和深化，农业规模经营已经成为一个必然的趋势。这既是一个土地要素配置的优化过程，也是农技、农机、金融、保险、服务体系等生产经营要素的需求扩张和供给方式的变革，进而从根本上改变了农业的经营模式、发展方式和服务方式。但是，目前的农业扶持政策体系出现了较大偏差，仍然维系或者严重偏向农业企业或者低效率普惠小农户，难以适应性土地流转加快所带来的新需求[①]。主要问题表现在以下四个方面：

首先，原有的普惠式农业补贴缺乏激励效应。目前许多补贴都是以农户为单位发放的，许多脱离农业生产的农户也可获得补贴。同时，由于补贴是直接划拨给农户，从而失去了鼓励农业生产的激励效应，相关部门也缺乏抑止土地抛荒的必要手段（吴越，兰婷，2015）。从土地流转的角度来看，部分将土地转包、转租的农户，仍可获得农业补贴，而转入、租入耕地的农业经营主体却无法获得补贴。有的地方试行把补贴对象调整为土地流入方，又导致许多农户为获得补贴而不愿放弃土地，反而抑制了土地流转。总的来看，尽管农业补贴政策已经在调整，但是还没到位，根本原因在于制度设计上缺乏有效的瞄准机制，导致农业政策性投入偏离目标，甚至产生逆向激励。

其次，缺乏对专业大户、家庭农场等新型农业经营主体的农业补贴。目前的补贴政策仍是以补贴小农户为主，缺少针对新型农业经营主体生产特征的补贴。如部分家庭农场主反映，目前能够获得补贴的农机范围太小，许多家庭农村适用的农机都不在补贴范围内。据四川省农业厅的调

---

① 来自“四川省农村产权制度改革联合课题组”于2014年进行的一项调查研究报告《四川省农村产权制度改革的主要问题及对策研究》，课题负责人任永昌、郭晓鸣，高杰执笔。

查，种粮大户获得的补贴与其他不贡献商品粮的自给农户、撂荒而购买商品粮的农户相比，每亩相差不到 10 元，有些地方每亩仅高出 2 元。

再次，基础设施建设偏向龙头企业，忽视专业大户、家庭农场等的实际需求。除投资结构不合理、投入资金分散等问题外，各地的基础设施投入存在着向龙头企业倾斜的问题。为了吸引企业进入，地方政府往往根据企业生产需求进行农村基础设施建设，而忽视大户、家庭农场等的实际需求。家庭农场对农田水利设施、机耕道路、农产品仓储、晾晒场、机具库等生产经营性基础设施的各类需求往往得不到满足，从而严重影响了其生产效率。

最后，针对农业社会化服务的扶持政策有待完善。由于“三权分置”可能导致产权进一步细分，从而提高交易成本，阻碍分工深化，对农业服务规模经营的需求更为迫切（胡新艳 等，2016）。但是相对农业生产环节而言，对农业社会化服务的政策支持尤为薄弱，不适应的矛盾更为突出。

（三）“三权分置”下土地经营权抵押问题

中央最新提出的“三权分置”把经营权从原来的承包经营权里独立出来，赋予经营权更多的土地权能，并明确规定在三权中只有经营权可以进入市场流转交易，这就把与经营权抵押相关的问题提上了议事日程。但是，在探索集体所有权、农户承包权、土地经营权在相互权利关系和具体实现形式时，如何确定经营权的各项权能还存在诸多问题。

一是相关法律法规没有体现承包权与经营权相分离的产权改革成果。把经营权同承包权分离，明确了抵押物为一定期限的预期经营收益，从而有效地解决了土地抵押中的法律法规问题。但是现有法律法规都是以“承包经营权”为对象，如《中华人民共和国农村土地承包法》（以下简称《农村土地承包法》）规定，“通过招标、拍卖、公开协商等方式承包农村土地，经依法登记取得权属证书的，可以依法采取出租、入股、抵押或者其他方式流转土地经营权”。《中华人民共和国物权法》（以下简称《物权法》）规定土地承包经营权可以采取转包、互换、转让等方式流转。如何修改现有的描述，体现“三权分置”的土地制度创新，是一个亟待解决的问题（黄静，2015）。

二是农业风险分担机制有待完善。农村经济抗自然灾害的脆弱性及农产品受经济周期影响的复杂性，基于预期收益的土地经营权抵押贷款的风险较大。由于相配套的自然灾害保险和农业风险分担机制还不健全，金融机构在涉足相关业务时不敢有大的突破。在制度设计上就必须要考虑经营失利情况下处置农户抵押物的问题。

三是农村产权自身的特点引发潜在抵押风险。首先，农村产权权属的多重性导致农村产权一权多抵风险。例如，有些水面既有水域滩涂养殖权证，也有土地承包经营权证。其次，农村产权构成复杂、多样，难以形成一个规范和权威的指标体系，实际操作中存在评估失准的风险。再次，抵押物权利再次流转的受权主体模糊，可以是乡镇、村委会或者村民集体，一旦发生不良贷款，银行很难实现获得债权处置权。最后，产权变更登记的交易成本也很高。以林权为例，需要支付的费用包括育林基金、森林植被恢复费、林权勘测费、森林资源评估费、林业产权交易费等。

四、对农村土地流转的思考

农村土地产权制度改革已经步入了一个非常重要的关键时期，如何引导和促进农村土地利用成为当前政策制定的重点，在结合前期研究和实地调研的基础上，我们总结出以下四个方面的政策取向：

（一）坚持农民的主体性地位，健全农地流转保障机制

土地问题涉及亿万农民切身利益，在土地权属界定和土地利用等体制机制创新上，都要以农民为主体，以不损害农民权益为原则。

首先，要保证农民的土地收益权主体地位。农民是承包经营权的拥有者，在确权基础上赋予农民土地流转主体地位，让农民能够行使更多的土地权能，自主决定流转形式和获得收益的方式。要从程序上确保农民有行使土地产权权能的能力。土地承包经营权属于农民家庭，土地是否流转、价格如何确定、形式如何选择，应由承包农户自主决定，流转收益应归承包农户所有。不能以少数服从多数或集体组织的名义侵犯农户利益。

其次，应建立土地流转农户的社保制度。为长期流转土地的农民解决流转土地的后顾之忧，通过财政资金提升相关人群公共服务水平，如增加

社保缴费档次和财政补贴比例，在农村社区设立集中供养点等。弱化土地对农民的福利功能、保障功能，从而提高农民对土地承包经营权流转的积极性，增加土地流转市场的供给。

最后，继续探索耕地保护经济补偿机制。土地流转中的“非农化”和“非粮化”有很强的利益驱使，耕地保护行为放弃了获益更高的土地利用方式，确保国家粮食安全战略，是对公共利益的维护。因此，对于土地利用现状为耕地的保护主体，应当加大补贴力度。建立由市、县两级财力支持发放“耕地保护基金”制度，用于提高耕地生产能力，动员农民保护耕地。并按照基本农田和一般耕地两种标准发放耕保基金，同时，为承担保护耕地的农民提供养老保险补贴。

（二）调整支持政策向适度规模经营倾斜

推动适度规模经营符合我国当前农业发展的实际，是不同区域的自然经济条件、农村劳动力转移情况、农业机械化水平等因素共同决定的。在确权颁证等制度突破的基础上，应充分利用农村土地产权改革的时机，完善政策体系，校准政策目标，为家庭农场、专业大户等新型农业经营主体的发展提供有针对性的支持。

一是应调整农业补贴、基础设施建设、连片高标准农田建设等政策的投入方向，将专业大户、合作社、家庭农场等发展适度规模经营的新型主体作为政策扶持的核心。在不改变农民既得利益的前提下，调整新增农业政策的投入方向，针对新型经营主体的经营特征和发展需求设立扶持政策。支持家庭农场等规模经营农户建设粮食烘干、农机场库棚和仓储物流等配套基础设施。

二是通过政策性奖补措施，鼓励农业新型经营主体开展农业社会化服务，通过托管、代耕、集中防控等多种形式，为分散主体的育苗、机耕、植保、机收、疾病防控等生产产前、产中和产后的某一项或某几项工作提供高效、便捷的专业服务。

三是通过财政累加补贴，提高对新型经营主体购买农机的补贴，拓展农机补贴目录，增加丘陵、山地等地适用的中小型农机具所占比例。鼓励开发和购置高科技农机具，培育新型农机操作、维修人才，提高新型经营主体的机械化水平。

（三）创新支持农村土地流转的金融政策

对于转入土地、发展规模经营的专业大户或农业企业来说，融资困难是制约现代农业生产的一大问题。在土地要素实现市场配置的条件下，如何让资本要素流动起来，促进农业规模经营，需要出台更有针对性的支持政策。

赋予承包土地经营权、农村土地收益权等权能的金融抵押权能，建立农村土地价值评估系统。建立土地承包经营权评估的专业机构，引进土地评估中介机构，以立法形式赋予其合格的评估资质，规范专业评估机构的运作。针对农村承包地具有用途难以转换、流动性差、产权结构复杂等问题，建议探索适合农村土地特征的融资产品，如将个人信用和土地权利绑定开展复合贷款、探索土地经营收益质押贷款等，从而有效地降低商业性金融机构贷款成本和风险。

为防范可能出现的农户违约风险和金融机构抵押债权的变现风险，农村金融机构在开展抵押贷款时，可采取“机构或资金担保+土地承包经营权”模式，重点支持农业龙头企业、农业行业协会、农民专业合作社等组建农业担保公司或设立农业担保基金，开展第三方反担保中介服务。在农户不能如期偿还贷款时，金融机构可以委托同农户关系密切的担保方以多种方式变现抵押债权，履行违约责任。不宜采取风险基金全部包揽的方式，而应该采取在不剥夺农民原始土地承包经营权的基础上，探索通过让渡承抵押物收益权的方式，待全部清偿完其债务以后恢复行使其权利。

（四）构建基于市场机制的土地流转体系

在我国农村土地承包关系长久不变的现实下，建立健全农村土地经营权流转体系是实现农村土地权能的有效路径。土地流转体系建设应体现市场配置资源的基础性作用。

一方面，要完善产权平台交易机制。首先要简化交易流程要件，只要农户提供居民身份证和承包证，即可实现土地流转，实现流转便利化。在村一级设立村级农村土地流转服务点，将大量私下自行流转纳入正规途径流转平台体系中来。其次，拓展平台服务功能，打造统一的产权登记信息查询平台，建设一站式产权交易的信息服务平台，建立农村产权交易网络联动机制和交易诚信体系，开设流转农户就业指导与培训业务。另外，要尽快出台统一的农村产权交易管理办法和交易规则，增设信息沟通、法规咨询、价格评估、合同签订、变更登记、纠纷仲裁等服务功能。

另一方面，要建立农村土地流转价格评估体系。参照城镇土地估价流程，对农村承包地进行分等定级，并制定基准地价，作为土地流转的政府指导价。流转价格以政府指导价为基础，最终价格由市场决定。建设和完善省级农村土地流转信息平台，拓展农村承包地流转信息的传播范围，使农户和各类新型经营主体能够公开发布和获得土地的供求信息，降低流转主体的信息成本。增强乡镇产权服务中心职能，扩充乡镇农村产权流转综合服务中心职能范围和人员编制，使其具备流转合同的拟定、审核和公证的资质，并拓展其服务范围，建立产权交易乡镇“一站式”服务体系。

第二节　传统农区宅基地“三权分置”①

一、引言

随着中国工业化、城镇化以及农业产业化的不断发展，大量农民进城务工、定居，建设用地资源紧缺与农村宅基地大量闲置并存，造成农村“缺地”又“荒地”，农民“弃房”不“弃地”，农民“进城”难“生根”。特别是在传统农区，农业人口持续流出与不断地无序建房并存，“空心村”问题严峻。在乡村振兴的大背景下，亟须以宅基地退出为抓手，有针对性地深入研究农村宅基地“三权分置”的现实可行性、具体实现路径及需要防范的潜在风险，这是进一步深化农村土地产权制度改革的内在要求，不仅有利于有效利用农村闲置土地资源，还有利于实现农民财产权利，更有利于加快城乡统筹发展步伐。

---

① 本节选自作者与郭晓鸣老师合作论文《传统农区宅基地“三权分置”路径研究》（载于《农业经济问题》2019年第6期）。

在中国农村宅基地制度改革的研究中，有学者较早关注宅基地无偿使用中出现的各类问题，并提出宅基地有偿使用和转让的制度改革思路（赵之枫，2001）。目前对宅基地制度的经验研究中，较多研究着重于在宅基地流转（如袁铖，2010；周靖 等，2010；徐汉明，刘春伟，2012；胡方芳等，2014；钱龙 等，2016）和退出中农户的意愿及影响因素（如许恒周，2012；陈霄，2012；许恒周 等，2013；杨玉珍，2015；夏敏 等，2016；龚宏龄，2017），并对宅基地有偿退出机制和有偿使用机制进行了深入的分析（如欧阳安蛟 等，2009；张秀智，丁锐，2009；刘同山 等，2013；刘守英，2015；郭晓鸣，虞洪，2016；夏柱智，2018）。但是在对宅基地有偿使用的研究中，有学者发现如果集体所有权不能得到体现，市场化分配机制会导致严重的社会不公（印子，2014a）；同时，由于宅基地地权实践的多样性和复杂性，过度强调宅基地的土地财产权利可能导致“产权失灵”（印子，2014b）。在集体所有权缺位情况下的宅基地有偿取得会导致村庄治理失序，本身演变为经济社会问题（刘锐，2015）。为此，有学者指出农民退出宅基地应当是一个可逆的过程，应保留一定的宅基地资源冗余，以应对农民进城失败的风险（贺雪峰，2018），还有学者强调宅基地制度改革应权衡宅基地权利安排、取得方式和社会目标这三者的关系（刘守英，2015）。

随着对宅基地制度改革研究的不断深入，在总结前期改革试点经验的基础上，有学者进一步分析了宅基地权能实现形成（郭晓鸣，张克俊，2013；刘同山，2017），并探讨所有权、占有权、使用权“三权分置”的改革思路（董祚继，2016）。为顺应中国农村经济社会的发展，2018 年中央一号文件明确提出了宅基地所有权、资格权、使用权“三权分置”的顶层设计，成为农村土地制度的又一项重大创新（董祚继，2018）。近期研究更多地聚焦到对宅基地“三权分置”实现路径的深入探讨（岳永兵，2018；韩立达 等，2018；韩文龙，谢璐，2018；严金明 等，2019），但是多数研究侧重于理论、法律和政策框架的分析，直接以农村宅基地制度试点改革为背景的案例研究不多，也有学者做了有益的尝试（如刘圣欢，杨砚池，2018；朱明芬，2018）。

我国于2015年启动了农村宅基地制度改革，与之前各地试点不同的是，这次是由全国人大授权，允许试点政策不受有关法规的制约，从而为体制机制的创新留出更大的空间[①]。江西省余江区和四川省泸县均为本次全国宅基地制度改革试点区，又都是传统农业大县[②]。2017年，余江区耕地面积51.51万亩，总人口38.5万人，农业人口30.0万人，农民人均可支配收入为1.52万元。2016年，泸县耕地面积127.3万亩，总人口107.3万人，农业人口92.7万人，农民人均可支配收入为1.52万元。本研究将以这两个改革试点地区的实践经验为重点，对传统农区农村宅基地三权分置的实现形式进行总结和评价，指出制约因素并为探索宅基地试点改革的路径提出几点思路。

二、传统农区宅基地制度的困境与创新

（一）传统农区宅基地制度的困境

我国农村宅基地制度在人民公社化时期初步形成，即宅基地集体所有，集体成员无偿使用。改革开放以来，宅基地权利体系不断完善，但是集体所有、成员无偿取得的基本特征没变。有学者指出，由于宅基地制度在权利安排、获得与分配、社会目标上的特殊性，在实际运行中面临政策、法律与现实的冲突（刘守英，2015）。在传统农区，尽管宅基地的财产性价值尚未得到体现，但是由于农村社会的人口流动和生产生活方式变迁，宅基地资源管理和利用面临特定的制度困境。结合余江区和泸县的实际情况，主要体现为以下三个方面：

1. “一户多宅”现象普遍

由于农村宅基地一直按集体经济组织成员身份被作为一种福利供给，具有社会保障功能。宅基地的取得不仅无偿，而且在使用权期限上具有无

---

① 2015年2月27日，全国人大常委会通过了《关于授权国务院在北京市大兴区等三十三个试点县（市、区）行政区域暂时调整实施有关法律规定的决定》，启动农村宅基地制度改革，原计划于2017年年底结束；其后为进一步深入于推进试点工作，更好地总结试点经验，并与土地管理法规修改工作衔接，于2017年年底和2018年年底分别两次延长试点期限。

② 2018年5月，国务院同意撤销余江县，设立鹰潭市余江区，以原余江县的行政区域为余江区的行政区域。

限期性，因此农户倾向于尽可能多地获得这一资源，宅基地也普遍被农户认为是自家祖业。尽管长期以来的政策都是严格审批和管控，但是在具体落实时面临巨大的监管成本和社会风险，因此难以达到政策目的。据余江区统计，2015 年试点前，余江区有农户 7. 3 万户，其中一户一宅 4. 4 万户，一户多宅 2. 9 万户，一户多宅占总户数的 39. 7%。据泸县统计，在启动试点改革前的 2015 年，全县“一户多宅”率达到 30%。

2. 农村宅基地和房屋大量闲置

随着城镇化的发展，农业人口向城镇转移是一个大的趋势。但是由于当前宅基地管理制度中缺乏退出的制度设计，农户不愿意轻易放弃这一资源。结果导致农村闲置宅基地大量存在。据余江区试点前的摸底统计，全区有宅基地 9. 235 万宗，而闲置农房约有 2. 3 万栋，在闲置农房中有 67. 4%属于危房或倒塌房屋。同样，试点改革前，泸县有宅基地 31. 06 万宗，其中闲置宅基地 3. 46 万宗，占 11. 14%。

3. 村庄空间布局散乱

由于宅基地管理不力，加之村庄住房建设规划滞后，普遍存在宅基地未批先建、批少占多、建新不拆旧等现象。特别是近年来农民建房倾向于交通和区位条件较好的地点，往往是新建扩建在道路两边，而原来的居住点并没有相应拆除，导致原旧宅院长期无人居住形成空心村。同时，又挤占村庄建设用地，导致村庄规划面临用地难、落实难的困境。

调研发现，在传统农区，宅基地资源浪费与资源分配不公并存，大量农房闲置，废弃与违法建房屡禁不止。村民对宅基地和农房的管理现状并不满意，有改变居住环境的强烈愿望，但是缺乏集体行动的推动力，都希望别人首先做出让步，从而落入“囚徒困境”，而宅基地的无偿获取又导致“公地悲剧”。因此，在缺乏配套制度设计的情况下，村集体也难有作为，而由政府单方面推动的宅基地退出往往难度大，成效不高。

（二）传统农区宅基地制度的创新

根据农村宅基地试点改革的要求，各试点区主要从四个方面进行改革探索，即“完善宅基地权益保障和取得方式”“探索宅基地有偿使用制度”“探索宅基地自愿有偿退出机制”和“完善宅基地管理制度”。作为传统农区的代表，余江区和泸县针对上述四个方面进行了带有共性的探索，体现了制度创新的价值（钟荣桂，吕萍，2018；刘守英，熊雪峰，2018）。

1. 完善宅基地权益保障和取得方式

一是明确宅基地取得资格。宅基地管理上存在的主要问题是存在恶意分户以获取更多宅基地的情况。要保证“一户一宅”得到公平公正的实施，必须对“户”的概念进行界定。为此，余江区和泸县都制定了相应的管理办法和操作细则，明确了户的界定、分户条件、集体经济组织成员资格认定等①。如余江区明确规定达到法定结婚年龄的男性成员（或入赘纯女户家庭）才能立户；在申请建房条件中，明确“户籍不在本村的集体经济组织成员”不得申请②。泸县在“一户一宅”认定方式上的制度创新是把分配单位由“户”直接改为“人”，采用定人定面积的办法。在村民申请使用宅基地时，以人口核定面积。

二是明确宅基地取得方式，实行分类施策的原则。如余江区在传统农区实行宅基地面积在120~180平方米的“一户一宅”；在乡镇核心区范围，采取统规自建的方式落实“一户一宅”，建房占地面积不超过100平方米；在县城核心区采取统规统建，建设公寓楼居住小区，每户不超过140平方米③。泸县实行法定无偿、跨区有偿、节约有奖的宅基地分配制度，规定在本集体经济组织范围内无偿取得，县域内跨区域有偿取得。

三是对宅基地和房屋确权颁证。两个试点区、县都开展了宅基地的确权颁证工作，明确宅基地权属。余江区对改革后的“一户一宅”发放“房地一体”的不动产权证书，对一户多宅部分只登记不发证。泸县综合办理了宅基地使用权证、农村房屋所有权证，并办理了不动产登记。

2. 探索宅基地有偿使用制度

两个试点区、县都制定了宅基地有偿使用的实施细则。两试点区、县对超出法律规定的建房占地面积部分均实行阶梯式累进制计费的办法。对原形成的超面积使用宅基地，按类型、分年限，逐年递进收取有偿使用

① 参见余江区《农村集体经济组织成员资格认定办法（试行）》（余宅改办字〔2015〕6号）和《泸县农村宅基地使用和管理办法》（泸县府发〔2017〕64号）。

② 参见《余江县农村村民建房管理暂行办法》（余宅改办字〔2015〕3号）。

③ 参见《余江县城乡核心区内农民住房保障实施办法》（余宅改办字〔2015〕4号）。

费；对跨区域有偿使用宅基地的，根据同区域入市地块地价确定有偿使用标准。如余江区根据宅基地的使用类型分别执行不同的政策：①对因历史原因形成宅基地超标准占用情况，根据“一户一宅”和“一户多宅”的认定情况，分别对超占面积收取有偿使用费，并实行累进计费制；②对新申请宅基地统一实行“择位竞价”办法，即根据占用水田、旱地或其他土地确定差别化的价格，在实施过程中，另收取30元/平方米耕地开垦费。泸县在宅基地使用制度设计上，突出两个“有偿”：一是“跨区有偿”，即在城镇规划区内比城镇规划区外要上浮20%；二是“超占有偿”，即对超占面积划分三个档次，按梯度收取有偿使用费。此外，泸县还探索了宅基地节约奖励机制，提高农民的集约利用土地意识。

3. 探索宅基地退出机制和安置方式

两个试点区、县均建立了宅基地多种退出路径和多元化安置方式。余江区根据本地区宅基地使用情况，在退出机制设计中兼顾无偿退出和有偿退出。对闲置废弃畜禽舍、倒塌住房等，实行自愿无偿退出；对“一户多宅”的多宅部分和非集体经济组织成员在农村占有和使用的宅基地实行自愿有偿退出。此外，余江区还规定，对农户退出宅基地或放弃建房资格进城落户工作，允许农户保留原有农村土地承包经营权、宅基地使用权、集体收益分配权，并允许15年后自愿选择是否回村建房，为农户的再次决策预留“后门”。泸县的宅基地退出机制可以概括为“五条路径两个套餐”：针对不同安置需求，设计进城购房、中心村建房、易地搬迁、新型社区、集中养老等多元化的宅基地退出“五条路径”；在退出补偿方面，制定了多元化补偿安置“套餐”，包括房屋残值补偿、宅基地补偿、进城购房补助、社保补助、就业培训等，针对贫困户建房困难的问题，提供了由政府兜底建房安置并提供相应的社会保障的安置“套餐”。

4. 创新宅基地管理模式

有效的管理模式是宅基地试点改革成败的关键。余江区和泸县的探索都有不少共同点。一是从总量上控制宅基地规模。如泸县以2016年“二调”变更数据为基准，结合城乡地籍信息整合成果，封顶固化宅基地使用权总量，并由县、镇、村、组层层下达年度管控责任，确保宅基地总量只减少不增加。二是健全村庄治理机制。余江区以自然村为单位广泛招纳乡贤和党员成立村民事务理事会，在宅基地申请、流转、退出、收益分配等事务中起到自主民主管理的重要作用。泸县以村为单位成立了宅基地管理领导组、议事会、纠纷调处委员会和集体资产经营管理有限责任公司，对宅基地有偿退出、有偿使用、指标交易，集体经营性建设用地，收益分配等事项，由议事会讨论提出方案，提交村民代表大会通过，经营事项委托集体资产经营管理公司经营，形成了“议事会管理、村公司经营、民主监督”的集体土地管理经营模式。三是编制村级规划，管控宅基地使用范围。余江区根据村庄人口规模、产业发展、耕地数量确定村庄建设用地规模。泸县探索了有限调整地块布局的制度设计，以确保集体建设用地指标能顺利实现转用，并且转用后符合实际发展需求。

三、传统农区宅基地“三权分置”的地方实践

对宅基地“三权分置”的理论和法律依据已经有了较为深入的分析，较多研究集中在对所有权、资格权和使用权的权利主体和权能细分的辨析。但是在实践层面，“三权分置”的理论架构能不能契合实际，能不能与农村本地性认知和规范构成良性互动，这是宅基地制度创新能否为农民所接受的关键。结合传统农区的特点，余江区和泸县在宅基地试点改革上进行了有益的探索，为探讨宅基地“三权分置”的实现路径提供了切实有效的案例。

（一）宅基地所有权：强化治理单位和产权单位的关联性

传统农区仍然以务农和外出务工为主，农村空心化现象普遍，集体经济组织缺位，导致在宅基地配置和农房建设上处于无序状态。因此，能否有效实现宅基地所有权是改革成败的关键，宅改的首要环节就是明确集体所有权，并赋予集体经济组织参与宅基地治理的重要权责，从而强化治理单位和产权单位的关联性（邓大才，2015）。只有在这个基础上，才能顺利开展宅基地取得、使用和退出的各项改革工作。两个试点区、县虽然试行了不同的所有权形式，但是基本思路是一致的。余江区明确三种类型的宅基地集体所有权主体，分别为乡镇集体、村集体和村小组集体；其行使

主体依次为乡镇政府、村委会、接受村小组委托的村民事务理事会。其中，以村小组为单位成立的村民事务理事会是余江区乡村治理机制的一项创新举措，是宅改实施过程中最主要的依靠力量和所有权行使主体，对强化和落实宅基地集体所有权起到了关键作用①。随着宅改的深化，余江区进一步明确宅基地集体所有权的实现形式为分配权、收回权、收益权和监督管理权②。泸县则将宅基地有偿退出实施主体明确界定为村集体资产经营股份公司，明确县政府、镇政府、村委会各自的职责，让集体资产管理公司作为市场化的经济主体开展宅基地退出活动，做到政企分开③。总体上看，对传统农区来说，宅基地产权与治权的统一强化了村集体的功能和作用，有利于改善乡村治理环境，并通过村民的参与，合理利用和分配宅基地资源，既优化村落居住格局，又为村集体经济的发展（如农旅、休闲、仓储等）预留土地。

（二）宅基地资格权：认定成员资格，引入有偿取得机制

在明确宅基地以村集体为单位的所有权后，宅基地资格权就自然落实到村集体经济组织成员资格的认定上。宅基地资格权的主体必然是村集体经济组织成员。但是，当前的现实是随着城镇化推进，必然有大量的农业转移人口不断向城镇迁移，同时，返乡的外出农村劳动力也大量存在，导致传统农区呈现出较高的人口流动性，增加了集体成员资格认定的难度。根据试点地区的经验，这一认定过程是在上级部门的指导下，交由村民自己来协商，达成共识。村民的积极响应和参与，使得正式的政策法规与非正式的习惯认同有机结合，形成因地制宜的认定标准。调研发现，各村集体在成员资格认定上均采用多元标准的思路，特别是对一些特殊群体，尽量给予足够的考虑。最大的特点就是不单纯依据户籍来确定成员身份，从而为进城的农业转移人口留下一条后路。当市民化过程面临不确定的风险

① 参见余江区《关于进一步加强村民事务理事会建设的实施意见》（余办字〔2015〕27号）。

② 参见余江区《余江县农村宅基地“三权分置”实施办法（暂行）》（余乡振办发〔2018〕2号）。

③ 参见《泸县农村宅基地有偿退出管理暂行办法》（泸县府发〔2017〕64号）、《泸县农村宅基地有偿退出房屋拆迁补偿安置指导意见》（泸县府发〔2017〕61号）。

时，还有回到村集体的机会。这也是在宅基地资格认定上对社会公正的体现。

在明确了集体成员身份后，宅基地资格权的具体表现就是明确宅基地的取得标准和退出标准，以及对合法宅基地和住宅的确认。农民对宅基地改革是否支持，支持程度如何，一个关键因素就是能不能公平公正地设计宅基地取得和退出制度，既能体现农民对居住保障的基本诉求，又能合理配置宅基地资源。两个试点区、县的共同做法是突破简单的无偿性，建立了有偿取得和退出机制，并由村民自己设计实施细则，监督执行。从结果上看，这一制度设计显著降低了宅改的成本，对财政薄弱的传统农区来说具有很强的操作性。有偿机制的引入，不单是看节约了多少宅基地，而是实现了由村民参与的制度创新，代表了未来宅基地利用的基本方向。

（三）宅基地和农房使用权：从流转到指标交易

在城郊或经济发达地区的农村，已经完成了由传统农业向现代工商业的转型，宅基地的资产价值毋庸置疑。但是在传统农区，宅基地和农房使用权的实现受当地市场需求不足的制约。在改革实践中，两个试点区、县充分利用集体经营性建设地配套改革的政策空间，结合统筹城乡改革中的前期经验，极大地拓展了宅基地使用权的实现范围。

1. 宅基地和房屋流转

宅基地和房屋流转是激活宅基地使用权的基本形式，现行法规规定只能在本集体内部流转，即只能流转给本村成员或村集体经济组织。在试点改革中，各试点区、县都进行了适度的突破，试行在县域内流转，但对转让方和受让方均设置了较为严格的条件，以保证宅基地制度的基本原则不受到冲击。我们在调研中了解到，实际发生的跨村流转案例很少，农民仍然习惯以家族或宗族聚居而居。因此，当前宅基地和房屋流转的主要形式还是村内流转，受让方为村集体。

2. 农房“共建共享”

放活宅基地使用权的一个创新是实行农房“共建共享”，即允许一户或多户农户以宅基地使用权独资、联合或与社会资本结合，共享居住、商住或经营，出资方获得一定年限的集体建设用地使用权。如泸县探索由村集体股份经济合作社统建商住一体的楼房，住房用于安置宅基地退出农户，经营性门面采用出租、出售的方式经营、收益由居住农户共享。

3. 宅基地结余指标使用

宅基地改革的一大“红利”就是通过宅基地腾退或集约利用节余出一定的建设用地面积①。试点地区宅基地节余指标市场化交易和利用的主要途径有三个方面：一是宅基地指标通过规划调整后落地作为集体经营性建设用地入市。为加强“宅改”与“入市”的有效衔接，泸县允许腾退的节余建设用地指标经过规划布局、指标调整、补偿安置、行政审批，转化为集体经营性建设用地，凭证入市出让。二是宅基地指标在县域内以市场化方式调剂其他村组异地使用。这为重点镇的发展提供了充足的用地指标支撑，指标流转收入用于解决农民宅基地退出资金补偿和集中居住建设。三是宅基地指标由政府保底收储，用于与省内其他市、州交易。当指标通过市场化方式进行调剂使用后，由政府与原集体经济组织就指标二次收益的溢价部分进行结算。

四、传统农区宅基地“三权分置”的现实约束

当前的宅基地试点改革已经取得了显著成效，基本解决了违规建筑问题，引导农民自愿退出闲置宅基地，优化了村庄空间布局，宅基地财产权得到了显化。宅基地的集体所有权、农户资格权和宅基地使用权均得到了有效的体现。但是随着改革的深化，“三权分置”的实现形式会与现行的规章制度或传统习惯相冲突，面临下述亟待解决的现实问题。

（一）实现集体所有权面临的问题

一是村自治组织法律地位不明确。由于农村自治组织既不同于行政村层面的村党支部和村委会，也不是村组集体经济组织，与村组相关基层组织关系不清晰，在承担宅基地管理事务中可能存在法律风险，难以长久性地发挥作用。如何处理好新型自治组织与农村基层党组织、村两委及集体经济组织之间的关系是一个重要课题。

---

① 余江区截至2018年9月底，共退出宅基地34 159宗4 568亩。泸县有2.1万户申报退出2万亩宅基地，截至2017年年底已腾退宅基地1万亩。

二是有偿使用费每年持续收取缺乏法律政策依据。宅基地有偿使用是对宅基地管理制度的创新，是集体所有权的体现。但是由于没有法律政策支撑，村集体对一户多宅或一宅超占面积的农户继续收取有偿使用费的难度较大。

三是在土地增值收益分配中，多元主体的利益平衡机制欠缺。由于宅基地归村集体所有，不同村集体因所在区位的不同，以及节余宅基地用途上的不同，导致土地增值空间存在潜在的差别。政府如何公平合理地确定调节金收取比例，实现对集体所有权多元主体的有效激励，是一个需要关注的问题。

（二）实现农户资格权面临的问题

一是村集体成员资格认定难。现实中，由于集体成员资格不明引发的矛盾纠纷大量存在，特别是外嫁女及其子女、退伍军人、大中专院校学生毕业回原籍、农转非等特殊群体的切身利益容易受到忽视。

二是宅基地彻底退出或放弃难。与城镇居民相比，农村村民在建房、交纳社会抚养费等方面享有优惠政策，同时又普遍有落叶归根情结，所以造成城市和农村两头占地现象。余江区为了引导鼓励在城镇有稳定就业的农村村民退出宅基地或放弃农村申请建房进城落户，试行保留原有农村待遇不变，享受政府住房、教育等系列优惠政策，允许进城村民 15 年后自愿选择是否回村建房。这一承诺的实际效果还有待观察。此外，宅基地退出是否是资格权的退出？如果还是集体成员身份，能否再次取得宅基地资格权？这些问题也需要在后续试点改革中予以考虑。

（三）放活宅基地使用权面临的问题

对于余江区和泸县这样的传统农区，本地的建设用地需求相对不足，宅基地使用权的多元化利用存在一定的困难，表现在以下三个方面：

一是宅基地使用权流转难。由于流转范围仅限于农村集体经济组织成员，农户也不习惯到别村居住生活，造成宅基地使用权流转困难。即使把流转范围扩大到整个县域，仍然存在县域内的宅基地需求市场小的问题，宅基地使用权的价值难以得到充分体现。

二是农房“共建共享”方式难以形成规模效应。由于“共建共享”只能在自有宅基地上进行原拆原建，受原有宅基地分布格局和区位条件的约束。虽然在建设方式和权属界定上有一定的灵活性，但是也存在零散分布、缺乏规划的问题。

三是宅基地整理指标的使用方式和收益分配方式还存在不确定因素。从试点区、县的经验来看，宅基地结余指标必须向经营性建设用地指标转换，才能获得最大的收益。但是目前这类指标的转换还存在一定的政策风险。同时，宅基地结指标交易所获得的收益在政府、村集体和农户之间如何分配，也是一个有待进一步探索的课题。

五、基于宅基地“三权分置”的改革路径

宅基地“三权分置”是今后农村土地制度改革的重要内容，也是本轮试点改革着重探索的制度优化和创新。推进农村宅基地退出、激活宅基地资源是“三权分置”的制度演进的必然路径。这不仅具有促进农民增收、盘活土地资源等重大的现实意义，而且具有助力乡村振兴、加速城镇化及城乡要素流动等积极的深远影响。为了深入推进宅基地试点改革，继续探索宅基地“三权分置”实现形式，特提出以下四个方面的改革路径：

1. 明确村集体在宅基地监管中的主体性作用

尽管各级政府部门不断加强监管，但是农村宅基地无序发展的现状难以制止，最重要的原因就是集体所有权虚置。为此需因地制宜地以村小组或自然村为单位，构建一套行之有效的组织机制和运行机制，维护和完善宅基地的集体所有权，建立宅基地议事决策组织，代表村集体行使宅基地所有权的各项权能。明确村集体对宅基地监督和管理的具体权责，包括处分权和收益权。在不突破政策底线的情况下，具体规则由村民通过民主协商的方法确认。

2. 以有偿使用为抓手优化宅基地资源配置

农村宅基地由无偿获得到有偿使用是在兼顾宅基地住房保障功能的基础上引入市场机制，有利于农村建设用地资源的有效配置，是集体所有权的重要体现。在农户申请建房时，就要明确农户和村集体在宅基地使用上的权限，村集体有权核实农户申请资格，并确保宅基地按照村庄规划使

用。农户申请资格应与村集体经济组织成员资格认定相衔接，同时应明确界定“一户一宅”适用条件。对新申请的宅基地，根据宅基地的土地性质确定不同的有偿使用费，明确有偿使用的计算依据。对因历史原因造成超占超标准的宅基地面积，实施分类型、阶梯性收费，通过利益约束鼓励腾退多出部分，实现宅基地的节约利用。

3. 在宅基地退出补偿中引入收益分享机制

农村宅基地自愿有偿退出是农户对宅基地资格权的让渡，应以产权明晰为退出基础，以多元化补偿为利益引导。通过农村产权确权颁证工作，在锁定集体经济组织成员权和明确退出基本条件的基础上开展自愿有偿退出，对于产权归属有争议的一律不得进行有偿退出。探索宅基地退出补偿的多元化的方式，给农户以选择的权利。补偿机制的设计应避免一次性现金支付，尽量采用分享退出宅基地收益的方式，也可给予进城购房的优惠政策，还可建立宅基地退出面积的台账，用以抵扣今后子女新申请的宅基地面积。同时，鼓励金融机构和社会资本参与，探索农民宅基地自愿有偿退出的市场化运作机制。

4. 以宅基地“三权分置”为指导合理利用结余宅基地和农房

在远离城市的传统农区，对宅基地和农房的商品化需求不大。如果宅基地结余指标主要为政府收储和交易，容易导致城乡之间资源要素流动出现新的不平等，不符合宅基地“三权分置”的初衷。因此，不应过度强调宅基地指标交易的收益，而应关注村民的住房需求和村庄居住环境的优化。首先，应确保其住房保障功能，满足符合条件的农户的建房需求，并按照村集体人口未来发展的趋势预留一定的宅基地资源。其次，对于退出宅基地上可以居住的房屋，可由政府收购后以廉租房形式或定期免费方式安置无房户、危房户、地质灾害搬迁户等农村住房困难群体。最后，可整理转化为村集体建设用地，满足村内公共设施、公益事业和集体经济发展的用地需求。

以上四个方面的改革路径主要针对的是传统农区。与位于城郊或经济发达地区的农村相比，在传统农区中，农民与村庄的关系更为松动，宅基地和农房闲置的矛盾更加突出，村庄居住格局和人居环境的提升空间更大，因此村集体和农民对宅改的响应更加积极，宅改的进展与成效也更为显著。但是，这并不是说上述改革思路对非传统农区就没有借鉴意义。事实上，宅基地配置与农房建设中的矛盾在近郊或经济发达地区的农村同样不同程度地存在，只是由于这类地区多处于城镇规划范围内，宅基地未来升值预期较高，宅改所面临的主要矛盾会有所不同，这还有待于进一步的研究。而在国家层面的顶层设计中，如何兼顾传统农区与非传统农区的特点，合理借鉴宅改中“三权分置”的实践经验，也是一个需要深入探讨的课题。

第三节　农地流转风险防范机制

一、引言

随着城镇化、工业化水平的不断提高，大量农村人口离开农村进入城镇，农村土地面临低效经营的困境。推进农村土地适度规模经营，优化土地资源配置，提高农业生产率，是当下中国后工业化时期农业发展的必然选择。近年来，在农村土地三权分置的框架下，土地流转规模、范围、速度大幅度提升，为土地流转过程中更多的制度创新提供了空间。但是，随着土地流转市场在规模上不断扩大，一些潜在的问题开始显露，现实风险发生频率和范围总体上呈现扩大的趋势，并且有可能进入集中爆发期。如果对土地流转风险防范重视不够，未能及时调整政策建立防范机制，有可能扰乱土地流转市场，从根本上影响到当前的农业供给侧改革。因此，应通过试点示范总结经验，创新土地流转风险防范机制，为农业供给侧改革顺利推进保驾护航。

我国土地流转加速推进中出现的新问题也引起了中央政府的重视，原农业部等部门于 2015 年 4 月下发《关于加强对工商资本租赁农地监管和风险防范的意见》，进行原则性指导，明确提出建立工商资本租赁农户承包地上限控制、分级备案、审查审核、风险保障金和事中事后监管“五项制度”的要求，进一步强化对工商资本流转土地后的用途监管。要求各地在准入标准、资格审查、工作机制等方面制定具体规定。“工商资本租赁农地应先付租金、后用地。各地可按照流入方缴纳为主、政府适当补助的原则，建立健全租赁农地风险保障金制度，用于防范承包农户权益受损。租地企业（组织或个人）可以按一定时限或按一定比例缴纳风险保障金。租赁合同期满租赁者无违约行为的，应当及时予以退还。抓紧研究制定租赁农地风险保障金使用管理办法，有条件的地方可以探索与开展农业保险、担保相结合，提高风险保障能力。”2016 年中央一号文件提出要“完善工商资本租赁农地准入、监管和风险防范机制”，要求健全县乡农村经营管理体系，加强对土地流转和规模经营的管理服务。2017 年中央一号文件在要求积极探索适度规模经营的同时，进一步“鼓励地方探索土地流转履约保证保险”。

二、土地流转中的新情况和新问题

（一）我国土地流转基本态势

利用好农村集权产权制度改革成果、促进土地适度规模经营已成为我国农村工作的中心任务。在政策引导和制度创新的推动下，各地农村土地流转明显加快，发展适度规模经营已成为必然趋势。从现有数据资料来看（见图 3.1），2007 年全国农村土地流转面积约为 6 372 万亩，仅占家庭承包耕地总面积的 5.2%。其后，流转面积呈现逐年上升的趋势。到 2015 年年底，流转面积已达到 4.47 亿亩，占家庭承包经营耕地总面积的 33.3%。

从总体上看，我国农村土地流转经过近 10 年的快速增长，在速度和规模上呈现不断扩大的趋势。同时，土地流转的风险逐渐显现，不断暴露出新的问题和矛盾。这些问题和矛盾集中体现在土地流转合同的履约风险上。履约风险有不同的表现形式，也有不同的影响因素。

（二）土地流转履约风险表现形式

履约风险主要有以下两个方面的表现形式：一是“非农化、非粮化”风险。在各地土地流转合同范本上一般都会对土地用途做出明确规定，以保护耕地和保证粮食安全。但是在一些地方，土地流入方擅自改变土地用途，存在“非农化、非粮化”现象。二是业主“跑路”风险。业主“跑

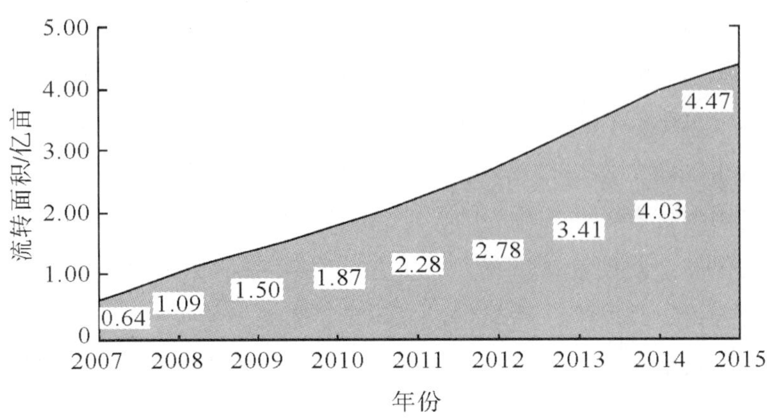

图 3.1　2007—2015 年全国农村土地流转面积

资料来源：农业部信息发布网站。

路”是业主从流转土地上忽然撤离，至少会产生两个迫切的后果：农户当年租金无法兑现；土地面临抛荒。如果“非农化、非粮化”风险涉及国家层面的政策，那么业主“跑路”则涉及几十户甚至几百户农户的利益。此外，农户也可能出现“反悔”的风险。通常农户“反悔”主要是觉得土地租金低了，想提高价格。我们调研中发现，这种情况属于个例，一般在乡镇范围内可以调解。

（三）土地流转履约风险影响因素

土地流转中的失约现象往往有多种原因，而且存在不同原因的交互影响。我们发现土地流转履约风险的影响因素有以下几点：

一是外来工商资本的短期化“逐利行为”。调研发现，相对于本地专业农户或家庭农场流转土地来说，外来工商资本大规模流转土地的风险明显偏高。原因主要在于外来工商资本的短期化“逐利行为”。部分工商资本进入农业的主要目的是享受支农政策或农业项目，比如规模流转补贴、设施农业补贴、土地整理项目、配套设施用地指标等，一旦相应政策享受完、政策出现调整或者涉农项目完成，工商资本便失去利益驱动，撤出农业的风险就显著提高。工商资本的“逐利行为”还表现在农业经营上的短期化和不可持续性。工商资本投资农业的一个动机往往是看好当前特定的农产品市场，有时外地引入的果蔬类品种，有时是特定市场需求的花卉苗木。为了尽快见效和满足特定品种的种植需要，存在破坏性经营耕地的现象。更为严重的是，一旦市场行情出现转变，工商资本无利可图，往往会迅速撤离。

二是农村土地流转缺乏相关风险分摊措施。当前农村土地流转双方履约行为执行的前提是能够保持农业项目持续经营，但农业作为弱质产业，无论是市场风险，还是自然风险都较高，经营风险不可控。自然风险在于农业生产的特殊性，不可预计的自然灾害、气候影响等引起农作物及产品损失。市场风险主要是农产品市场价格波动导致，往往对当年的经营收益产生决定性的影响。

三是流转业主由于经营不善或资金链断裂不能如期支付租金。特别是部分业主自身不熟悉农业，盲目投资，扩大规模，对规模扩大后的农业经营管理方面的困难估计不足，最终因经营不善引起风险，主要发生在生产环节。此外，外来业主出现资金周转困难的一个主要原因有时来自农业经营之外的产业，特别是业主同时投资房地产业，出现资金链断裂而不得不撤出农业生产也是一个现实问题。

四是农村土地流转监督和管理不到位。土地流转的不规范、缺乏监管是造成“非农化、非粮化”以及部分土地流转纠纷的潜在原因。首先是缺乏进入门槛，对流转主体缺乏前置审查，对流转后的经营内容缺乏规划和指导。由于缺乏必要的审查和监管机制，难以对土地流转风险进行提前预警。其次，单家独户的农民很难有组织地对流转土地进行监管。农民之所以流转土地往往是劳动力外出务工，甚至举家外出，留在农村的多是老人。这种情况下农民在土地流转和经营方面存在严重的信息不对称。

三、土地流转风险防范机制的“彭山模式”

（一）眉山市彭山区基本情况

眉山市彭山区位于四川盆地西部，地处岷江中游，交通发达，属于成都经济圈。彭山区 2017 年三次产业结构大致为10：60：30，农业在经济总量中的比重相对较低，但是农业人口比重仍然较高，达到 58.5%，农村居民人均可支配收入为 15 405 元。

彭山土地资源丰富，农业基础较好，发展较快，2016年被四川省农业厅评为全省现代农业示范县，被农业部授予全国农业标准化示范县。彭山农业以“制种+中药材”的粮经复合模式为主，是国家级种子基地和省杂交水稻制种基地，拥有3万亩制种生产能力，常年制种面积1.2万余亩，年产杂交水稻种子260万千克以上；同时，小春种植川芎、泽泻等中药材3万多亩。近年来，彭山果蔬种植发展很快，有柑橘基地8.9万亩，葡萄生产基地2万亩，特色猕猴桃基地0.7万亩，小水果（梨、李、桃）基地0.68万亩，特色蔬菜基地5.7万亩。

全区有耕地面积31万亩，其中承包土地24万亩，承包地流转12万亩，流转率达到58%。流转地块共有1 200余宗，其中100亩以内的占40%，100~500亩的占50%，500亩以上的占10%。流转类型均以中长期为主（一般是到第二轮承包期满）。目前有新型农业经营主体3 500余家，其中家庭农场473家，农民专业合作社246家，农业企业114家，种养殖专业大户2 700余户。在这些新型农业经营主体中，外来工商业主占56%，本地农户占44%。截至2017年年底，彭山区土地流转主体类型及流转面积情况如表3.1所示。

表3.1　彭山区土地流转主体类型及流转面积

	流转主体		新型农业经营主体			
	外来工商业主	本地农户	家庭农场	农民专业合作社	农业企业	种养殖专业大户
数量/宗	—	—	473.0	246.0	114.0	2 700.0
集中流转面积/亩	63 430.0	58 400.0	39 900.0	11 400.0	22 400.0	48 130.0
平均流转面积/亩	—	—	84.4	46.3	196.5	17.5

资料来源：彭山区农业局提供。

（二）彭山模式的案例研究

彭山区土地流转风险防范机制是在现实压力下进行制度创新的结果。发生在凤鸣镇江渔村的业主“跑路”事件就是这个现实压力的最好体现。江渔村位于彭山区西南，距城区约1.5千米，面积约4平方千米，紧临成乐（成都至乐山）高速公路，眉山市岷江现代农业示范园区农旅观光大道穿村而过，地理环境和区位优势明显。江渔村共计 926 户，总人口 2 969 人，可耕种面积 4 000 余亩，有七个农业社。

2014 年，四川九鹤农业公司开发有限公司（由成都市 3 个自然人发起，注册资金 1 000 万元），以工商资金下乡的形式进入彭山区，成立了彭山九鹤农业开发有限公司（以下简称“九鹤农业公司”）。2014 年 11 月，该公司与彭山区国有正兴农业发展投资有限公司（以下简称正兴公司）签订协议，在彭山区凤鸣镇江渔村集中流转农民土地 4 100 亩，拟进行甘蔗等经济作物的种植。成功流转土地后，九鹤农业公司制定了大规模的产业发展规划，公司陆续投入1 700万元，其中公司自身投入 1 600 余万元，政府补贴 97 万元，完成田型整治 3 200 亩，新筑主次生产通道路基 7. 5 千米，挖掘排水沟渠 5. 8 米。

但是当年冬天，由于霜降严重等天气因素影响，九鹤农业公司种植的 800 亩甘蔗损失严重。其后由于受市场经济影响，其合作伙伴融资未按期到位，与邮储银行洽谈的 1 000 万元贷款还在申请审批过程中，而剩余流转土地的基础设施建设还没有完成。多种因素并发，导致该公司资金链断裂，公司无法按期支付农民 2015 年土地租金 300 余万元（需在 9 月支付），公司负责人“跑路”。

由于事发较为突然，公司流转土地体量庞大，大量土地面临撂荒，又涉及几百户农户，社会矛盾存在突发风险。区政府得知情况后，相关领导于 9 月召集园区、正兴农业公司、玖鹤农业负责人会商协调。首先从优先保证农户流转收益不受影响、确保社会稳定的角度出发，决定由正兴农业公司垫支当年土地流转费用 300 余万元。同时，要求玖鹤农业公司在 2 个月之内把流转费连本带息归还正兴农公司，若限期内不能归还，则返还江渔村所有流转土地，由正兴公司对土地进行托管。其次，正兴公司接手土地托管后，按自主经营与再次分割招商同步进行的方式对土地进行处置。一方面，将已种植甘蔗的 800 亩土地进行盘活，再次流转给浙江一家公司。并对剩余的 3 700 亩土地进行油菜等粮经作物栽种，避免出现大面积抛荒现象。这在一定程度上也通过土地收成弥补了垫支的流转租金。另一方面，由正兴公司陆续把自主经营的 3 700 亩土地再次流转出去，截至 2016 年 9 月底，在原业主“跑路”近一年后，所有托管土地全部实现了再流转，由名都花卉等 27 位新业主负责，主要发展果树、花卉、苗木等产业。

在整个事件处理过程中，正兴公司发挥了关键性作用。通过“垫付租金—自主经营—再次招商”的模式，逐渐形成一套彭山特色的土地流转风险防控机制，整个处置过程中，正兴公司人工、管理等各类垫支费用 400 万元，除去作价给新业主的作物收入外，共计亏损 80 万元。在财政对道路、沟渠等基础设施建设进行补贴后，基本能弥补亏损。

（三）彭山模式的主要做法和成效

总体来看，在江渔村土地流转风险事件中，关键问题在于对工商资本下乡企业缺少审批机制，对潜在风险未能有效预防。在针对江渔村土地流转风险的处置过程中，彭山区逐渐探索出一套行之有效、因地制宜的土地流转风险防控机制，创新建立了“三级土地预推—平台公开交易—资质审查前置—风险应急处理”的土地流转四步工作方法。

首先是三级土地预推。彭山区成立了覆盖全区的国有正兴农业公司，并依托原有的农经服务网络，建立覆盖全区的 12 个乡镇子公司和 80 个村级服务站，形成区镇村三级服务体系。由村社开展土地流转的信息收集。当农户有土地流转需求时，需由村级服务站汇总信息，并通过与相应农户进行协商沟通，地块互换、合并等，确保流转地块适合规模经营。乡镇和区一级负责指导和配合村社实施地块整合，并对流转土地进行包装推介。

其次是平台公开交易。彭山区投资 350 万元建成区农村产权交易服务中心，与成都市农村产权交易所实现跨区域互联互通，免费为流转土地的农民及受委托的正兴农业公司提供信息发布、交易鉴证等服务，让土地流转合法、便捷，进一步保障交易双方利益。

再次是资质审查前置。针对工商资本下乡存在的经营风险和由此可能引发的社会矛盾，按流转土地规模进行分级审查，对业主资金实力、从业经历、项目前景等实行分类审核。分级审查是根据流转规模由不同级别的部门负责。要求 10 亩以上的土地流转都必须由土地流转服务公司委托区农村产权交易中心进行挂牌，取得鉴证，并由此作为业主申请办理经营权证、抵押贷款以及享受农业支持保护补贴等后续政策的前置条件。300 亩以下由乡镇审批后报农业局备案；300 亩以上 1 000 亩以下须经乡镇初审，报区农业局审批；1 000 亩以上的土地流转必须经乡镇和农业局初审后，报分管农业的区委、区政府领导审批。分类审查是根据业主投资的产业类型和规划进行相应的专业评估。一是从业资历审查。针对业主拟投资的产业种类，通过交谈、查看资料和实地调研走访等形式了解业主过去从事或当前正在从事的相关产业，对业主的农业专业能力进行评估。二是资金实力审查。对可靠、可变现的资金量达不到拟投入总资金 80%的业主，不予审批土地流转或减少审批流转亩数。三是项目前景审查。对流转较大面积的农业产业或第一、第三产业整合项目，业主需制定详细的项目规划或可行性研究报告，要符合区农业产业发展规划和区旅游发展规划要求，必要时须进行专家论证决定是否可行。四是实施产业规划引导。对拟投资的业主进行产业引导，包括适度规模的经营方式和产业选择，尽量避免盲目投资，造成不必要的损失。

最后是风险应急处置。建立土地流转风险保障金制度，按照经营业主缴纳为主、政府适当补助的原则，由经营业主按流转金一定比例缴纳保障金、县（区）财政安排一定数额的风险资金组成流转风险保障金，由正兴公司统一管理。对资质审核通过的业主，由正兴农业公司在签约时分类收取风险保障金（300 元/亩）；对业主退租的土地采取“垫付租金—自主经营—再次招商”的模式，确保农民流转收益不受影响。此外，在生产和经营环节进行防范和保护，彭山区农业部门联合多家保险公司推出特色水果保险，包括自然风险防范保险和市场收益保险两个内容，实现农业的“双保险”。

四、土地流转风险防范机制的“邛崃模式”

（一）邛崃市基本情况

邛崃市地处成都市远郊，属于成都市三圈层。邛崃市是农业大县（市），2016 年全市实现地区生产总值 228. 13 亿元，其中：第一产业实现增加值 35. 58 亿元，同比增长 4. 1%；第二产业实现增加值 105 亿元，同比增长 12.5%；第三产业实现增加值 87.55 亿元，同比增长 11.2%。三次产业比例约为 15∶46∶39。全市总人口约 66 万人，其中农业人口 43 万人，农业人口比重约 65%，常住人口城镇化率 42.3%。

全市有耕地面积 52.17 万亩、园地 16.15 万亩、林地 79.2 万亩。适度规模经营比重达 60%，其中流转耕地面积 39.87 万亩、园地面积 10.5 万亩。邛崃市规划在今后 5 年内使土地规模化经营率提高到 80%以上。

（二）邛崃模式的案例研究

邛崃土地流转风险防控模式的形成得益于芦山"4·20"地震灾后重建工作的开展。2013 年，水口镇钟山社区在灾后重建中运用产权制度改革成果，在土地"预流转"的基础上将农村产权项目整体包装推介，通过成都市农村产权交易所挂牌引进企业投资，即引进北京卓乐剑桥文化交流有限公司，投资 5 000 万元建设"四川省青少年科教产业园"项目。钟山社区 246 户群众的 363 亩耕地与该公司签订了土地流转和入股协议。为有效保护流转双方的合法权益，特别是农民的合法权益，钟山社区引入民营非融资性担保公司，对产权流转双方进行市场化风险担保，规范双方履约行为，用市场化的办法解决市场行为中的问题，成功实现民营企业介入承包地流转的"非融资性担保"行为，探索出了盘活农村产权资源、规范土地承包经营权流转的"钟山模式"。

2015 年，在总结钟山社区试点基础之上，邛崃市出台《建立农村土地流转风险防范机制的实施意见》（邛深改办〔2015〕2 号），并以冉义镇为试点，探索引入农村土地流转履约保证保险机制，通过设立险种，保护农户流转租金，防范流转合同履约风险。冉义镇是传统的粮油基地，土地流转起步较早，范围较广，流转纠纷也时有发生[①]。冉义镇成为流转风险防范先行试点还与其农业经营结构转型密切相关。2015 年 8 月，冉义镇成立成都市稻香土地合作联社，整合 10 个土地股份合作社（以村为单位），采用"大园区+小业主"会员制，着力打造"冉义贡米"。联合社以农业服务平台和实体经营为运行模式，积极推进粮食适度规模经营。合作联社发

---

① 冉义镇近 5 年就发生过 4 起流转纠纷，主要原因还是业主不做了，合同未到期，租金拖欠，农户只能一级级向上反映，依靠政府出面解决问题。

展50亩以上的种植业主35个，合作社成员45个；预流转土地3.24万亩，经营土地2.78万余亩，实现镇域内集中连片规模经营土地达到85%以上。在这个大的背景下，冉义镇与中华联合财产保险公司于2015年12月签订了框架合作协议①，开展土地流转保险试点。首批参加履约保证保险31单，承包流转面积20 238.5亩。履约保证保险产品一年期履约保证保险费率为交易额3%，其中流入方和流出方按8∶2承担保险费用，财政分别对双方进行保费奖补，总额不低于50%。一旦发生违约情况，由保险公司代付土地租金。

在冉义镇试点工作完成后，邛崃市随即决定于2016年全面铺开土地流转履约保证保险工作，进一步扩大改革成果。由市统筹委组织协调，市农林局牵头负责，各镇（乡）具体落实，并将全域开展土地流转履约保证保险工作纳入各镇（乡）基本目标分进行考核。从2016年1月开始，即确定（比选）承保机构，同时开展摸底调查，对各镇（乡）流转规模在100亩以上（含100亩），且剩余流转期限在2年以上土地流转行为进行登记，并对流转真实性、流转用途、流转方式、流转价格等进行初步核查。摸底数据上报到市农林局后，参照政策性农业保险的运作方式，锁定规模在100亩以上流转行为的投保目标任务。随后于2016年3月出台《全域开展农村土地流转履约保证保险实施方案》（邛深改办〔2016〕11号），要求对于单宗流转规模低于100亩的进行鼓励和引导投保；对于单宗流转规模在100亩以上（含100亩）且剩余流转期限在2年以上的土地流转，全部纳入履约保证保险。经过统筹委、农业局和保险公司的宣传动员和培训，截至政策设定的投保期限2016年8月30日，全市实现规模流转100亩以上流转行为投保率达90%以上，共计投保797宗，规模达18.23万亩。我们调研中了解到，邛崃市决定在2017年继续推进土地流转履约保证保险工作，并把目标定为20亩以上的流转土地需纳入保险。

（三）邛崃市模式的基本做法

邛崃市通过引入履约保证保险产品和保险机构，确保遵循市场规律解

① 中华财险成都中心支公司是原新疆建设兵团所属公司，专门做农房财产保险，在四川有100多个机构网点，之前还参与了农业政策性保险。在2016年3月全域开展后，又在13个镇（乡）承包流转面积59 377.7亩。

决农村土地流转风险，主要体现在以下四个方面：

一是开发履约保证保险产品，出台政策方案。邛崃市首先邀请有资质的保险公司参与农村土地流转履约保证保险工作开发，通过其精算师核算、内部审查机制审查、报保监会审定后，核定农村土地流转履约保证保险费率按流转租金额的3%计算。按规定在投保期间，流入方未按土地流转合同规定的时间、约定的金额支付租金，从土地流转合同规定的时间起60日内为赔款等待期，流出方在赔款等待期仍追索无果，视为保险事故发生，保险公司将按程序启动赔付机制，在赔款等待期结束之后按投保额全额支付。同时制定出台了《全域开展农村土地流转履约保证保险实施方案》，进一步明确和细化了操作流程，指导工作全面开展。

二是通过比选引入保险公司。为了鼓励各方积极参与土地流转履约保证保险，邛崃市成立了土地流转履约保证保险评审小组，主要由主管部门代表、业主代表、农户代表、专家代表等7人组成，由他们选择承保机构。有意参与的6家保险公司为了争取到承保权，向评审小组重点推介了保险方案、保险费率、免赔率、赔付率、理赔服务、农险投保经验、承保能力等。经过公开、公平、公正的评选，最终选择中华联合财产保险公司邛崃支公司、锦泰财产保险股份有限公司和中国平安财产保险股份有限公司邛崃支公司（联合承保）、中国人民财产保险股份有限公司邛崃支公司3家承保主体作为承保机构。同时，全市将24个镇、乡、街道土地流转履约保证保险工作划定了相对投保区域和明确投保期限，各区之间通过比服务、比效率等，农户自愿选择投保，促进了投保工作的稳步有序开展。

三是实行财政奖补保费，确保流转双方的投保积极性。全市本级财政年初预算300万元，建立土地流转履约保证保险保费补贴专项资金，对流出方和流入方按实际交纳保险费给予50%补贴，最高标准不超过18元/亩·年。在实际操作中，成都市为鼓励邛崃市推进土地流转履约保证保险工作，决定按8∶2比例与邛崃市财政分担奖补费用。在确保财政资金专款专用的同时，邛崃进一步明确和规范补贴兑现程序。由保险公司作为申报主体，承保保险公司提供保单，流转双方缴纳保险的证明材料及镇、乡、街道投保明细等资料，采取一年申报一次的方式，由市农林局、市财政局统一审核后报邛崃市都市现代农业奖励考核领导小组审批，审批通过后进行划拨。

四是把投保与政策性补贴挂钩。将保险公司出具的履约保证保险保单作为流入方申请有关农业奖补的必要前提，凡未参加履约保证保险的不享受农业奖补，包含粮食适度规模经营，水稻（含杂交水稻制种）、小麦、玉米规模化生产奖励，标准化常年蔬菜生产基地奖励，农民合作社、家庭农场等经济组织项目补助等。

（四）邛崃市模式的主要成效

邛崃市模式的主要成效有：

首先，稳定流转关系，促进适度规模经营。通过引入履约保证保险产品，不仅降低了对土地流转失约造成的损失，缓冲流出方和流入方失约造成的矛盾，有效地降低土地流转风险，而且较好地稳定了流转关系，促进了土地适度规模经营。2016 年，全市土地适度规模经营流转率达 60%，土地规模流转 100 亩以上流转行为投保率达 90%以上。目前，邛崃市参加履约保证保险 797 单，共计参保面积 18. 2 万亩。

其次，规范流转行为，提高农村产权保护力度。通过规范流转行为，不仅培养了合同履约意识，而且极大地发挥了市场配置资源的基础性作用，有效地规避了无序流转、低价流转、非农流转等一系列的不规范流转行为。流转双方无论是在纠纷调处、法律援助、产权仲裁中，还是在诉讼服务中都能找到维权的依据，从而依法保护农村产权的权利，维护了农村经济社会的稳定。近两年来全市共计规范土地流转合同 816 份，办理农村土地经营权证 55 宗，实现农村土地经营权抵押融资贷款 19 件，金额 2 986 万元。

最后，用好财政资金，提高服务“三农”水平。邛崃市财政从奖励现代农业发展资金中专项列资用于履约保证保险的补贴，将规模农业前端和后端鼓励有效结合起来，不仅可以培养农村社会诚实守信，更有利于提高财政资金服务“三农”水平。近两年来全市共计支付土地流转履约保证保险财政奖补资金 280 余万元（2016 年财政预算 300 万元专项资金）。

五、对“彭山模式”和“邛崃模式”的比较

在土地流转风险防控机制上，眉山市彭山区和成都市邛崃市都做出了有益的探索，取得了显著的成效，并且都得到了上级部门的认可。眉山市发布实施了《关于加快农村土地流转推进农业适度规模经营的实施意见》，通过规范性文件全面推广彭山区的土地流转风险防控经验。同样，邛崃模式也得到了成都市农委的认可，并决定在全成都市范围内推广。总的来看，两种模式有一定的共性，也存在体现各自特点的差异性。

（一）“彭山模式”和“邛崃模式”的共性

一是成立村级土地合作社，作为推进土地流转的载体。改变一家一户与业主谈判的传统做法，引导和鼓励农民利用确权后的承包土地经营权入股成立土地经营合作社，并由村民与土地经营合作社签订委托协议，全权委托合作社与业主谈判，提高了农民话语权，避免群众意见不一致导致项目流产、农民利益受损等情况。

二是依托村级土地流转服务机构，开展土地预流转。比如邛崃市成立农民联合经济组织，通过召开村民代表大会、议事会等方式，收集群众意见，达成土地预流转的共识。同时，组织议事会成员、群众代表等研究村（社区）发展方向，并确定各类农村产权流转价格。彭山区则由正兴公司在村社设立服务站，实施土地流转预推服务。土地预流转既避免了流转过程中群众意见不一致而形成“插花地”的风险，又预先化解了土地流转中的潜在矛盾，提高了土地流转运营效果。

三是通过市场方式实施土地流转风险防控。农村土地流转本质上属于市场行为，流转规模和期限、流转价格及其实现形式、流转土地上的农业经营方式，合同履约问题等，都要通过市场来决定。地方政府要界定自己的职责范围和边界，比如对流转土地“非农化、非粮化”的监管、区域性农业产业规划和布局、农民利益保护问题等。但是政府不可能大包大揽，成为无限责任政府。土地流转履约风险问题属于市场范畴，就应通过市场机制解决。彭山区模式中的正兴农业公司和邛崃模式中的中华财险等 3 家保险公司就起到了市场机制的作用。政府避免了在处理矛盾纠纷时直接面

对农户和业主，而是通过市场的中介作用化解矛盾。

四是用好财政扶持政策，优化制度设计。我国政府有各类农业扶持政策和财政专项经费，彭山模式和邛崃模式的一个共同点就是用好用活相关支农政策，为市场运作创造有利条件。如邛崃模式以财政奖补的办法，给予保费补贴，并合理设计承担比例，鼓励和引导土地流转双方（流出方、流入方）的投保积极性。彭山区则设立土地流转履约风险保障基金池，由政府用财政专项经费投入 500 万元。

（二）“彭山模式”和“邛崃模式”的差异性

“彭山模式”和“邛崃模式”都是为了有效地防范和控制土地流转中的履约风险，防止出现业主“跑路”后土地抛荒，农户收不到租金的情况。但是在具体解决方式上有所不同，各有特点。

一是负责防控风险的市场主体不同。在“彭山模式”中，国有正兴农业公司起到了重要的作用，全区土地流转的全套服务都交由该公司负责。原来农业局与土地流转相关的部分管理职能也移交到正兴公司，农业局主要负责产业规划。在组织结构中，正兴公司依托原有的农经服务网络，实现了对土地流转的全程监管。在“邛崃模式”中，则是由 3 家保险公司负责对流转合同履约保证保险。保险公司的职责相对更为专业，也更明确，不会涉及整个土地流转的所有环节，只有当理赔申报报送公司后，公司相关程序才启动。

二是政府参与的方式不同。“彭山模式”中，政府基本上是把土地流转相关职能打包移交给正兴农业公司，由于正兴公司的国有性质，政府通过对公司的宏观指导和政策性项目来处理土地流转工作。但是，这也可能导致在土地流转中，出现公司与政府（特别是农业局）之间职能界定上的重叠与冲突。比如目前全区有 15 万亩土地流转，其中正兴公司经手 2 万亩收到了履约保证金，而剩下的约 13 万亩不在正兴公司服务范围，但是这 13 万亩流转出了问题，还是要由政府来兜底。在“邛崃模式”中，政府引入了市场化机制来解决履约风险问题，但是在工作安排中同时体现了政府主导性作用，尽量化解完全市场化可能存在的风险。由政府划定 3 家保险公司各自开展业务的乡镇片区，农业部门协调保险公司在乡镇和村上开展保险业务，并把各乡镇参保情况作为工作任务下达，列入考核指标。在政府强力推动下（包括大量的宣传沟通工作），最终按计划完成了参保任务。在理赔机制启动后，政府部门也要全程介入。“邛崃模式”中的政府介入主要是为了避免全部交给市场后可能出现的新问题，比如保险公司为了拿到保险订单，进行恶性竞争，反而会推高土地流转的风险。但是，如何把握好政府与市场之间的关系，既让市场来实现资源的优化配置，又确保市场的公开公平竞争，这仍然是一个需要继续探索的问题。

三是风险应对机制不同。在“彭山模式”中，由于正兴公司独特的职能定位和组织结构体系，可以全权处置土地流转中发生的问题。同时，由于正兴公司也是土地流转前置审查的主体，更便于对各类流转风险进行预判，在矛盾没有激化前解决问题。而对“邛崃模式”来说，一方面，由于保险公司只在土地流转关系确认以后才办理参保事宜，只在有理赔诉求后才启动理赔程序，这在很大程度上制约了保险公司对土地流转实施全方位的监控，往往只能等问题出来后才来解决问题。但是另一方面，“邛崃模式”在风险防控中引入保险公司的专业性身份，以专业化和市场化的方式来处理市场运行中出现的问题，避免了政府过多过细的介入。在“彭山模式”中，正兴公司需要同时面对来自市场和行政两个方面的需求。如前面提到在全区有 13 万亩流转土地未纳入正兴公司业务范围，一旦有业主“跑路”，农民找政府，政府还是要找正兴公司来参与解决。

六、政策思路

通过对四川省眉山市彭山区和成都市邛崃市在农村土地流转风险防控机制上的创新的调研，我们发现，两地都进行了富有成效的探索，在体制机制上都建立了因地制宜的工作模式，并且基本上实现了改革的预期目的。当然，农村土地流转风险防范是一个正在探索的机制创新，我国各地土地流转的特点和实际需求也必然存在不小的差别。我们根据对“彭山模式”和“邛崃模式”的研究分析，力求提取一些带有共性的经验，为各地进一步深化土地流转改革、优化政策设计提供一点参考。

1. 建立鼓励适度规模经营和家庭经营的政策激励机制

当前土地流转中的风险防范应该“跳出流转看风险、跳出流转防风险”，最根本的是要从源头上降低风险发生的可能性。由于外来工商资本大规模租用农地引发的流转风险明显偏高，因此，应首先调整政策取向，鼓励风险相对较小的适度规模经营，从而减少风险发生概率。其次，要培养真正从事农业生产的稳定的经营主体，优先考虑本地业主和大户，在自有土地的基础上流转周边农户土地进行适度规模经营。最后，要注意调整政策的支持方式和力度，避免政策过度倾斜，避免行政手段干预市场调节。外来业主不能完全依靠政策以脱离市场的方式低成本甚至无成本地进入农业。政策性支持应重在后期奖补，或由村集体参与基础设施配套建设，避免直接根据流转面积补贴业主，或直接把涉农项目发包业主。

2. 完善对土地流转市场的服务和管理体系

应强化政府对土地流转行为的服务、监管和引导，健全耕地流转用途监管机制，重点是遏制耕地流转的非农化倾向。一是完善土地流转交易平台，构建村、乡镇、区（县）交易平台体系，即在村一级设立村级农村土地流转服务点，将大量私下自行流转纳入正规途径流转平台体系中来。二是拓展平台服务功能，打造统一的产权登记信息查询平台，建设一站式产权交易的信息服务平台，建立农村产权交易网络联动机制和交易诚信体系，开设流转农户就业指导与培训业务。三是增强乡镇产权服务中心职能，扩充乡镇农村产权流转综合服务中心职能范围和人员编制，使其具备流转合同的拟定、审核和公证的资质，并拓展其服务范围，建立产权交易乡镇“一站式”服务体系。

3. 建立集体经济组织参与监管的机制

在农地“三权分置”制度创新中，集体经济组织具有不可替代的重要作用，应创新建立集体经济组织参与土地流转监管的机制。一是规范村集体土地合作社的运行和管理，农户通过授权委托的方式把有意向流转的土地的经营权交由土地合作社土地统一管理，土地合作社负责置换、调整地块、土地整理，以满足适度规模经营的需要。二是根据土地流转需求设立村级土地流转服务站，配备兼职的服务工作人员，随时掌握和传递流转双方的信息，从而在机构和人员方面为集体经济组织参与监管提供便利。三是在土地流转中通过收取少量服务管理费或由政策补助，为集体经济组织履行监管职能提供必要经费，并对其工作成效给予一定的激励。

4. 建立规避土地流转风险的外部保障机制

首先是建立土地流转风险和农产品保险的对接机制，用好政策性农业保险，开发农产品商业保险品种和保险服务。其次，鼓励业主和农业专业户建立合作联社，建立健全区域性农业社会化服务机制，增强规模化农业经营应对生产性风险的能力。最后，建立土地流转用途与区域性现代农业发展规划相协调的机制。加快完成县域和镇域内的现代农业发展中长期规划，整合农业产业，形成区域规模效应；调整农业政策，鼓励业主按照规划发展农业经营，避免盲目投资和农产品跟风。

5. 构建政府与市场共同作用的风险防范机制

农村土地流转中的履约风险是一个市场问题，因此最终还是要由市场来解决。但是，由于农村土地“三权分置”的属性和农地用途管制，政府在土地流转中仍然要承担必要的责任，既要尊重市场在资源配置中的决定性作用，还要更好发挥政府作用。一方面，应通过政策性扶持措施来引导和规范土地流转双方的市场行为。打造土地流转风险防范的服务平台，通过市场机制来解决土地流转中发生的问题，避免直接的行政指派和过度的行政干预，避免由政府直接出面处理土地流转纠纷。另一方面，政府是市场运作的监管者和服务者，要确保交易各方的合法利益和权利。比如，在“邛崃模式”中，可考虑由提供对保险公司的认证，明确参保标准和理赔要求，而具体选用哪家则由土地流转双方自行决定。在“彭山模式”中，可考虑以政府购买服务的方式与农业公司达成协议，明确其在土地流转中的服务内容和责任边界。

第四章 农村社会分层与流动

第一节 进城农民工留城倾向[①]

中国当前的城乡移民与农民的外出就业是密切相关的，它需要同时满足两个步骤：劳动力从迁出地转移出去；迁移者在迁入地居住下来。中国目前的情况是前者并不必然引起后者的发生，从而形成与其他国家劳动力流动过程的最大区别：它是一个既有流出又有回流的过程（蔡昉，2001）。如果承认城市化和现代化的过程必然是让更多的农民转变为城市人，那么，研究现在已经在城里生活工作的农民工的留城倾向就很有意义。

已有的研究多集中在考察农民工的外出动因，目的是解释在同等的宏观环境中，哪些因素使得一个农民决定是否外出务工，其研究对象是在农村的劳动力。而本节的目的则是试图去分析对一个已经外出的务工者来说，哪些因素使得他（她）决定是否留在城市。这里的研究对象则是在城市的外出务工者。

一、分析框架与假设

进城农民是指从农村已流动到城镇务工、经商的农民，其经济活动和生活重心已从农村移向城市，但由于中国户籍制度等的限制，流动及职业

① 本节选自作者与秦伟老师合作论文《在城农民工留城倾向影响因素分析》（载于《人口与经济》2003 年第 5 期）。在收录本书时，作者根据原始数据对其中的部分统计分析与论述做了更新和优化。

的转变未能彻底改变其农民身份。许多研究将其称作“流动民工”或“农民工”，但由于农民进城不仅只是求职务工，还有相当数量的小商贩、小修理等自我雇佣者存在，甚而包括极少数的在城镇地区开公司办厂的私营企业主，故本次研究使用“进城农民”代替“流动民工”等的称谓，强调进城农民在城镇存在形式的多样性。“进城农民”在这里是强调农民的身份地位而不是职业地位，这就从结构上限定了这一群体可能的经济和社会地位。

为了在微观层面上寻找影响个体决策的因素，我们将从以下四个方面给予考察：人力资本因素、经济因素、社会心理因素、家庭关系因素。

（1）人力资本因素。人力资本关注的是教育。受教育程度对农民的迁移决策会产生一定的影响，这一点已基本取得共识，但是这种影响的程度如何，以及以一种什么样的方式发生作用，还存在很多争议。研究者普遍认为教育同迁移之间具有正相关关系（Todaro，1989；Yu & Lincoln，1994）。一个农村劳动力受教育的程度越高，与乡村的联系就越弱（Knight & Song，1997b）。与中国城乡移民相关的研究表明，受教育程度在较低水平上的增长（比如从文盲到小学）会有助于迁移的发生，但是在较高水平上的增长（比如初中以上）却不利于迁移的发生（Qian，1998；杜鹰，白南生，1997）。我们想知道在留城决策模型中，教育程度的提高将起着什么样的作用。

（2）经济因素。托达罗强调经济因素的影响可以从根本上解释城乡移民的现象，认为迁移从根本上说是理性算计的结果，即同经济因素和心理因素相关的成本和收益，但主要是经济上的（Todaro，1989）。这一模型对大的发展中国家出现的城乡迁移现象有很强的解释力。我们将从两个方面来分析社会经济因素：其一是在城市的收入，其二是流出地经济状况和样本家庭经济状况。这样我们就可以大致考察城乡的比较利益。既然经济利益的比较在一个农民的外出务工决策中起着重要的作用，那么这一点是否也同样影响一个外出务工者的留城意向呢？

（3）社会心理因素。进城农民工的社会心理取向可以分为对城市的认同和对乡村的认同。对城市的认同涉及进城务工者作为一个容易受歧视的群体，如何去面对身份角色的冲突（李强，1995；袁亚愚，1997）。其又可分为对城市社会的认同和对流入地政府的认同（王春光，2001）。对乡村的认同则着重考察其同土地的联系。中国历来就存在人口对土地的压力，其解决方式就是密集的劳动投入。黄宗智用“过密化”（involution）来描述这样一种现象，即“以单位劳动日边际报酬递减为代价换取总产量的增长”，并称之为“过密型增长”，即没有发展的增长。显然，如果越来越多的进城农民工最终选择放弃自己在农村的土地，将从根本上结束这种过密型的增长模式（黄平 等，1997；周晓虹，1998）。

（4）家庭关系因素。理性选择理论习惯于把个体作为行为决策的基本单位，但是已有的文献也对家庭因素给予了充分的考虑。家庭被看作一种责任，同时也是一种经济上和心理上的支持（Rowland，1994）。一项研究表明：家庭是农村劳动力外出就业行为决策的核心；外出预期收入是家庭决策的首要影响因素（杜鹰，白南生，1997）。相关的研究都着重于把家庭或者户作为一个单独的考察对象，但是对家庭内部成员关系的分析相对较少。我们可以假设配偶、子女和父母是在城市还是在农村会影响一个农民工做出留城的决定。

二、数据、方法与变量

（一）数据

本研究的分析基于 2000 年对四川省成都市在城农民工的一项问卷调查。调查对象限定为在城市中从业或求业并至少在城市生活已达半年以上的进城农民，共获得有效样本 663 个。我们在分析过程中剔除了个别信息严重缺失的样本，实际进入分析的样本为 655 个，流出地为省内的占 92%。该调查的目的是直接探讨农民工在城市社会中工作与生活的情况，进而讨论他们在城市社会经济结构中的地位，其中的部分相关变量也可用来分析农民工的留城倾向。

（二）方法

我们选取留城倾向作为因变量。在原调查中，当问到“如果现在让你选择，你可以自由地留在城市并作为城市居民，也可自由地回到农村，你最愿意做哪种选择?”时，样本的56%选择留在城市，34%选择回到农村，另有9%拿不定主意。由于我们的目的是研究农民工在城市和农村之间的选择，故在模型中只针对做出了选择的样本组。

由于因变量是两分类变量（0=回到农村；1=留在城市），我们用LOGISTIC回归来拟合模型，用发生比率OR（Odds Ratio）来解释模型中的变量。发生比率在回归结果报告中给出，即EXP（b），表示自变量一个单位的变化或者相对于参照类而言，发生比的变化。发生比是事件发生与不发生的概率之比。我们用同样是回归结果报告中给出的估计正确百分比来评价模型对数据的解释力，并用对数拟然比（-2logL）来比较模型的拟合度。

为了分别考察各影响因素对留城决策的单独作用，我们建立了三个模型进行评估。我们把人口信息和教育作为基本变量放在三个模型中，然后分别在三个模型中加入经济变量、家庭关系变量、社会心理变量。最后，把所有变量纳入模型，查看各变量的综合影响。

（三）自变量

教育是人力资本的重要指标。调查问卷中把受教育程度作为分类变量来处理，分别为“没念过书或只念过一两年小学、念到小学三年级至初中一年级、念到初中二年级至高一、念到高二至高中毕业、超过一年以上的大专学习经历”。由于最后一类样本量很少（仅9例），分析时与邻近的高中组进行了合并。最后得到4分类的教育哑元变量，参照组为小学二年级及以下（由文盲和半文盲构成）。

经济因素由三个变量构成：月均收入、家庭经济状况和流出地经济发展水平。由于样本总体包含两个分类：一是雇用者（包括正在求业者），收入来源是工资；二是自营者，收入来源是平均月盈利，我们把这两者均以月均收入的形式纳入模型。

在家庭关系因素中，我们只考虑样本的父母、子女或配偶是否居住在城市的情况。实际上在后面的分析中只把配偶是否在城纳入了模型，以配偶住在农村的样本为参照组。

社会心理因素需要考虑的变量要更多些。首先，在问卷调查中，有

4个变量涉及对城市社会的认同，我们把选项统一处理为三个分类（见表4.1），然后采用简单的累加计算得到一个认同度的连续变量（见表4.2）。其次，我们把对政府的信任度操作化为“是否相信自身的权利和利益能得到执法人员和机关的保护”。最后，我们考察在留城决策机制中，对农村承包地态度（是否愿意退出承包地）所产生的影响。

表4.1 多分类变量描述性统计表 单位:%

	百分比		百分比
人力资本相关变量:		城市社会认同相关变量:	
教育（634）		是否喜欢同城里人交往（647）	
小二以下	7.4	不喜欢	37.1
小三至初一	25.9	有的喜欢，有的不喜欢	19.5
初二至高一	48.7	喜欢	43.4
高二以上	18.0	在公共场所是否有被歧视的感觉（637）	
经济因素相关变量:		常有	22.1
流出地经济发展（650）		有时有	41.6
落后	29.2	没有	36.3
条件较好	21.1	是否被周围的城里人瞧不起（648）	
一般	49.7	多数是	33.8
家庭经济条件（652）		少数是	47.8
富裕	9.4	没有	18.4
一般	64.4	同城里人往来相互平等吗（652）	
穷	26.2	不平等	34.8
家庭因素相关变量:		说不清楚	14.1
配偶的居住情况（629）		不平等	51.1
住在农村	36.9	是否相信执法人员和机关（629）	
住在城市	21.8	完全相信	29.3

表4.1(续)

	百分比		百分比
现无配偶	41.3	有点相信	33.8
		不相信	11.2
		说不清楚	25.8

注：括号内为样本数。

表 4.2　连续变量和两分类变量描述性统计表

	均值	标准差	取值范围	有效样本数
留城倾向（0＝回到农村；1＝留在城市）	0.62	0.485	0～1	589
性别（0＝女性；1＝男性）	0.77	0.421	0～1	644
收入/元	606.13	356.699	70～3 000	632
年龄/年	31.65	11.184	16～70	653
城市社会认同（不认同到完全认同）	5.22	2.300	1～9	654
是否愿退出承包地（0＝不愿意；1＝愿意）	0.61	0.487	0～1	599

三、数据结果

从表4.3中我们首先看到教育的影响具有统计学意义。但是这种差别更多地体现在文盲、半文盲同初级文化程度之间。受教育程度为小学二年级及以下的群体表现出对回到农村的强烈倾向，当受教育程度为小学三年级以上时，其作用方式变得很模糊，这与已有的研究结果是大致吻合的。

表 4.3　在城农民工留城倾向影响的多因素

LOGISTIC 双变量回归分析（发生比）

解释变量	模型 1	模型 2	模型 3	全模型
性别（女性）	0.843	1.090	0.725	0.919
年龄	0.994	1.003	0.993	0.997
人力资本因素：				

表4.3(续)

解释变量	模型 1	模型 2	模型 3	全模型
教育（小学二年级及以下）				
小学三年级至初一	2.758**	2.928**	2.365*	2.769*
初二至高一	3.241**	3.445**	2.512*	2.565*
高二及以上	3.340**	2.773*	1.619	1.899
经济因素：				
月总收入	1.000			1.000
流出地经济发展水平（落后）				
条件较好	0.596+			0.445*
一般	0.800			0.725
家庭经济条件（富裕）				
一般	0.999			0.630
穷	0.963			0.794
家庭关系因素：				
配偶是否在城市（配偶在农村）				
配偶在城市		2.997***		3.673***
无配偶		1.763*		1.663+
社会心理因素：				
对城市社会的认同度			1.120*	1.129*
对流入地政府的信任度（不相信）				
完全信任			2.048*	2.003*
有点相信			1.201	1.254
说不清楚			1.452	1.345
是否愿退出农村承包地（不愿意）			1.621*	1.447+
常数项	0.862	0.329	0.406	0.404
-2log likelihood	684.974	675.044	605.270	539.507

表4.3(续)

解释变量	模型 1	模型 2	模型 3	全模型
预测准确率/%	65.2	65.7	66.6	68.9
样本数	535	539	488	454

注：+$p<0.1$，* $p<0.05$，** $p<0.01$，*** $p<0.001$（双尾检验）；括号中为参照组。

我们发现，收入的多少在留城决策模型中没有显示出原来期待的统计意义，而且从表4.3中可以看出，流出地经济发展状况和样本家庭经济地位这两个因素同样没有产生预期的影响。虽然样本中家庭较富裕以及来自较落后的地区都有着更高的留城百分比，但是统计检验是不显著的。

回归分析表明社会心理变量具有统计学意义。一方面，对城市社会的认同度和对政府信任度高都使一个进城务工者更倾向于留城。另一方面，选择留城者无论在事实上还是在态度上都表现出对土地的疏远。

子女和父母当前的状况对样本留城倾向的影响没有表现出统计显著性（未纳入模型）。但是目前是否有配偶以及配偶是否在城的影响则具备统计学意义。配偶在城市者最倾向于留城，其留城发生比分别是配偶在农村和无配偶者的3.1（=1/0.324）倍和1.8（=1/0.560）倍。

四、讨论

如何去理解教育所呈现出来的非线性趋势呢？有研究指出，如果考虑制度因素，对于农民向非农职业的转换来说，教育（甚至也包括年龄）的重要性较之计划经济时期有明显的降低。原因是初级产品制造和加工的低度工业化过程在资源市场配置的情况下，必然促使资本追求更高的边际效益。事实上，进城农民的工作基本上限定在建筑、餐饮、小摊贩等对受教育程度要求不高的行业，而且其职业流动基本上是水平的（李强，1999）。从而“以体力和教育程度为测量标准的人力资本要素在市场上的比较差异就不能在农民工群体中明显反映出来”（刘精明，2001）。

对于经济因素这种被弱化的影响，可能的解释可以从两个方面给出：

虽然经济的理性考虑在农民的外出决策中起着重要的作用，但是一旦主体产生了外出务工的行为，那么这一行为的后果又会反作用于行为主体，并构成两者间的互动。具体来说，对一个已经离开乡村的外出务工者来说，考虑是留城还是回到农村时，其影响因素远非最初决定是否外出时那样单纯，因而也掺杂着更多的非经济成分（黄平 等，1997）。有学者从理论上进一步将其区分为生存理性、经济理性和社会理性，认为社会理性“最基本的特点就是在追求效益最大化的过程中寻求满足，寻求一个令人满意的或足够好的行为程序，而不是经济理性中寻求利益的最优”（文军，2001），并指出社会理性选择是社会经济发展的结果。

从收入的构成来看，进城务工者群体的平均月收入为 607 元，中位数为 550 元。其中不到 200 元的样本只有 13 例，有效百分比为 2%。而同期四川省城镇居民家庭平均每人年收入为 5 926 元，最低收入户为 2 088 元[①]。成都市城市居民人均可支配收入为 7 649 元，农村居民家庭平均每人年纯收入为1 904元[②]。虽然进城务工者的月收入与居民的人均收入标准不同，但是这种因城乡经济发展的严重失衡而形成城市预期收入过高的现象是很明显的。一项调查研究发现，成都市及周边地区存在着农村劳动力不充分就业，农户的总收入与非农工时数之间存在显著的正相关关系，而与家庭中劳动力农业就业的充分与否无关（何景熙，1999）。这是一种务农边际效益递减的结果，使得非农活动比务农有着更高的经济回报（Knight & Song，1997a）。它从另一个角度解释了为什么在城经济收入的高低对留城与否没有影响。

与经济因素相比，社会心理因素显示出了很高的相关性。对城市社会的认同对于城市化的进程来说无疑是有利的，这可能会避免形成新的城市贫民聚居区。但是考虑到本次调查中 90%以上的务工者来自本省，同质性较强，因而，在其他城市尤其是外来务工者异质化程度很高的沿海城市，我们还不清楚是否可以得出相同的结论。对土地的态度是传统农民现代性的一个测度，显然城市化将会从根本上缓和中国长期存在的人口对土地的压力。而如何适时调整国家的土地政策，将是一个值得进一步探讨的课题。

---

① 四川省统计局. 四川统计年鉴 2001［M］. 北京：中国统计出版社，2001：156-161.

② 成都市统计局. 成都统计年鉴 2001［M］. 北京：中国统计出版社，2001：140.

配偶在留城决策中的作用与当代中国社会变迁中核心家庭占据主导地位以及传统家庭观念的转变有关。但是由于样本年龄跨度大，父母与子女的影响还有待新的数据支持。

第二节 非正式劳动力市场人力资本回报①

一、问题的提出

在对发展中国家劳动力市场与就业的研究中，托达罗的理论产生了广泛的影响。与刘易斯的城乡两部门理论相比，托达罗在建立城乡劳动力迁移模型时，区分了城市中的正式部门和非正式部门，即农村劳动力在进入正式部门之前有一个在非正式部门就业的过程（Todaro，1989）。但是，许多研究中国个案的学者指出，该模型假定了劳动力最终会由非正式部门向正式部门转移，这就与中国的具体情况不符，它忽略了现行制度和政策的约束力量。这是因为，一方面，作为一种体制障碍，以户口为代表的制度因素在中国城乡劳动力迁移中扮演着重要的角色，造成了城市劳动力市场的二元化（蔡昉，1998）；另一方面，由于进城农民拥有作为一种基本生活保障的土地，因此，还存在着随时回流的可能性。

上述因素导致了中国在市场转型期城市劳动力市场的断裂。有学者把它分为：城市正式部门、城市非正式部门中待遇相对较好或劳动强度较轻的部门（针对国有企业分离出的人员）以及城市非正式部门中待遇相对较差或劳动强度较高的领域（针对进城农民）（李培林 等，2000）。还有学者指出，由于国有经济与非国有经济的就业体制与工资形成机制并存，在职业划分上，就形成了正式职业与非正式职业，而不仅仅是正式部门与非正式部门。这样，也就出现了以进城农民工为主体的非正规就业方式（Liu & Chan，1999），以及相对于正式劳动力市场的非正式劳动力市场。这主要是指两种

① 本节选自《非正式劳动力市场人力资本研究——以成都市进城农民工为个案》（载于《中国农村经济》2004 年第 3 期），收录时作者根据原始数据对文章内容进行了大量补充，特别是增加了对性别影响因素的分析。

情况，一种情况是所谓的“临时工”，虽然农民工所在的单位是正式单位，但是农民工获得的只是临时的工作，与正式职工在收入、福利上均有明显差别；另一种情况则是，农民工所在的单位本身就是非正式的单位或者称非正规部门（李强，唐壮，2002）。

人力资本在劳动力市场中的作用主要以经济回报的形式来体现。在对中国经济转型期的研究中发现，市场化改革越深入，人力资本（教育和经验）就越重要；同样，越直接地参与市场经济，人力资本也就越重要（Nee，1989）。市场化提高了转型期劳动力市场的人力资本收益率（Bian & Logan，1996；赖德胜，1998）。但也有研究发现，教育和工作经历的回报并没有随着经济的增长而增长，经济增长快的城市的人力资本回报率反而比经济增长慢的城市低（Xie & Hannum，1996）。教育、年龄既可能是一种积极的因素，同时也具有市场进入壁垒的意义（Liu & Chan，1999）。

根据市场化的理论，由于非正式劳动市场的出现是市场转型的结果，因此，人力资本的回报应该得到充分体现。但是，由于非正式劳动力市场又主要是城市职工不愿意进入的低端岗位，对人力资本的需求可能会比正式劳动力市场更低，因而，人力资本的效用就无法得到体现。这两种假设哪一种更符合实际呢？本研究试图通过对非正式劳动力市场中人力资本回报的分析，来回答这个问题。

二、数据、方法与变量

（一）数据

本研究所使用的数据来自2000年对成都市进城农民的调查，调查采取分层任意抽样的方法。样本限定为在城市中从业或求业并至少在城市生活已达半年以上的进城农民，但不包括这一群体中已获得相当经济收入和社会地位的成功人士。调查对象主要是在建筑工地、工厂、餐馆等单位或场所的雇用就业者（通常意义的农民工），从事饮食、修理、百货等自营就业者，劳务市场、职业介绍所的求业者。调查共取得样本662个，在后面的分析中，由于不同的变量存在一定的缺失值，实际样本数会有所不同。

（二）方法

对人力资本收入决定因素的研究已比较成熟，一般是采用Mincer

（1974）在人力资本模型中给出的两个基本要素：教育和工作经历。即：

$$\text{Log}\ Y = F(X1,\ X2)$$

其中，Y 表示工资收入；$X1$ 是受教育年限，可直接用受教育年数来表示，代表一个人接受的正式培训；$X2$ 是工龄，即劳动力的工作经历，代表非正式培训，表现为劳动者随工龄的增加而进行人力资本的积累。为更直接地评估人力资本的效用，笔者在分析中忽略了工龄的平方。也就是说，本研究只关注工龄对收入的作用，而不考虑这种作用的变化趋势。

因为各自变量都是用时间单位（年）来表示的，而因变量是工资收入的对数形式，所以可以测量出工资分别随着 $X1$ 和 $X2$ 的变动而发生的增长率，比如，受教育年数的系数就可以当作教育的回报率来解释。我们还可以在这个基本模型的基础上加入新的变量，使之更适合于理解非正式劳动力市场上的各个不同的要素。

（三）变量

因变量为月均收入。测算依据为：务工者计算月工资、月奖金和福利；自营业者计算月利润；打零者计算平均月报酬。在接受调查的成都市进城农民工群体中，收入的均值为 606 元，标准差为 356 元，收入差距并不大，研究对象基本上处于一个较为同质的劳动力市场。实际纳入回归模型时，收入变量做了对数转换。

受教育的程度在问卷中是以定序变量①的形式出现的。为了估算出教育的回报率，需要得到一个定距变量②，即受教育年数。受教育年数可以从教育程度来推算（见表 4.4 第二列数据，例如，小学二年级以下，就算作接受了 1 年的教育）。经过数据转换，得到调查样本的受教育年数的平均值约为 8.2 年，标准差为 2.9 年，大多数人的受教育水平处于“普六”到“普九”之间。

参加劳动的年限是工作经历的一个量化要素③，是通过年龄减去参加

---

① 定序变量（ordinal variable）可以按一定的属性和类别进行排序，比如受教育程度。

② 定距变量（interval variable）又称区间变量，可以用一定的尺度去测量，比如年龄或受教育年数。

③ 因为在 Mincer 的人力资本模型中，工龄的计算是从参加劳动开始的，所以，笔者也以宽泛意义上的劳动年限来界定农民工的工龄，而不管这种劳动是务工还是务农。

劳动时的年龄求得（对不同的教育程度给定一个参加工作的年龄，见表4.4第三列数据）。经过数据转换，我们得到调查样本劳动年限的均值为15.6年，标准差为11.6（见表4.4）。

表4.4 从教育程度推算受教育年数和参加劳动时的年龄（$N=593$）

教育程度	受教育年数/年	开始从事劳动的年龄/岁	百分比/%
小学二年级以下	1	14	7.6
小学三年级至初一	6	15	26.1
初二至高一	9	16	49.1
高中二年级以上	12	18	15.7
大专学习一年以上	14	20	1.5

在进一步的分析中，考虑到农民工由务农向务工转化的特点，我们引入人力资本再生产的概念，并根据调查问卷中的相关问题将其操作化为3个指标①。一是从事非农职业的年限。相应的调查问题为“从外出到现在，在城市里一共待了多长的时间”。虽然进城农民找不到工作的情况是存在的，但是总体上看，农民工待在城市的时间与城市就业时间是比较接近的，也有着一致的变化趋势。二是外出务工以来的技能掌握情况，代表人力资本再生产中的非正式培训。问卷中列出的技能类别有：电脑打字、美发美容、驾驶、缝纫、保安、电工、会计、烹调、建筑和装修、管道安装和维修、修补、医药和护理、其他以及没有任何技术。在变量操作化时，我们根据是否获得了一两门技能来测量技能掌握情况。三是城市经历。我们假定一个农民工去过的城市越多，对城市的适应能力越强，因此把这个变量操作化为去过的城市数量。相关变量的描述性统计值参见表4.5和表4.6。进城农民工平均具备5.25年的务工经历，据此可以推算，多数调查对象是在1995年前后进城寻找工作机会的。

---

① 需要说明的是，在最初的分析中，还考虑了进城农民的职业流动经历，以被访者自进城以来做过几种工作作为操作化的测量指标。相应的工作类别有：建筑工、保安、勤杂工、缝纫工、保姆、修理工、推销员、收捡垃圾、摆小摊、搞小修补、服务人员、售货员、其他一般工人、其他。但是这并不能真正反映职业流动的意义，因为职业流动更多地表现为更换雇佣单位。因此，把这个变量从模型中移出。

表 4.5　连续变量和两份分类变量的描述性统计

	均值	标准差	最小值	最大值	有效样本数
月均收入/元	605.82	356.699	70	3 000	631
收入的对数	6.26	0.546	4.25	8.01	631
性别（0=女性；1=男性）	0.77	0.421	0	1	643
参加劳动的年限/年	15.52	11.528	0	51	631
受教育程度/年	8.21	2.867	1	14	633
在城市度过的时间/年	5.25	5.382	0	42	650
去过的城市数/个	2.17	1.544	1	10	652

表 4.6　多分类变量的描述性统计　　单位:%

	百分比		百分比
工作行业（N=654）		现在对技术的掌握（N=653）	
制造业	12.7	不会任何技术	29.1
建筑业	29.8	会一门技术	40.7
服务业	22.6	会两门以上技术	30.3
其他（包括自营业）	35.0		

三、数据结果

表 4.7 为进城农民的人力资本作用机制多元线性回归分析。模型 1 为基本模型，除控制变量外，只包括了受教育年限和从事劳动的年限（工作经历）这两个人力资本的基本要素。在模型 2 中引入了三个人力资本再生产要素，模型 3 加入了教育和性别的交互作用。从整体来看，三个模型的 F 检验值是显著的，这说明，三个模型都具有统计学意义，可以据此来检验人力资本各要素对收入的影响。同时，我们也注意到，上述模型中决定系数（R^2）偏低。这表明，仅从人力资本的角度并不能充分解释收入上的差别，还会有其他因素影响一个农民工的收入，例如，在城市里新建立起来的社会关系等。由于本研究只研究人力资本的影响，因此，对非人力资

本要素的分析还有待进一步的研究。

表 4.7　进城农民的人力资本作用机制多元线性回归分析

解释变量	模型 1		模型 2		模型 3	
人力资本基本要素：						
从事劳动的年限	-0.006 *	(0.002)	-0.008 **	(0.002)	-0.008 **	(0.002)
受教育年限	0.033 ***	(0.008)	0.027 **	(0.009)	0.086 ***	(0.017)
人力资本再生产要素：						
技能掌握情况（参照组：不会任何技能）						
会一门技术			0.141 **	(0.052)	0.137 **	(0.052)
会两门以上技术			0.079	(0.057)	0.073	(0.056)
在城市的年限			0.010 *	(0.005)	0.009 *	(0.004)
去过的城市数			0.032 *	(0.015)	0.033 *	(0.015)
控制变量：						
性别（女性=0）	0.192 ***	(0.052)	0.147 **	(0.052)	0.773 ***	(0.161)
工作行业（参照组：制造业）						
建筑业	0.019	(0.070)	0.036	(0.070)	0.021	(0.070)
服务业	-0.324 ***	(0.073)	-0.272 ***	(0.073)	-0.294 ***	(0.073)
其他（包括自营业）	-0.156 *	(0.068)	-0.111	(0.068)	-0.115 +	(0.068)
交互效应：						
教育×性别					-0.074 **	(0.018)
常数项	6.056 ***	(0.118)	5.938 ***	(0.122)	5.447 ***	(0.167)
R^2	0.152		0.185		0.207	
F 检验值	17.641 ***		13.192 ***		13.847 ***	
df	597		593		593	

注：* 表示 $P<0.05$，** 表示 $P<0.01$，*** $P<0.001$（双尾检验）；括号中为标准误差。

从模型 1 的分析结果来看，作为人力资本的一个重要变量，参加劳动年限对收入产生了负向的影响，每多工作一年，收入要下降 0.6%。这个数字虽然非常低，却是显著的，并且这种负向的影响在三个模型中是一致的。

教育的收入回报率是显著的。从基本模型看，每增加一年的受教育时间，收入提高约3.3%。当引入人力资本再生产变量时，教育对收入的影响力下降到2.7%，这说明教育对收入的影响力有一部分是通过人力资本在城市的再生产来实现的。

模型2显示，进城农民工人力资本再生产具有重要意义。掌握了一门技术的农民工比不会任何技术的农民工要多15%（=exp（0.14）-1）的收入。但是掌握更多的技术并没有带来更高的收入回报，这或许可以解释为频繁的职业变换无益于人力资本的积累。在城市每多待一年都会使收入提高约1%，并且去过的城市越多，也会获得更高的收入预期。

与已有研究的发现相似，进城农民工在收入上存在显著的性别差异。在控制了进入模型的相关变量后，男性农民工仍然比女性农民工要获得更高的收入。我们在模型3中引入了教育和性别的交互作用，重点考查教育对收入的影响是否存在性别差异。回归结果显示，这种交互作用是显著的，并且性别差异变得更加突出。在控制了教育和性别的交互作用后，男性农民工收入要比女性农民工收入高出1.17倍（=exp（0.773）-1）。但是女性从教育中获得的回报要高于男性，每多接受一年教育，女性的收入回报要比男性高出7.4%。

考虑到性别显著影响，我们分性别建立两个子样本的回归模型。模型4显示，女性的教育回报率为11.4%（=exp（0.108）-1），但是在除教育以外的变量上均不显著。而男性正好相反。模型5显示，男性在教育回报上没有显著性，却具有很强的人力资本再生产特征（见表4.8）。

表4.8　进城农民的人力资本作用机制多元线性回归分析

解释变量	模型4（女性）		模型5（男性）	
人力资本基本要素：				
从事劳动的年限	0.003	(0.006)	-0.010***	(0.003)
受教育年限	0.108***	(0.022)	0.008	(0.009)
人力资本再生产要素：				
技能掌握情况（参照组二不会任何技能）				
会一门技术	0.102	(0.116)	0.148*	(0.058)

表4.8(续)

解释变量	模型4（女性）		模型5（男性）	
会两门以上技术	−0.039	(0.128)	0.101	(0.063)
在城市的年限	−0.008	(0.012)	0.013**	(0.005)
去过的城市数	0.087	(0.057)	0.027*	(0.015)
控制变量：				
工作行业（参照组：制造业）				
建筑业	0.114	(0.256)	0.007	(0.072)
服务业	−0.057	(0.176)	−0.351***	(0.080)
其他（包括自营业）	0.029	(0.165)	−0.144+	(0.073)
常数项	4.987***	(0.290)	6.286***	(0.126)
R^2	0.231	0.174		
F 检验值	4.200**	10.506***		
df	135	457		

注：* 表示 $P<0.05$，** 表示 $P<0.01$，*** $P<0.001$（双尾检验）；括号中为标准误差。

四、结论与讨论

根据人力资本理论的假设，劳动力市场化程度越高，教育的回报率也就越高。但是，我们看到，与通常的预计相反，在被假定为市场化程度很高的非正式劳动力市场中，进城农民工的教育回报总体上并不十分明显。同其他研究结果相比（尤其是同城市居民教育收益率相比），这一数据明显偏低了。从事劳动的年限也失去了人力资本积累的意义，甚至还影响了收入的增加。有学者把这归因为被分割的劳动力市场。由于自改革开放以来，在城乡分割的基础上，又衍生出了体制内劳动力市场和体制外劳动力市场之间的分割，从而在员工录用、培训、晋升、流动、工资、福利等方面存在着明显的差别（赖德胜，2001）。这使得传统的人力资本要素在进城农民工群体中失去了指示器的作用。

而外出务工后重新习得的技能就具有了教育的替代效应，它能在教育收益率不高的情况下增加农民工的收入预期。同时，进城务工的劳动经历是断裂的，务农是一个劳动经历，务工是另一个劳动经历，在城市劳动力市场上，务农经历不具备人力资本的效用，只有务工经历才能会对收入产生显著影响。进城农民由务农转到非农职业是劳动方式的彻底转变，它完全不同于通常意义上的职业流动。原来务农时积累的人力资本失效了，甚至还有负面作用，只有在城市打工的经历才在事实上起到了传统人力资本模型中工作经历的作用。根据英格尔斯的现代化假设，务农经历会影响一个农民由传统向现代的转变，这可以表现为对非农活动的消极影响，而城市经历则从另一个方面促进了农民个人现代性的获得（英格尔斯，1992；周晓虹，1998）。结合本次研究，笔者把这种现代性的获得也看作人力资本的增值过程，或者说是人力资本的再生产过程。因为农民进城打工是由传统经济模式（务农）向现代经济模式（务工经商）的转化。所以，这种个人现代性的获得必然会在深层次上增长一个进城农民的人力资本。这也支持了关于农民的现代性假设。

从性别的角度来看，女性是教育的获益者，教育水平的提高显著增加了女性农民工的收入。但是在非正式劳动力市场上，女性的收入整体上低于男性，在教育水平越低的群体中，这种收入的性别差异越明显。因为对受教育程度没有要求的工作通常是纯粹的体力劳动，在这方面女性自然处于劣势。即使考虑到女性的教育回报比男性更高，基于性别的收入歧视仍然不容忽视。值得注意的是，相比于男性农民工，女性农民工更难以通过人力资本再生产来提高自己的务工收入。这是非正式劳动力市场上女性务工者面对的另一个不平等因素。

综合起来看，在进城农民工这个非正式劳动力市场上，人力资本收入回报在市场转型过程中将会提高的假设没有得到有力的支持。但是，农民工由务农向务工（或经商）的转变过程本身就是人力资本再生产的过程，而传统的人力资本要素却难以体现出它应有的效用。但是这一过程带有很强的性别差异，女性在非正式劳动力市场上处于明显的弱势地位。总的来说，市场化并不必然导致人力资本回报率的提高，关键在于劳动力市场是否被制度性地分割。要使人力资本得以合理地配置，就必须拆除体制上的障碍，建立统一的劳动力市场，真正实现劳动力的自由流动。

第三节　教育如何影响农村劳动力转移[①]

一、引言

从20世纪90年代初的民工潮开始，从土地上释放出来的农村劳动力源源不断地进城务工，构成了人类历史上最大规模的劳动力迁移。根据2010年人口普查数据，农村16岁及以上劳动年龄人口数为5.12亿人，其中有2.2亿人在外务工，占全国农村劳动力总量的42.6%。另根据全国农民工监测报告，截至2014年年底，农民工总量已达到2.7亿人，其中住户中外出农民工1.32亿人，本地农民工1.06亿人，举家外出农民工3 578万人。随着我国城镇化和农业现代化的推进，可以预期农村劳动力向非农行业的转移将会持续下去。我们也看到，这一劳动力转移过程具有复杂性。在一个农民的生命历程中，面临着诸多的选择：继续在家务农，还是到城里干点活、挣点现钱；自己做点生意，还是外出打工；在就近的城镇务工，还是到中心城市或是省外务工；继续在外面打工，还是回乡发展；回乡创业，还是回乡务农。从农村劳动力转移的长远趋势来看，关键的问题是，从农业向非农行业的职业转换是如何实现的，受到哪些因素的影响。特别是在中国特定的转型期，半工半农的兼业方式普遍存在，更加突显了农村劳动力流动的复杂性和反复性。

在农业劳动力向非农行业转移的国内外研究中，人力资本一直是一个重要的指标。受教育程度高的人更倾向于离开农业，在城市中寻找工作，进而完成农民向市民的转换。同时，工业化和城市化也是一个国民教育普及的过程，新一代农民会比老一代农民获得更高的教育，也更希望在城市工作和生活。这一切都在今日的中国发生着。随着中国经济的持续发展，刘易期拐点到来，劳动力成本上升，对劳动力素质的要求进一步提高。但

① 本节选自作者与郑莉合作完成的论文《教育如何影响农村劳动力转移——基于年龄与世代效应的分析》（载于《人口与经济》2016年第5期）。

是我们对教育在农村劳动力转移中的影响机制还缺乏深入分析，在一个农民的生命历程中，教育是如何影响到其务工、务农或兼业的职业选择，以及在不同时代出生的农民中，教育对非农就业行为是否具有不同的作用方式，这些问题还有待进一步的研究。

二、文献综述

在西方国家城市化过程中，农业劳动者向非农行业转移既是职业的流动，也是身份的转变，即由农民到市民。而中国农村劳动力流动具有自身的特点。由于城乡二元体制下户籍制度和农村集体经济制度的约束，多数农民虽然某种程度上实现了非农就业，但是户籍身份仍然保留在农村。蔡昉（2001）较早提出劳动力迁移的两个过程，即农村劳动力迁入城市和在迁入地定居下来，而后一个过程因制度障碍难以顺利实现。其结果就是农村劳动力的职业流动模式呈现出多样性。从非农就业的角度来看，有学者将其分为三种模式：务农、本地非农就业和外出务工（赵耀辉，1997；Willmore et al.，2012）；也有学者注意到非农就业参与程度上的差异，从而将其区分为务农、务工和兼业三种类型（罗仁福 等，2011）。值得注意的是，不同就业模式的选择不是一次性的。一个农村劳动力可能会在其生命历程中的不同时段选择不同的就业模式。尽管农村劳动迁移以常年外出务工为主，但是农民工回流也是这一迁移过程的一部分；大部分回流者更倾向于从事生产性农业而不是本地的非农工作，并且多数回流劳动力会选择再次外出（白南生，何宇鹏，2002；Zhao，2002；王子成，赵忠，2013）。在经济波动中农户劳动力供给行为也会发生改变，在经济下行时期，农村劳动力普遍增加务农的时间或提高在农业上的劳动力配置（张林秀 等，2000）；在兼业农民中也存在非农就业时间配置问题（陆文聪，吴连翠，2011）。这些研究都说明了农村劳动力向非农职业流动是一个动态的过程，应该考虑纵向的时间维度。

在农村劳动力迁移模型中，教育通常是一个默认变量。以教育为代表的人力资本要素促进了农村劳动力向非农行业的转移（周其仁，1997；张务伟 等，2011；Huffman，1980；Yang，1997）。杨金风和史江涛（2006）

在较早的文献综述中把教育的影响归纳为三个方面。教育提高了农村劳动力获得非农就业的机会和从事非农就业的概率，并且从就业区位、从业时间和行业类别等方面增强了从事非农就业的选择能力。杨涛（Yang，1997）通过建立农户家庭劳动力配置模型来解释教育的作用机制：①教育没有为务农带来明显的回报；②家庭受教育程度最高者对农业效益的贡献与其是否从事非农工作无关；③教育提高了务工收益。因此，农户家庭中受教育程度较高的成员会利用比较优势，外出务工，最大化家庭收益。但是赵耀辉（1997）发现教育对外出务工的影响很小，并且不是递增的；与没受过教育的农民相比，受过小学和初中教育的农民的外出概率只分别高出 2.0%和 2.4%，而高中文化程度的农民与没上过学的农民的外出概率差不多。进一步分析发现，教育极大地促进了劳动力进入本地非农产业，与没受过正规教育的农民相比，小学、初中和高中文化程度的农民的外出概率分别高出 3.6%、11%和 21%。这说明受教育程度高的农村劳动力首先选择在本地非农就业，而不是外出务工。威尔莫（2012）等也发现较低和较高文化程度的人更倾向于留在农业，而中等文化程度的人更倾向于从事非农工作。作者的解释是较高文化程度的人存在不充分就业的问题，即找不到合适的非农工作，只好留在家里务农。

教育对非农职业流动的影响具有不同的方式，张林秀等（2000）发现，教育增加了非农就业的机会，并且在调查的三个年份中（1988 年、1992 年和 1996 年）教育对非农就业的影响不断加强。进一步分析发现，教育并不是退出非农工作的重要因素，但对进入非农行业有显著的促进作用。邢春冰（2006）也发现教育对非农工作机会的影响随时间而变化，在 20 世纪 90 年代初期较大，而到了 90 年代中后期，教育对于非农工作机会的边际贡献呈下降趋势。作者推测，这是由于人力资本水平提高、劳动力市场不健全，导致人力资本配置失灵。陈宗胜等（2006）发现不同受教育程度对不同非农就业途径的作用方式存在差异，比如教育在远城区比在近城区对外出务工的影响更为显著；相对于在本地从事非农工作，教育对外出务工的促进作用更为明显。对外出农民工来说，较高的教育水平是从事中高端职业的重要条件，提高了非农就业稳定性（王超恩，符平，2013），同时也降低了从非农部门回流到农业部门的概率（方黎明，王亚柯，2013）。

年龄对非农就业的影响有不同的研究发现。赵耀辉（1997）发现年龄对外出务工有微弱但是显著的负影响。可能原因是很多农村劳动力并不打算移居城市，只有几年的务工预期，因此难以用经济学上的迁移受益年限来解释，而年龄的心理成本可能起到更大的作用。张林秀等（2000）发现年龄与非农就业有很强的相关性，21~30岁是非农就业率最高的时期，随着年龄的增大，非农就业率呈下降趋势。在经济下行期，年龄大的农村劳动力更倾向于退出非农工作。方黎明和王亚柯（2013）则发现不同年龄段农村劳动力回流到农业部门的概率并没有显著性差异。

同年龄相应的另一个重要维度是出生年代。王春光（2001）较早提出新生代农村流动人口的概念，并与第一代农村流动人口在出生年代、教育、务农经历、外出动机、身份认同等方面进行比较。新生代流动人口接受了更高的教育、缺乏务农经历、外出动机强调在城市的生活适应、农民的身份认同减弱。近年来，新生代农民工群体引起了更广泛的关注，主要是指80后、90后的青年农民工，已有研究也更多的是针对这一群体进行分析。新生代农民工的提出意味着对不同出生年代的群体有了不同的考量。这为我们在分析农村劳动力流动时引入世代效应提供了很好的思路。

世代效应[①]（cohort effects）是指一个群体因出生于相同的年代而有着共同的社会经历，从而带有相似的特征，如我们所谓的80后或90后。世代效应的倡导者赖德（1965）认为，出生世代（birth cohort）是社会变迁的载体，社会变迁对个体生命的影响在不同世代中不尽相同，对出生世代的研究有助于我们更好地把握我们所经历的社会变迁。因此，出生世代这一概念早已超出人口学范畴，其对个人行为的影响，已经与社会经济地位（SES）等结构性因素同等重要。社会人口学家赖利（1987）在综合了米尔斯的“社会学的想象力”和赖德的世代效应论述基础上，提出一个整合性的生命历程理论视角，指出个人的成长、成熟和老去都是在社会大背景中

① 关于cohort effects的翻译在不同学科之间还没有统一的标准，有同期群效应、代际效应、队列效应、世代效应等多种译法。同样，对birth cohort的翻译也有队列、世代、代际等不同译法。

展开的，而这个社会大背景正是由一代又一代的出生世代所定义并形塑的。也就是说，个人层面的年龄效应和集体层面经历的社会变迁——世代效应，在生命历程理论中，需要得到同样的关注。

具体到中国农村劳动力流动的研究中，年龄效应和世代效应有不同的作用方式。年龄效应代表生命周期，比如年轻时外出务工，年长时回乡务农。世代效应则更多地体现了不同时期出生的人所共有的特征，比如新生代农民工的群体特征。不同世代农民工的非农就业行为可能并不一致。比如我们想知道新一代农民与老一代农民[①]在职业选择上的差异，是因为整体受教育程度的不同，还是因为年龄上的不同，或者只是因为出生时期的不同。要回答这类问题，必须进行年龄与世代的交互分析，否则就难以区分年龄、教育和世代各自独立的影响。有学者早已注意到了这方面研究上的不足，指出已有研究多使用截面数据或短期重复观察数据作为分析的基础，由于数据可及性问题和统计方法上的局限性，在这一领域上进行长时段的动态研究还不多见（杨金凤，史江涛，2006）。

在方法层面，社会科学研究中常用截面数据（cross-sectional data）来分析社会变迁。截面数据记载的是被访者在某个时间的情况，没有将这个时点作为事件的一部分去观察。从时间维度而言，使用截面数据无法区分年龄效应导致的个体内差异（within-person differences）和世代效应导致的个体间差异（between-person differences）。这会导致年龄和世代的同一性问题（identification problem），也就是年龄效应和世代效应在截面数据中相互混合干扰（Yang 2011）。随着观察数据的丰富和统计方法的改进，我们得以利用纵向数据或追踪数据（longitudinal data）和面板数据（panel data），在分析中对年龄效应和世代效应进行剥离。具有多个出生世代的多轮追踪观察的数据设计（multiple age cohorts for multiple waves）尤其适合将数据中的时间变化区分为年龄和世代两个维度。多世代追踪数据提供多重世代的连续纵向观测，相邻的出生世代有了重合年龄段的观察；因此我们得以比较不同世代在相同年龄段的发展轨迹，从而区分年龄效应与世代效应。

---

① 由于本研究采用世代效应的分析方法，研究对象被看作是不同年代出生的群体，因此，新一代农民和老一代农民是一个相对概念，前者泛指较晚出生的农民，后者泛指较早出生的农民。

本研究利用多世代纵向追踪数据 CHNS，将年龄和世代效应引入对农村劳动力转移的研究中，应用多层多项 Logit 模型，分析人力资本过去 20 多年来对农村劳动力非农就业的影响及其发展趋势。我们的主要研究问题如下：

研究问题一：农村劳动力的非农就业（兼业与务工）是否存在世代差异？世代效应对兼业与务工的影响是否一致？

研究问题二：教育如何影响兼业与务工的选择？教育的影响具有世代差异性吗？

研究问题三：年龄如何影响兼业与务工的选择？年龄的影响具有世代差异性吗？

研究问题四：随着年龄的增长，教育对兼业与务工的影响是不变、增长、还是降低？教育的年龄效应是否有世代差异？

三、数据与变量

（一）数据来源

本研究的数据来自“中国健康与营养调查”（China Health and Nutrition Survey，CHNS）。CHNS 是美国北卡大学和中国疾控中心合作实施的项目，从 1989 年开始进行纵贯调查或追踪调查（longitudinal survey）。在最初的调查中，采用分层多阶段抽样的方法，从 8 个社会经济及地理情况各异的省份中抽取分层概率样本（stratified probability sample）。目前，CHNS 已完成并发布了 9 个年份的追踪调查数据，包括 1989 年、1991 年、1993 年、1997 年、2000 年、2004 年、2006 年、2009 年、2011 年，时间跨度长达 23 年。样本获取地区有 9 个省和三个直辖市（2011 年加入），调查覆盖了 47%的中国人口。CHNS 调查设计中涵盖了城乡在经济发展、公共资源、健康指数、社会人口等方面的变迁，信息综合程度高，时空跨度大，为相关研究提供了难得的大范围的追踪数据库。

CHNS 调查的主要目的是研究中国社会、经济和人口的变迁对个人一生健康的影响。在问卷信息收集中，包括了样本的职业变动、务农务工收入、人口学数据等，调查时间段正好对应我国农村劳动力由乡进城的历史时期，因此，对追踪分析我国农村劳动力非农就业变迁具有独特的优势。尽管 CHNS 不是针对全国人口进行设计调查，但前期研究发现 CHNS 的世代特征在年龄、性别与教育分布上，与全国性样本具有可比性（Zhang et al.，2014）。

本研究的分析样本为所有农村户籍、年龄在 16~60 岁且没有在上学的农村劳动力。总计共 12 177 人，47 816 次观测记录，人均观测值为 3.93 次。

（二）变量测量

本研究的因变量为农村劳动力（户籍为农村）的就业变动，分为纯务农、纯务工和兼业三个基本类型。我们用 4 个指标来综合决定样本非农就业情况，指标 1 是职业分类，分为农业劳动者和非农业劳动者；指标 2 是有无农业收入；指标 3 是有无工资性收入；指标 4 是有无经营性收入（见表 4.9）。所有收入均指个人收入。纯务农是指无任何非农收入的农业劳动者，纯务工是指无任何农业收入的非农业劳动者。兼业型农村劳动力可分为三类，前两类是指有非农收入的农业劳动者。若是以工资性收入为主则属于第一类兼业，若是以经营性收入为主则属于第二类兼业。第三类兼业是有一定的农业收入来源的非农业劳动者，主要从事非农工作，以务农为辅。

表 4.9　农村劳动力务农和非农就业的分类标准

	户籍	职业分类	农业收入	工资性收入	经营性收入
纯务农	农村	农业劳动者	—	无	无
纯务工	农村	非农业劳动者	无	—	—
兼业分类：					
第一类兼业	农村	农业劳动者	—	有[a]	—
第二类兼业	农村	农业劳动者	—	—	有[b]
第三类兼业	农村	非农业劳动者	有	—	—

注：“有a”表示工资性收入大于经营性收入；“有b”表示经营性收入大于工资性收入。

表 4.10 列出了 9 个年份中农村劳动力就业变动的截面数据。总体来看，农村劳动力 20 年来的就业分布趋势是纯务农比重不断下降，而纯务工比重则不断上升。但是，由于农业人口原始基数大，2011 年的数据显示仍

有过半的农村劳动力从事纯务农的工作。兼业型农村劳动力的比重在一定范围内波动，多数时间保持在15%~22%。值得注意的是，在2004年纯务工和兼业的比重都有一个明显的下落，特别是第一类兼业，以务农为主、务工为辅的农村劳动力大量减少（从6.8%减少到1.9%），同期纯务农劳动力的占比从2000年的62.5%提高到69.5%。因为2004年调查的是2003年的就业情况，我们推测这与当年的金融危机有关。很显然，受经济波动影响最大的是第一类兼业型劳动力，主要是外出打零工的农村劳动力。从另一个角度看，这也体现了农村集体土地制度对农村劳动力经济活动的缓冲功能。

表4.10　农村劳动力不同就业类型的分布

项目	1989年	1991年	1993年	1997年	2000年	2004年	2006年	2009年	2011年
纯务农/%	72.3	73.2	69.0	66.9	62.5	69.5	59.3	55.3	51.2
纯务工/%	9.4	9.8	13.7	17.8	20.0	16.9	19.4	22.4	27.1
兼业/%	18.3	17.0	17.3	15.3	17.5	13.6	21.3	22.3	21.7
第一类兼业	7.7	4.2	4.7	3.9	6.8	1.9	9.6	10.7	9.2
第二类兼业	5.2	6.2	6.5	6.5	5.8	5.3	5.1	5.1	3.9
第三类兼业	5.4	6.6	6.2	4.9	4.9	6.4	6.7	6.6	8.6
样本数/个	4 672	5 234	5 589	6 068	6 676	4 966	4 765	4 763	4 883

值得注意的是，农村劳动力在纯务农、兼业、纯务工之间的转换不是一次性的。尽管有相当数量的农村劳动力常年务农，在观测期间没有任何非农就业行为，但是有相当一部分劳动力发生过多次农业和非农就业的转换。对追踪数据的描述性分析发现，在有两次及以上观察值的样本中（N=9 301），有39.2%从未发生过就业转换，25.9%有过一次转换，17.7%有过两次，有三次及以上的达17.1%，人均职业转换1.25次。

为了对世代效应有一个较为直观的认识，我们根据初次和二次观测时农村劳动力分世代的务农和非农就业情况，做一个描述性的分析（见表4.11）。从纯务农所占比重来看，世代之间的差异并不像通常感觉的那么大。除了最早出生的世代（1949年以前出生），不同世代的农村劳动力在第一次观测时，完全从事农业的比例都保持在65%~70%。世代之间较为显著的差异体现在兼业和纯务工的样本分布上。晚近出生的农村劳动力更倾向于直接进入城镇务工，而较少采用兼业的非农就业方式，特别是1980年以后出生的农村户籍的劳动力，没有务农经历的占四分之一，而兼业比例只有7.4%。可预计随着代际替换的推进，半工半农的比重或将逐渐下降。在比较初次和二次观测值时，我们看到，晚近世代职业流动性更强，发生非农就业转移的比例更大。一方面，在80后农村劳动力中，有43.6%的发生过务农和非农就业的转移，而纯务工的比例达到38.7%。但是从另一个方面看，即使是所谓的80后新生代农村劳动力，在CHNS数据中，仍然有过半数的以务农为业。

表4.11　分世代初次和二次观察时的职业分布情况

项目	≤1949年	1950—1959年	1960—1969年	1970—1979年	≥1980年
初次观测时职业分布					
纯务农/%	78.2	68.8	65.1	69.9	66.9
兼业/%	15.2	21.6	18.0	9.6	7.4
纯务工/%	6.7	9.6	16.9	20.4	25.6
初次观测时的平均年龄[a]/年	48.9	39.4	30.3	22.4	19.9
初次观测时的样本数/个	1 954	2 190	2 548	3 195	2 290
二次观测时职业分布					
纯务农/%	78.9	69.6	64.7	58.2	52.3
兼业/%	14.7	21.3	20.3	13.6	9.0
纯务工/%	6.4	9.2	15.1	28.2	38.7
发生职业转换的比例/%	21.9	25.0	32.9	37.2	43.6
二次观测时的样本数/个	1 757	1 911	2 158	2 488	987

注：[a]由于CHNS没有提供专门的初职变量（从业者的第一份职业），只能以初次观测时的职业为准。如果我们假定非农就业的可能性随着年龄的增长而增大，那么较早时期的世代在初次职业进入时，应该有更高的务农比例和更低的非农就业比例。

进入模型的自变量包括年龄、教育和世代三个连续变量。年龄如前所述限定在16~60岁。教育采用被访者所报告的最高受教育年限，平均值为6.76，即小学毕业。如果按照就业类型计算，纯务农、兼业和纯务工劳动力接受的平均国民教育分别为6.09年、7.27年和8.70年。世代是根据被访者的出生年月，将被访者分为5个跨度10年的出生世代。世代1为出生时间在1949年之前的样本，世代2为出生时间在1950—1969年的样本，以此类推，世代5为1980年以后出生的样本。值得注意的是，教育在世代之间存在显著的差异，晚近出生的农民平均受教育年限也更高，从世代1到世代5依次为3.6年、5.7年、7.8年、8.3年和9.6年。这也与我国九年制义务教育的普及过程相吻合。

控制变量包括性别、家庭人口数、家里是否有未上学孩子（年龄小于7岁）以及城乡区位差异。城乡区位差异表明被访问对象是住在城区或城郊，还是住在边远的农村。在前期分析中，我们还考虑了是否有70岁以上老人，以及国内不同区域的变量，但是在后面的统计分析中并不显著，因此未放入模型。主要数据指标的描述性统计见表4.12。

表4.12　主要变量代码和描述性统计（N=47 816）

变量	最小值	最大值	均值	标准差
农村劳动力就业类型[a]				
纯务农（参照组）	—	—	0.65	—
兼业	—	—	0.18	—
纯务工	—	—	0.17	—
年龄	16	60	38.06	12.33
性别（男性=1；女性=0）	0	1	0.49	0.50
受教育年限	1	18	6.76	3.69
世代（Birth Cohort）				
≤1949年（参照组）	—	—	0.17	—
1950—1959年（是=1；否=0）	0	1	0.28	0.45
1960—1969年（是=1；否=0）	0	1	0.26	0.44
1970—1979年（是=1；否=0）	0	1	0.21	0.41
≥1980年（是=1；否=0）	0	1	0.08	0.27
婚姻（已婚=1；其他=0）	0	1	0.79	0.41

表4.12(续)

变量	最小值	最大值	均值	标准差
家庭人口	1	13	4.27	1.52
未上学孩子（有=1；没有=0）	0	1	0.11	0.31
城乡区位差异[b]（城区或城郊=1；边远农村=0）	0	1	0.77	0.42

注：[a]由于因变量是一个分类变量，我们以均值代表各分类百分比。

[b]由于CHNS的农村调查点（变量名为T2）包括了县城居委会，我们把这小部分样本合并到城区样本中。

四、计量模型分析

（一）计量模型

本研究使用多层模型来处理追踪数据中个人信息随时间而变动的情况。在多层模型中，每一个个体可以有不同次数的观测，个体的特征变量可以随不同的观测时点而不同，从而形成两个层次的模型结构。一个是个体间的差异性，另一个是个体内的差异性。在社会科学的经验研究中，多层模型最近更多地应用于分析复杂的多分类名义变量，称为多层多项Logit回归模型（Multilevel Multinomial Logit Model）（王济川 等，2008）。

在CHNS追踪数据中，一个农村劳动力在任何一个时间点上，都有三种可能的就业状况：一是纯务农，二是兼业，三是纯务工。在这个特定的数据结构中，多层多项Logit模型帮助我们从世代效应的视角分析农村劳动力的就业变动。在本研究中，我们以纯务农（$y=3$）为参照组，相对于纯务工（$y=1$）和兼业（$y=2$），可以得到如下公式：

$$\eta_1 = \text{logit}\left(\frac{\text{Prob}(y=1)}{\text{Prob}(y=3)}\right) = X\beta_1 + ZU_1$$

$$\eta_2 = \text{logit}\left(\frac{\text{Prob}(y=2)}{\text{Prob}(y=3)}\right) = X\beta_2 + ZU_1$$

其中，X是固定效应的解释变量，β_1和β_2是两组固定回归系数，Z是随机效应的解释变量；U_1和U_2是两组随机回归系数。我们以μ_1（务工）为例，简述其第一层和第二层模型公式。η_2（兼业）的公式组与此类似。

第一层模型（Level 1）测量农村劳动力重复观测过程中的就业变动轨

迹（within person variance）：

$$\eta_1 = \text{logit}\left\{\frac{\text{Prob(职业}_{ti} = \text{务工)}}{\text{Prob(职业}_{ti} = \text{务农)}}\right\} = \pi_{0i(1)} + \pi_{1i(1)}Age_{ti} + \pi_{2i(1)}Age_{ti}^2 + e_{ti}$$

其中 i 代表从 1，…，N 个样本中的调查个体。η_1 代表个体 i 在时间 t 的职业选择时，从事纯务工的概率相对于纯务农概率的发生比率（odds ratio）的对数值。Age_{ti} 是个体 i 在时间 t 的年龄，但经过中心化处理（减去平均年龄）。对于特定个体 i 而言，系数 π_{0i} 代表其在平均年龄处从事兼业相对于务农发生比率的对数值；π_{1i} 是该对数值随年龄变化的斜率，π_{2i} 是该对数值随年龄的二次方变化的斜率；e_{ti} 是特定个人 i 在时间 t 的残差，服从均值为 0，方差为 σ 的正态分布。其他随时间变化的控制变量，包括婚姻、家庭人口数、学龄前的孩子等，称为时间的协变量，也放在第一层模型中。

第二层模型（Level-2）测量不同农村劳动力的个体特征（between person variance）对第一层模型中个体截距和斜率参数（π_{0i}，π_{1i}，π_{2i}）的影响，包含截距参数模型和斜率参数模型。

截距参数模型：

$$\pi_{0i(1)} = \beta_{00(1)} + \beta_{01(1)}Education_{ti} + \beta_{02(1)}Cohort_{ti} + \beta_{03(1)}Education_{ti}Cohort_{ti} + \beta_{04(1)}Female_{ti} + \gamma_{0ti}$$

斜率参数模型：

$$\pi_{1i(1)} = \beta_{10(1)} + \beta_{11(1)}Education_{ti} + \beta_{12(1)}Cohort_{ti} + \beta_{13(1)}Education_{ti}Cohort_{ti} + \beta_{14(1)}Female_{ti} + \gamma_{1ti}$$

$$\pi_{2i(1)} = \beta_{20}(1)$$

在第二层模型的公式中，参数 $\beta_{00(1)} - \beta_{04(1)}$ 是截距模型的参数，包括教育、世代、教育和世代的交互变量对截距的影响，又称为固定效应模型参数。个体层面的控制变量（性别、城乡区位）不随时间而变化，也包括在截距参数模型内。$\beta_{10(1)} - \beta_{14(1)}$ 是上述教育、世代、教育×世代变量对兼业/务农比率对数的成长斜率的参数，也是这些变量与年龄的交互影响效果。γ_{0ti} 和 γ_{1ti} 是截距和斜率的随机效应。农村劳动力就业选择三个类别的概率（probability）计算公式如下（$\eta_3 = 0$；三个类别的概率相加等于 1）：

$$\text{Prob}(y_{ti} = 1 \mid u_1) = \frac{\exp(\eta_1)}{1 + \exp(\eta_1) + \exp(\eta_2)}, \quad \text{(1) 纯务工}$$

$$\text{Prob}(y_{ti}=2 \mid u_2)=\frac{\exp(\eta_2)}{1+\exp(\eta_1)+\exp(\eta_2)},\quad (2)\text{兼业}$$

$$\text{Prob}(y_{ti}=3 \mid u_1)=\frac{1}{1+\exp(\eta_1)+\exp(\eta_2)},\quad (3)\text{纯务农}$$

（二）数据结果

模型1考察教育在农村劳动转移过程中的积累性效应，亦即随着个体年龄的增长，教育对非农就业的促进作用是增强、减弱，还是保持不变。模型2加入世代和世代与年龄的交互项，侧重分析年龄增长的影响在不同世代之间呈现出来的差异性。模型3在截距和斜率中加入教育和世代的交互影响，检验教育对外出务工影响的世代差异性。本研究使用STATA中的GLLAMM（Generalized Linear Latent and Mixed Models）估计多层多项Logit模型的参数（Rabe-Hesketh et al.，2004；Rabe-Hesketh & Anders，2012）。

模型1结果显示，教育促进了农村劳动力从农业向非农行业的转移，这在前期研究中得到反复证实。每多接受一年教育，个体选择兼业相对于务农的比率（odds）提高18.4%（=exp（0.169）-1=0.184），选择务工（相对于务农）的比率提高31.2%（=exp（0.272）-1=0.312）。年龄对外出务工同样具有促进作用，但仅限于兼业。年龄每增加10岁，兼业相对于务农的比率增加30.1%（=exp（0.031×10）-1=0.301），纯务工相对于务农的比率略有增加但并不具有统计显著性。年龄对非农务工的正向影响并不是线性的，在年龄平方项中的负值（-0.003）表明，在农村劳动力的生命轨迹中，年龄的正向影响逐渐减弱。教育与年龄的交互项对兼业的影响为正，显出教育对外出打工的累积优势，即随着年龄的增长，教育对非农就业的促进作用加强了。

模型2截距参数显示，在控制了其他变量后，每晚出生一个世代（10年），兼业相对于务农的比率要提高51.7%（=exp（0.417）-1=0.517），务工相对务农的比率要提高1.27倍（=exp（0.821）-1=1.27）。晚近出生的世代更倾向于外出务工，无论是兼业还是纯务工。在80后新生代农民中，兼业相对于务农的比率要高3.3倍（=exp（0.417×4）-1=3.30），而务工相对于务农的比率要高24倍（=exp（0.821×4）-1=24.10）。如果在兼业和纯务工之间对比，每晚出生一个世代，纯务工相对于兼业的比率要高出 50%（=exp（0.821-0.417）-1=0.500）。同样是 80 后的农民，纯务工概率是兼业概率的 4 倍（=exp［（0.76-0.352）×4］-1=4.04）。

模型 2 斜率参数显示世代与年龄对外出务工的交互影响。每晚出生一个世代，年龄每增长 10 岁，兼业相对于务农的比率要增加 40.8%（=exp（0.034×10）-1=0.408），务工相对于务农的比率只增加 11.2%（=exp（0.011×10）-1=0.112）。加入世代与年龄的交互影响后，教育与年龄的交互项对无论是兼业还是纯务工的影响都消失了，说明模型 1 中教育×年龄的影响主要是来自世代×年龄的影响，这是由于新一代农民受教育年限高于老一代农民。

模型 3 的截距参数显示，教育×世代交互项对选择兼业的影响是负值并有统计显著性，但对纯务工的影响并不显著。也就是说，随着世代的更替，教育对兼业的影响在减少但对纯务工的影响不变。我们以 1949 年以前出生的世代为参照组（下同），教育每增长一年，兼业相对于务农的比率能提高 28.9%（=exp（0.254）-1=0.289）；对于中间出生的世代（如 60 后），教育每增长一年，选择兼业相对于务农的比率为 14.7%（=exp（0.254-0.059×2）-1=0.147；但对于 80 后一代而言，这个比率仅为 2.0%（=exp（0.254-0.059×4）-1=0.02）。教育每增长一年，纯务工相对于务农的比率能提高约 30%，这在各个世代中基本维持不变。

在模型 3 的斜率参数中，教育×世代×年龄的参数为正，但教育×年龄的参数变为负，并且有统计显著性。这表明，教育的年龄效应呈现出显著的世代差异性①。在 1949 年以前出生的农民中，教育对非农就业的促进随着年龄增长而减弱（兼业和务工的参数估计值皆为-0.008）；对 20 世纪 60 年代出生的中间世代来说，教育对非农就业的促进没有年龄差异（兼业参数=（-0.008+0.003×2）=-0.002，而务工系数=（-0.008+0.004×2）=0）。在 80 后出生的新一代农民中，教育对非农就业（尤其是务工）的促进随着年龄增长而加强（兼业系数=（-0.008+0.003×4）=0.004，务工系数=（-

① 模型 1 和模型 2 中教育×年龄的参数近似为 0，这是因为教育的年龄效应在早先出生的世代中为负，在晚近出生的世代中为正，从而相互抵消了。

0. 008+0. 004×4）= −0. 008）。

表 4. 14　教育、世代、年龄对非农就业影响的分层多项 Logit 模型估计结果

	模型 1		模型 2		模型 3	
	兼业/务农	务工/务农	兼业/务农	务工/务农	兼业/务农	务工/务农
固定效应模型						
截距	−2. 885***	−3. 665***	−3. 363***	−4. 845***	−4. 287***	−5. 329***
教育	0. 169***	0. 272***	0. 120***	0. 208***	0. 254***	0. 279***
世代			0. 417***	0. 821***	0. 856***	0. 895***
教育×世代					−0. 059***	−0. 010
斜率参数模型						
年龄	0. 031***	0. 006	−0. 005	0. 039***	0. 064***	0. 102***
年龄平方	−0. 003***	−0. 003***	−0. 001**	−0. 002***	−0. 001***	−0. 003***
教育×年龄	0. 001*	0. 000	0. 000	0. 000	−0. 008***	−0. 008***
世代×年龄			0. 034***	0. 011***	0. 005	−0. 028***
教育×世代×年龄					0. 003***	0. 004***
控制变量						
性别	0. 936***	0. 843***	1. 046***	1. 010***	1. 018***	0. 987***
婚姻	0. 042	−0. 444***	0. 040	−0. 409***	0. 008	−0. 445***
是否有学龄前儿童	0. 085	−0. 367***	0. 114*	−0. 129*	0. 090	−0. 155**
家庭人口	0. 030*	−0. 048***	0. 047***	0. 054***	0. 048***	0. 052***
城乡区位	−0. 135*	0. 884***	−0. 157**	0. 863***	−0. 131*	0. 884***
方差估计值（标准误）	2. 373（0. 084）		2. 404（0. 083）		2. 371（0. 082）	
−2Log Likelihood	73 892		72 820		72 644	

注：* $p<0.5$，** $p<0.01$，*** $p<0.001$。

为了更清晰地呈现教育和年龄这两个人力资本变量对农村劳动力非农就业影响的世代差异，同时考虑到参数估计的稳定性，我们以世代 2（代表 20 世纪 50 年代出生的老一代农民，下同）和世代 4（代表 20 世纪 70

年代出生的新一代农民，下同）为例，根据前面的概率公式计算出不同受教育水平的样本随着年龄增长从事兼业、务工和务农的概率。图 4. 1 显示，在老一代农民中，教育在各个年龄阶段对兼业都有显著的影响，但在新一代农民中，教育在青年时期对兼业几乎没有影响，中年期的影响则呈负值。随着年龄的增长，老一代农民选择兼业的概率成长曲线相对平缓；而新一代农民的成长曲线则呈近似直线型增长，并且随年龄增长教育程度低者更倾向于选择兼业。

图 4. 2 显示出教育对纯务工选择的影响普遍存在，而且对新一代农民的影响比老一代农民更大。就年龄的影响而言，两代农民务工概率的成长曲线都呈倒 U 形，先是随年龄增加，务工概率也增加，在中间某个年龄段达到顶点，然后呈下降趋势。但在新一代农民中顶点之前的曲线更陡，表明随年龄增长教育对纯务工的促进作用迅速提高，这一点在受教育程度较高的群体中表现得尤其突出，体现了教育的累积性优势。而老一代农民的纯务工概率的增长曲线较为平滑，并且不同教育程度的两条曲线呈收拢的趋势，表明教育的积累性效应随年龄增加反而减弱了。

图 4. 3 所显示的是农村劳动力纯务农概率的成长曲线，在各个世代、各个年龄阶段，教育程度高者，务农概率低。老一代农民的务农曲线呈一个较平缓的 U 形，即随年龄的增长，纯务农的概率缓慢下降，到 45 岁后再略微增长。考虑到务农、务工和兼业三者概率之和等于 1，结合图 4. 1 和图 4. 2 的非农就业曲线，我们可以得出这样的判断。一方面，在老一代农民中呈现出一个青壮年时期外出务工，中老年后回乡务农的生命轨迹。另一方面，新一代农民的务农曲线则呈反 J 形，即纯务农的概率随年龄增长持续下降。结合前面的讨论，我们有一个有趣的发现，即教育程度较高的新一代农民更多地选择纯务工就业，而教育程度较低的则更多选择兼业。

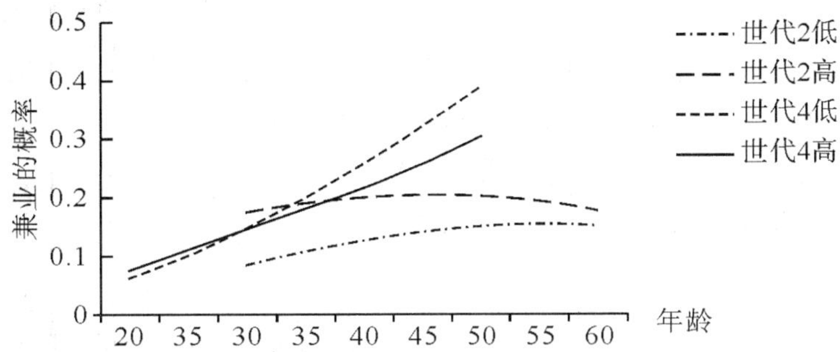

图 4.1　随年龄增长选择兼业的概率——分世代和受教育程度（低 = 5 年；高 = 9 年）

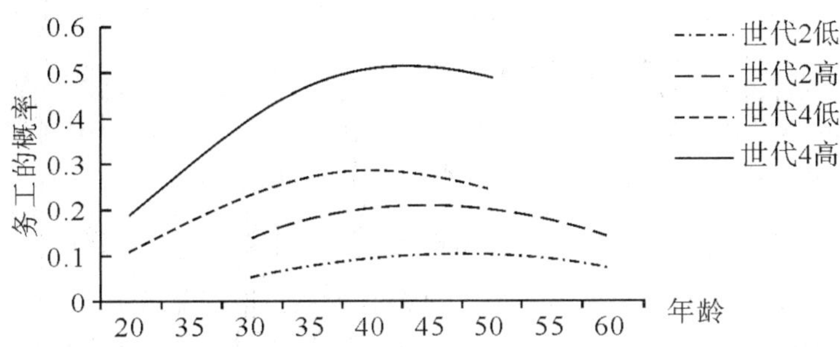

图 4.2　随年龄增长选择纯务工的概率——分世代和受教育程度（低 = 5 年；高 = 9 年）

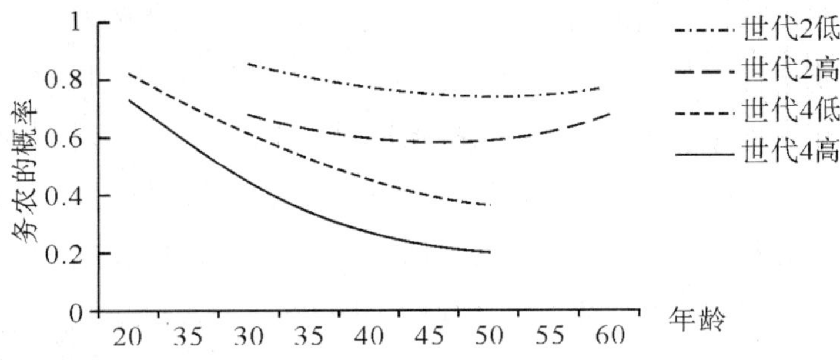

图 4.3　随年龄增长选择纯务农的概率——分世代和受教育程度（低 = 5 年；高 = 9 年）

五、主要结论

本研究根据跨度 23 年的 CHNS 追踪数据，应用多层多项模型分析方法，得以考察世代效应和年龄效应的独立影响及其交互作用，从而有助于回答前面提出的几个问题。一是农村劳动力的流动存在显著的世代差异。

在控制了教育、年龄等变量后，相对于老一代农民，新一代农民仍然更倾向于非农就业，包括兼业和纯务工。在老一代农民的生命历程中有一个从务工到务农的回归；而新一代农民向非农行业转移则呈现出不可逆的趋势。二是教育这一重要的人力资本在总体上促进了非农就业，但在不同世代的生命历程中有着不尽相同的作用机制。在较早出生的世代中，教育对兼业和纯务工的促进作用是一致的。但在晚近出生的世代中，更高的教育水平对纯务工就业有着非常显著的影响，而对是否选择兼业影响不大。三是年龄效应对兼业与务工的作用不同，且呈现出世代差异性。在新一代农民中，随着年龄的增加，兼业的概率持续提高，呈直线上升趋势；在老一代农民中，兼业的概率曲线相对平缓。年龄的增加促进了纯务工的选择，概率曲线呈现倒U形，即达到某个年龄段后，纯务工的概率开始下降。我们发现在世代更替过程中，教育和年龄这两个重要的人力资本既各自独立作用，也交互影响。在老一代农民中，教育对纯务工的促进作用随年龄增长而有所减弱；在新生代农民中，教育对纯务工的促进作用随着年龄增长而迅速加强，呈现出教育的积累性优势。也就是说，早先因受教育程度较高而具有一定优势的人，在其后的生命历程中进一步扩大了这方面的优势。对于在中间出生的世代，教育的影响则没有体现出年龄差异。

在当前中国新型城镇化背景下，推进农业转移人口市民化是当务之急。如果把纯务农或兼业向纯务工的就业转移看作是农民工市民化的必要阶段，那么我们将看到教育是如何在其中起到规律性的作用。虽然老一代农民呈现出青壮年外出务工、中老年回乡务农的生命轨迹，但是对新一代农民而言，务农的概率持续下降，开始表现出不可逆的城市化趋势。在新一代农民中，城市化进程因受教育程度高低而呈现出不同的轨迹，更高的教育对纯务工就业的促进作用非常明显。本研究的发现能在一定程度上批驳农村出现的“新读书无用论”（余惠琼，张礼军，2006），而要从根本上推动我国农业转移人口的市民化进程，全面提高新一代农村劳动力的受教育水平显得更为迫切。

本研究的贡献在于：其一，在理论和方法上将年龄和世代效应引入传统人力资本对农村劳动力转移的影响研究，并揭示出在农民的生命历程中教育是如何影响到非农就业选择及其显著的世代差异性。世代效应可以成为探索社会变迁的重要指标。其二，在研究设计上将兼业与纯务工分离，揭示出教育对兼业和纯务工影响的变化趋势是不同的。教育对兼业的影响随世代推移而降低，但教育对纯务工选择随世代推移而加强。相对于兼业而言，纯务工是更高阶的职业流动，对教育的要求也越来越高。其三，通过分层多项统计方法的使用，能够追溯每一个体随年龄增长形成的不同就业概率的成长曲线，分离出年龄效应和世代效应及其世代差异性。

第四节　教育健康回报的城乡与性别差异[①]

教育的健康回报是国外医学社会学界长期关注的重点，近几年我国学界也逐渐开始关注此议题。总的来说，研究者发现教育对我国国民有一定的健康回报，但并不如在西方国家显著。也有研究发现教育的健康回报在城乡之间、性别之间是有差异的。尽管对教育健康回报的研究已经开始，但考虑到我国所经历的巨大社会变迁，需要从生命历程的角度，检视教育健康回报在不同城乡和性别群体间的差异性。一方面，在过去半个多世纪以来，我国在提升国民受教育程度和健康水平这两个方面都取得了显著的成效。国民人均预期寿命从 1950 年的 40 岁增长到 2015 年的 76 岁，教育分布则从 1950 年文盲占成人的 80%提高到 2000 年实现全民普及九年义务教育。在“普九”的推动下，农村人口和女性的受教育程度都有显著提高。另一方面，尽管近年国家和社会高度关注基本公共服务供给的城乡均等化问题，但是由于城乡二元结构的影响，城乡之间在医疗卫生服务等方面仍然存在不小的差距。同时，我国经济社会转型过程中也存在健康的性别悖论问题，即女性的平均预期寿命长于男性，但健康水平却低于男性。基于城乡之间的二元化差异以及健康的性别悖论等问题，我们想知道，教育的健康回报在城乡之间和性别之间是否存在差异。如果存在差异，是否

① 本节选自作者与郑莉合作完成的论文“教育健康回报的城乡与性别差异——基于世代与年龄效应的分析”（载于《华东理工大学学报（社会科学版）》2018 年第 2 期）。

随年龄增长产生积累性效应，又是否因不同的出生世代而呈现出不同的回报机制?

一、文献综述

教育作为社会经济地位（socio-economic status）的一个关键性衡量指标，和职业、收入、财富等一起，被称为影响健康的根本性因素（fundamental causes of health disparity）（Link & Phelan，1995）。有大量研究发现，在西方国家，教育程度高者，总是比教育程度低者活得更健康、更长寿。教育程度高的人群拥有良好的健康状况，较少受疼痛的侵扰，较少患慢性疾病或精神抑郁，他们到老年期生活更能自理，身体失能情况较少，死亡率较低，并且更长寿（Braveman，2006；McDonough et al.，1999；Mirowskey & Ross，2003）。即便在控制了个人家庭背景和人口学因素之后，研究者们依然能以一种层级的方式来预测健康（education-graded health）（Liu & Hummer，2008）。

在我国的相关研究中，教育对健康的影响还没有较为一致的发现。有研究者认为教育对城乡居民健康有层级性的正向回报：即具有高中文凭者其健康优于初中毕业生，初中生则优于没完成义务教育者（胡安宁，2014；聂伟，风笑天，2015）。但也有研究者认为，教育的健康回报仅仅体现在是否完成了小学教育，在初中及以上人群中教育并没有导致健康差异（王甫勤，2011）。还有研究认为，教育的健康回报随世代和年龄而改变。早期队列教育对健康并没有影响，但随着世代的更替，越晚的队列，教育的平均健康回报越大。教育对健康的年龄效应也体现出队列差异：越晚近的队列，教育的健康回报随年龄累积的效应更强（郑莉，曾旭晖，2016）。

就教育健康回报的城乡差异而言，少有专门针对此议题的研究。一般说来，农村人口健康弱于城市人口。胡安宁的研究指出，在城市人群中，相对于仅完成小学教育的人群，完成初中教育者有更好的健康，但高中相对于初中并没有更多的健康影响。在农村人群中，初中教育并不能带给人健康回报，但高中教育可以。作者探讨了城乡教育的质性差异以及高中教育的健康补偿效应（胡安宁，2014）。

就教育健康回报的性别差异而言，相关的研究还不多见，结果也不一致。健康的性别差异本身就存在一个“性别悖论” （gender paradox of health）的现象。从20世纪70年代起，我国女性的平均预期寿命已超过男性，但女性的自评健康总是比男性差①（Yu & Sarri，1997）。妇女一直以来处于社会分层中的劣势地位，是导致她们健康状态比男性差的主要原因。此外，教育的健康回报在男性与女性中可能也并不一致。有研究者认为女性获得的健康回报比男性要高（Liu & Hummer，2008；Ross et al.，2013）。在我国，有研究者发现农村女性能收获更多的健康回报（Wu et al.，2014），但也有研究发现男性从教育中获得的健康回报更大（郑莉，曾旭晖，2016）。

上述研究探讨了教育—健康关系中的城乡与性别分异，但迄今为止还没有研究关注教育—健康关系变动趋势的城乡、性别差异。从社会分层的角度来看，我国有特定的城乡二元化而导致的乡村发展远落后于城市，也有女性在教育、收入、职业方面的发展皆弱于男性。性别和城乡的交互作用，很可能置农村女性于双重的劣势，而城市男性则处于双重的优势。因此分析教育在不同的城乡与性别群体中的健康回报及其发展趋势是否一致，以及哪个群体获得更多的健康回报，将有助于健康政策的前瞻性与针对性，并降低全民的健康不平等水平。

二、理论框架与研究假设

（一）“资源替代”与“资源强化”

关于教育健康促进效果在不同社会群体间的差异，健康社会学里面有两种充满张力的理论：“资源替代理论”和“资源强化理论”（Ross & Mirowsky，2006，2010）。资源替代理论（resource substitution theory）认为，对于那些拥有较少其他类型资源的群体而言，教育对该群体个体健康的促

① 这跟疾病在两性中的不同分布有关。男人的自评性健康状况在各个年龄阶段都比女性好，但这个健康差距随年龄增长而缩小，在老年期缩至最小，这时男人开始经历各种致命性的健康问题。而女人所患的疾病更多地是非致命性的慢性病和急性病。

进作用会更显著。因为其他社会资源占有的劣势，这一群体会对难得的教育资源有更大的依赖，从而从教育中获益更多。罗斯等人（Ross et al.，2012）对教育健康回报的性别差异研究就支持这一观点，认为教育对女性的健康促进效果更大。资源强化理论（resource amplification theory）认为教育对健康的促进作用会产生“马太效应”，即拥有较多其他社会资源的个体会从教育成就中获益更多，导致“强者愈强，弱者越弱”；该理论也被称为“累积优势与劣势理论”（perspective of cumulative advantage and disadvantage）。该理论在对美国白人和黑人的健康研究中得到了验证，白人不仅从教育中收获的健康收益比黑人更大，而且随着年龄的增长白人从教育获得的收益更大（Shuye & Wilson，2008）。不过胡安宁对我国教育健康回报的城乡差异分析指出，在义务教育阶段，是“资源强化”理论在起作用，城市居民从义务教育阶段获得的健康收益比农村居民更多。但在高中及以上教育阶段，是“资源替代”起作用，农村居民从高中教育中收获的健康回报更多（胡安宁，2014）。

从资源替代理论来看我国教育健康回报在城乡之间的差异，由于农村居民在教育以外的其他资源较少，因此农村居民比城市居民的从教育中收获的健康收益应该更大。同理，由于女性在教育以外的其他资源较少，因此女性比男性从教育中收获的健康收益更大。以此推演得到我们的研究假设 1：

假设 1，农村女性从教育获得的健康收益最大，农村男性、城市女性次之，城市男性最少。

如果从资源强化理论来看，我们将得到与假设 1 相反的假设 2：

假设 2，教育的健康收益应该在城市男性中最大，城市女性、农村男性次之，农村女性最小。

（二）社会变迁与发展：世代效应与年龄效应

研究教育—健康关系的趋势变迁，必须将其放在社会变迁的大背景下。生命历程理论关注社会变迁和时间发展对个人的影响，强调时间维度的重要性（Elder & Tockwell，1979）。这个时间包括年龄、世代和时期变化。

出生世代（birth cohort）是指在同一年（或同一年代）出生并共同成长、变老的一群人。出生世代是社会变迁的载体；只有通过对出生世代的研究才能真正理解我们所经历的社会变迁（Ryder，1965）。在中国语境下，教育与健康的关系因为受到社会变迁的强烈影响而呈现出显著的世代差异性（Chen et al.，2008）。前期研究发现，教育对早期世代的健康呈负向影响，对中期世代没有影响，对晚近世代有正向影响（郑莉，曾旭晖，2016）。这其中，国民教育水平的极大提高、公共卫生服务政策的改变以及经济改革前后教育对社会地位获得的不同作用等因素都对教育—健康关系产生影响（Zhou et al.，1996；Chen，2007）。考虑到我国巨大的城乡差异和性别分层的影响，对教育—健康关系随世代而变化的研究还是需要考察这一趋势在农村女性、农村男性、城市女性、城市男性中是否一致。

除了世代效应之外，生命历程的另一个重要的时间维度是年龄效应，即考虑教育对健康的影响是否随着年龄的增长而改变。国外的研究以及对我国晚近世代的研究发现，教育的健康回报是具有累积效应的，教育导致的健康差异会随着年龄的增长而增长；这也是前述的“资源放大”效应在年龄上的体现（Wilson et al.，2007；Lynch，2003）。不过前期研究也发现，在我国的早期世代中，教育对健康所有的微弱的负向影响并不随年龄而改变（郑莉，曾旭晖，2016）。我们也想知道教育—健康关系随年龄、世代而演变的现象在不同的城乡、性别群体中是否一致。

三、数据与方法

（一）数据来源

本研究的数据来自“中国健康与营养调查”（China Health and Nutrition Survey，CHNS）1991 年、1993 年、1997 年、2000 年、2004 年和 2006 年[①]共 6 个年份，历时 16 年的追踪数据。CHNS 是由美国北卡罗来纳大学教堂山分校和中国疾病预防控制中心合作，从 1989 年开始进行的历时

① CHNS 最新公布的数据已到 2013 年，但 2006 年以后该数据便不再有“自评健康”这一变量，故我们的分析数据就截至 2006 年年底。由于本研究的研究问题是社会变迁背景下教育对不同出生队列健康的影响，使用 1991—2006 年跨度达 16 年的数据应该不会导致结论的过时。当然我们也希望将来能使用更新的数据来研究生命历程的健康演变问题。

性研究。该调查是为了研究我国的社会经济变迁如何影响国人的营养、健康以及人口学特征的变化。CHNS 的设计符合多重出生队列多个年份的纵向追踪数据要求（Raundernbush & Bryk，2002），使得区分队列效应和年龄效应成为可能①。由于有的被访者因死亡或其他原因提前退出调查，或有人加入追踪调查的时间较晚，这样每一个体的观察次数不尽相同，3 到 6 次不等。本研究的分析样本为总计共 39 065 人次观测（又称人-年，person-year）。

（二）变量测量

1. 被解释变量

我们选择自评健康状况（self-reported health）为本研究的健康指标。尽管自评健康是一个主观的健康评估，但就测量的信度和效度而言，被认为是身体疾病状况和死亡率的一个有效预测指标，并能跨越不同的种族和文化群体，有效捕捉不同年龄人群的健康差异（Ferraro & Farmer，1999）。不仅在国外，自评健康在中国语境下也是一项较为综合有效的健康测度指标（齐亚强，2014）。在 CHNS 的 5 个调查年份中，被访者回答该问题“你如何评价自己总体的健康状况?”，备选项是“差”“一般”“好”“非常好”。在分析中我们将健康按连续性变量处理（Chen et al.，2010），按顺序从 1 到 4 编码，以利于回归系数在模型间的比较与解读②。

2. 解释变量

教育是一个连续变量，即读了多少年的书。成人的受教育程度并不随时间而变化，我们采用被访者最后一次进入调查时所报告的教育水平。

出生队列是一个连续变量，根据被访者的出生年月，我们将被访者分为6 个跨度 10 年的出生队列。考虑到“大跃进”及其后的“三年困难时期”可能导致的健康后果，我们将 1951—1955 年和 1956—1960 年分为不

---

① 以往的研究多使用截面数据，截面数据记载的是被访者在某个时间的情况，能反映出年龄导致的差别，但不能反映年龄效应。因为截面研究中不同年龄的人本身就属于不同的世代，其经历不同，产生的影响也不同。从时间维度而言，使用截面数据无法区分年龄效应导致的个体内差异和世代效应导致的个体间差异。这会导致年龄和世代的同一性问题（identification problem），也就是年龄效应和世代效应在截面数据中相互混合干扰。

② 我们也将健康视为定序变量进行了分析，使用的是多层累积 Logit 模型（multilevel cumulative Logit regression model），所得结果与将健康处理为连续变量差异不大，故在此未列出。

同的出生队列群（Chen et al.，2010）。我们在分析中也加入了队列的平方项。

年龄我们取第一次进入调查时在22岁以上，这时人们多已完成高中教育，可以有效避免健康选择对教育的影响。由于前期研究显示年龄对健康的影响可能是非线性的，我们在分析中也加入了年龄的平方项。

考虑到不同城乡、性别群体间可能的异质性，我们将其处理为一个分类变量，包括农村女性、农村男性、城市女性、城市男性。

3. 控制变量

收入是前一年被访者的人均家庭收入。CHNS将各观察年度的家庭年收入换算为2011年的收入水平，以消除通货膨胀的影响，并便于各年份间的纵向比较。家庭人均年收入是时间的协变量（time-covariant）。在分析中收入取自然对数以避免极值的影响。

其他的主要控制变量包括婚姻状态和地区差异。还有一个重要的控制变量是样本是否在下一次死亡，因为在下一次观测中死亡的个体，其健康指标要比其他观察个体更差。我们以这个变量来控制样本追踪过程中的选择性偏误问题。

（三）统计分析模型

我们使用成长曲线模型（growth curve models）来检验教育和世代所导致的个体健康变化趋势的系统性差异，使用的统计软件是STATA 14.0。成长曲线模型是分层线性模型（hierarchical linear models）中的一种，用来处理纵贯数据中个人数据随时间而变动的情况（Raundenbush & Bryk，2002）。纵贯数据结合成长曲线模型，能较好地解决年龄与世代的同一性问题。成长曲线模型的另一大优势是处理“不平衡数据”，也就是说，每一个体可以有不同次数的观察，因此该模型的使用能最大限度地利用纵贯数据的信息。

成长曲线模型由一对亚模型组成。在本研究中，第一层模型展示个人健康随时间而变化，也就是个体内的变化（within-person variances）。第二层模型体现个人健康的变化趋势在不同个体之间的区别，是个体间的差异（between-person differences）（Singer & Willett，2002）。个人健康的成长模型有不同的起始点（截距不同），个人健康变化的比率也不一样（斜率不同）。也就是说，截距和斜率在个人之间随机改变。为估计个体健康随年龄的变化轨迹，以及因教育和世代导致的健康变动轨迹的异质性，本研究采用的成长曲线模型公式如下：

第一层模型：

$$Health_{ti} = \pi_{0i} + \pi_{1i}Age_{ti} + e_{ti}$$

其中，i 代表从 1，…，N 个样本中的调查个体。$Health_{ti}$ 代表个体 i 在时间 t 的健康测量。Age_{ti} 是个体 i 在时间 t 的年龄，但经过中心化（减去样本平均年龄 48.3 岁）。对于特定个体 i 而言，系数 π_{0i} 代表其在平均年龄处的健康得分，也就是个人健康的截距；π_{1i} 是个人健康随年龄变化的斜率，e_{ti} 是特定个人 i 在时间 t 的残差，服从均值为 0，方差为 σ 的正态分布。其他随时间变化的控制变量（称作时间的协变量，time-covariates）都放在第一层模型中，包括每次测量的家庭收入、婚姻状况以及下次追踪调查中是否死亡。第一层模型主要测量的是个体自身健康随年龄的变化轨迹。

为了测量个体健康轨迹变动的异质性，并探测教育和队列对个体健康变化轨迹的影响，我们测量了个体特征对第一层模型中个体截距和斜率参数的影响（π_{0i}，π_{1i}）。第二层模型包含如下系列公式。

截距参数模型：

$$\pi_{0i} = \beta_{00} + \beta_{01}Education_i + \beta_{02}Cohort_i + \beta_{04}Education_iCohort_i + \beta_{05}urbansex_i + \gamma_{0i}$$

斜率参数模型：

$$\pi_{1i} = \beta_{10} + \beta_{11}Education_i + \beta_{12}Cohort_i + \beta_{13}Education_iCohort_i + \gamma_{1i}$$

在第二层模型的公式中，参数 β_{pq} 代表教育、队列、性别等个体特征对第一层模型中截距和斜率参数 π_{0i}，π_{1i} 的影响。$\beta_{00}-\beta_{03}$ 是截距模型的参数，包括教育、队列、教育和队列的交互变量以及性别等对截距的影响，又称为固定效果模型参数。其他个体层面的控制变量，包括户籍和地区，也包括在截距参数模型内。$\beta_{10}-\beta_{13}$ 是上述教育、队列、教育×队列和性别变量对健康成长斜率的参数，也是这些变量与年龄的交互影响效果。γ_{10} 和 γ_{1i} 是截距和一次斜率的随机效应，也服从均值为 0 的正态分布。

四、分析结果

本研究包含的主要变量的描述性统计在城乡和性别四个群体中的差异见表 4.15，是六个年份数据的合并。表中可见男性的健康高于女性，不论是城市还是农村。教育方面，农村女性显著低于农村男性，农村男性低于城市女性，城市女性低于城市男性。个人收入方面，也同样显示城市男性收入最高而农村女性最低。

表 4.15 主要变量描述性统计：城乡与性别差异（N =39 065）

	农村女性（N=13 282）		农村男性（N=11 778）		城市女性（N=7 007）		城市男性（N=6 998）	
	均值	标准差	均值	标准差	均值	标准差	均值	标准差
健康	2.636	0.748	2.768	0.730	2.644	0.766	2.753	0.759
年龄	47.25	13.46	46.75	12.9	50.05	14.41	50.02	14.18
出生队列（1~7）	4.05	1.69	4.06	1.65	3.75	1.79	3.71	1.77
教育年限	4.21	3.91	6.52	3.64	7.09	4.85	9.01	4.27
家庭人均年收入（对数）	7.95	0.97	7.94	0.97	8.48	0.94	8.50	0.90
个人年收入（对数）	7.99	1.15	8.26	1.71	8.61	0.99	8.91	0.81
地区								
东北/%	13.7		13.8		16.4		16.6	
东南/%	22.6		22.5		25.3		24.4	
内陆/%	36.1		36.5		37.5		37.5	
南部山区/%	27.6		27.1		20.7		21.5	

图 4.4 显示各个群体教育随世代的变迁，教育在所有的群体中都随着队列的更替而大幅上升，但农村女性的教育一直处于劣势，尤其是 1930 年前世代，平均受教育年限只有 0.4 年，75%的人没有接受过教育。但我们也看到农村女性的教育同其他群体一样得到了大幅提升。城市女性的教育提升得最快，在 20 世纪 70 年代出生的世代已经赶上城市男性。

成长曲线模型见表 4.16。模型 1 是全体样本，模型 2 至 5 分别是对农村女性、农村男性、城市女性和城市男性的分析。

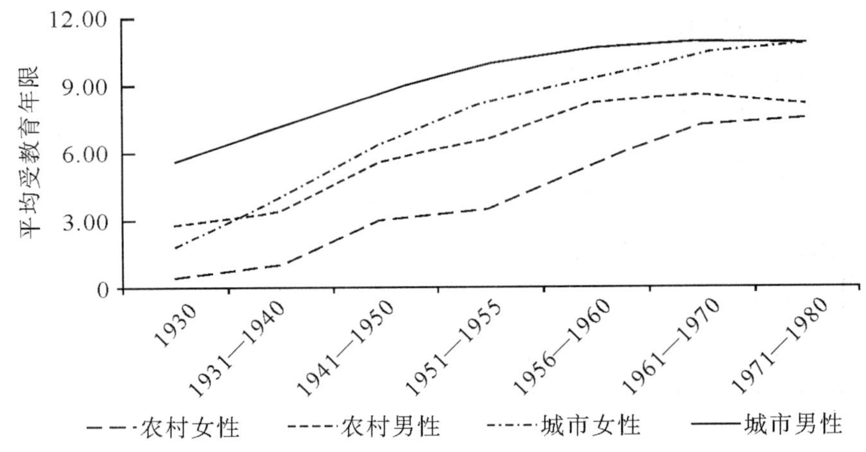

图 4.4　受教育年限的世代变化：城乡与性别差异

1. 教育、世代、年龄在全体样本中的作用

年龄参数从模型 1 到模型 5 都为负，显示健康随年龄变化的趋势对所有群体而言都是一个下降的过程①。年龄平方项的参数并不显著。世代的参数为负，说明随着世代的交替人们的平均健康在变差②。模型 1 中城乡性别群体的截距参数对比显示，城市和农村男性的健康都显著高于农村女性，但城市女性的健康并不比农村女性好。

表 4.16　健康与教育的成长曲线模型：

城乡与性别差异，1991—2006 年（N = 39 065）

项目	全体样本	农村女性	农村男性	城市女性	城市男性
	模型 1	模型 2	模型 3	模型 4	模型 5
截距模型					
截距	2.677***	2.653***	2.797***	2.696***	2.775***
	(0.020)	(0.036)	(0.031)	(0.046)	(0.049)
教育	−0.015***	−0.022**	−0.011	−0.014	−0.011
	(0.004)	(0.007)	(0.007)	(0.008)	(0.009)

① 此处年龄系数为每增长 10 岁的健康变化，斜率参数里的年龄都以 10 岁为单位，否则系数太小。

② 健康随世代而变差的可能原因在于早期世代选择性生存、晚近世代的病态扩展和不健康的生活方式。

表4.16(续)

项目	全体样本	农村女性	农村男性	城市女性	城市男性
	模型 1	模型 2	模型 3	模型 4	模型 5
世代	−0.051 ***	−0.049 ***	−0.048 ***	−0.050 **	−0.051 ***
	(0.006)	(0.010)	(0.011)	(0.015)	(0.017)
教育×世代	0.008 ***	0.009 ***	0.009 ***	0.009 **	0.006 *
	(0.001)	(0.002)	(0.002)	(0.003)	(0.003)
城乡性别群体（农村女为参照）					
农村男	0.110 ***				
城市女	0.002				
城市男	0.111 ***				
线性增长模型					
年龄（集中）	−0.201 ***	−0.216 ***	−0.193 ***	−0.194 ***	−0.194 ***
	(0.008)	(0.024)	(0.016)	(0.018)	(0.020)
教育×年龄	0.002	0.002	0.006+	−0.004	0.002
	(0.002)	(0.004)	(0.004)	(0.004)	(0.003)
世代×年龄	−0.006 **	−0.005 *	−0.001	−0.010	−0.013 *
	(0.002)	(0.006)	(0.004)	(0.006)	(0.006)
教育×世代×年龄	0.002 ***	0.003 **	0.002+	0.003 *	0.002
	(0.000)	(0.001)	(0.001)	(0.001)	(0.001)
控制变量					
样本死亡（否=0）	−0.263 ***	−0.242 ***	−0.279 ***	−0.253 ***	−0.277 ***
	(0.026)	(0.047)	(0.022)	(0.077)	(0.057)
家庭收入（取对数）	0.028 ***	0.032 ***	0.032 ***	0.006	0.030 ***
	(0.004)	(0.007)	(0.007)	(0.010)	(0.010)
地区变量					
沿海	0.240 ***	0.254 ***	0.264 ***	0.195 ***	0.218 ***
	(0.013)	(0.021)	(0.022)	(0.032)	(0.031)
东北	0.156 ***	0.170 ***	0.187 ***	0.065	0.185 ***
	(0.015)	(0.021)	(0.026)	(0.037)	(0.035)
内陆	0.068 ***	0.072 ***	0.071 ***	0.047	0.074 *
	(0.012)	(0.019)	(0.020)	(0.030)	(0.029)

表4.16(续)

项目	全体样本	农村女性	农村男性	城市女性	城市男性
	模型 1	模型 2	模型 3	模型 4	模型 5
Random-Effect Variance	全体样本	农村女性	农村男性	城市女性	城市男性
Level-1：with-in person	0.090***	0.088***	0.086***	0.089***	0.099***
Level-2：in intercept	0.284***	0.261***	0.253***	0.333***	0.318***
in linear growth rate	-0.423***	-0.427***	-0.397***	-0.434***	-0.467***
AIC	81 776.7	27 846.4	24 172.7	14 999.3	14 725.2
BIC	82 018.9	28 040.2	24 366.5	15 176.9	14 901.8

注：$^{+}p<.1$，$^{*}p<.05$，$^{**}p<.01$；$^{***}p<.001$；括号中为标准误差。

模型 1 中教育的截距参数为负（-0.015），而教育与队列的交互影响为 0.008。也就是说，对于最早期的队列（30 前、30 后）而言，教育对健康是有负向的影响。但这一负向影响随队列迁移而逐渐减少，到中期队列（40 后）减少为 0。然后到晚近队列（60 后、70 后），教育对健康呈正向影响，并且越晚的队列，教育的平均健康回报越大。

模型 1 的斜率参数显示，教育×世代×年龄的三项交互变量参数为正，而教育×年龄的两项交互影响不显著，这说明对早期世代，教育对健康的影响没有年龄差异，但对于中期世代和晚近世代，教育导致的健康差异随年龄增长而加大，呈现出教育导致的健康不平等在生命历程中的累积。

2. 在城乡、性别群体内部，世代、年龄对教育—健康关系的影响

模型 2~5 是对模型 1 的分性别、城乡群组分析。从教育的截距参数来看，对早期世代来说，教育对农村女性的健康有较大的负向影响；对农村男性和城市男女，尽管有负向影响但并不显著。也就是说全体样本中教育对早期世代的负向影响主要来自农村女性。教育×世代的交互影响在所有群体中都是正值，但城市男性该系数相对较小。

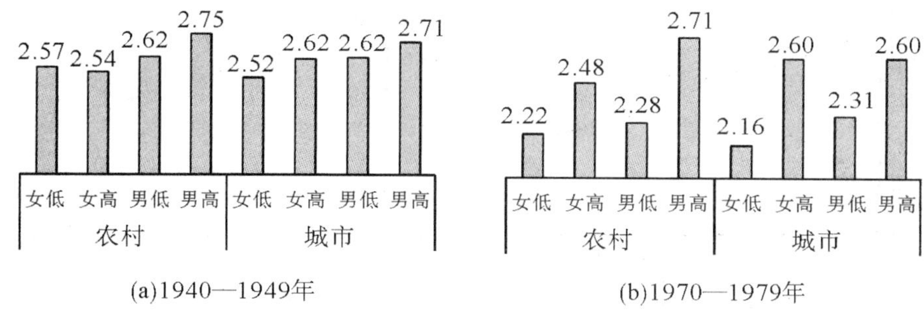

图 4.5 教育—健康关系的城乡、性别差异①

我们以图 4.5 来显示教育—健康关系的世代变化及其在不同城乡、性别群体间的差异。如图 4.5 所示，所有群体在 20 世纪 70 年代的健康都差于 20 世纪 40 年代，显出健康选择和带病扩展所导致的健康下降趋势。对比 40 后与 70 后两个世代，教育的健康回报在所有性别、城乡群体中都增大了。比较 70 后世代的各个群体，教育的健康回报在农村女性中最小，城市男性次之，农村男性和城市女性最大（这两个群体没有显著差异）。农村女性获得的健康回报最小，这一发现支持资源放大效应；但城市女性与农村男性获得的健康回报显著大于城市男性，这又支持资源替代效应。在城市 70 后世代中，低教育水平群体中女性的平均健康显著低于男性，但高教育水平群体中女性的平均健康已与男性持平。

从斜率参数来看，相对于其他三个群体而言，农村女性的年龄系数显示其健康随年龄下降得更为迅速。教育×年龄的参数仅在农村男性中显著，说明在早期世代中教育的健康回报仅在农村男性中呈累积效应。教育×世代×年龄的三项交互在农村女性、农村男性和城市女性中都显著，但对城市男性没有作用。这说明在全体样本中，中期和晚近世代教育健康回报的累积优势，存在于农村居民和城市女性中，但不存在于城市男性中。

① 教育成就高低我们分别取为 2 年和 10 年。2 年是上四分位，中位数为 6 年，下四分位为 9 年。考虑到 1955 年代以后城市教育的下四分位已为 12，农村为 9，故此人为将其调为 10，也与上四分位 2 对称。图 4.6 的标准与此相同。

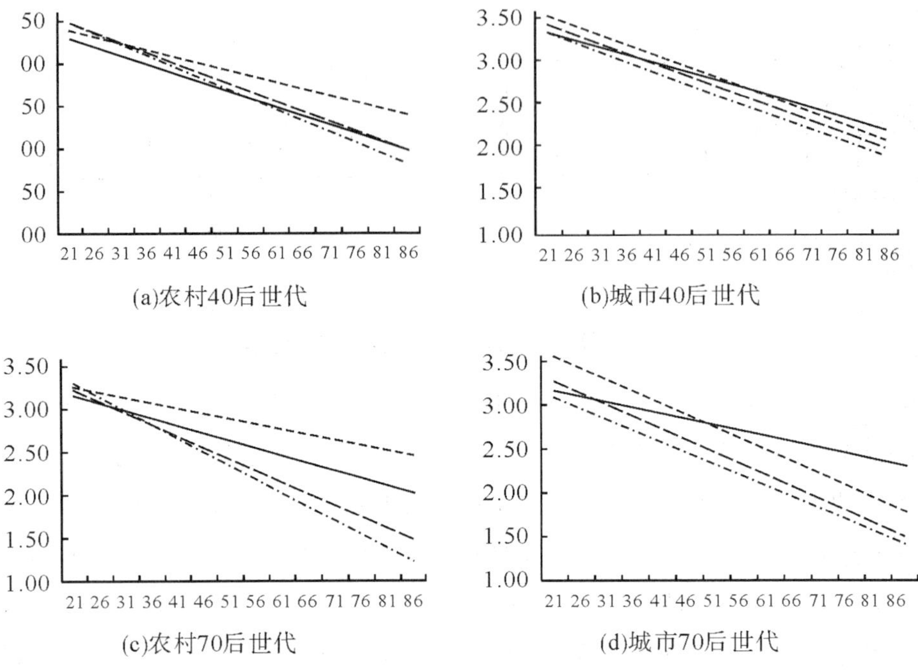

(a)农村40后世代

(b)城市40后世代

(c)农村70后世代

(d)城市70后世代

图 4.6　教育—健康关系的年龄效应：城乡与性别差异

综合截距和斜率参数，我们以图 4.6 来比较教育对不同城乡、性别群体的影响及其随年龄而变动的趋势在 40 后与 70 后世代中的异同。图 4.6（a）与（b）显示，对 40 后而言，教育健康回报随年龄的累积效应仅发生在农村男性群体中。图 4.6（c）和（d）体现了在 70 后世代，教育所导致的健康差异随年龄而加大的累积效应在农村女性、农村男性和城市女性中都比较一致，但对城市男性而言这一健康差异并不变动。因此，如图 4.6（d）所示，在教育水平较高的城市群体中，女性不仅在中年期健康已与男性齐平；随着年龄的增长，教育能帮助她们更好地抵御健康下降的风险，因此在老年期拥有更好的健康，这进一步支持了在城市群体中的资源补偿说。与此类似，70 后的农村男性从教育中获得的健康回报随年龄而累积，他们在老年期也比同等教育的城市男性拥有更好的健康，支持资源替代假说。图 4.6（c）和（d）还显示，在 70 后世代，教育成就低的农村女性和城市女性本就面临健康劣势，这一劣势将随着年华老去而加大，让她们在老年后期处于更不利的境地。

五、讨论与结论

本研究利用跨越16年的追踪数据来研究在社会变迁背景下教育的健康回报在农村女性、农村男性、城市女性、城市男性群体中的差异性，并检验资源强化论和资源替代论两个假说。结果显示，教育对早期世代健康所产生的负向影响主要来自农村女性，对其他群体的早期世代尽管有负向影响但没有统计学上的显著性。随着世代的更替，教育在所有群体中带来的健康回报都逐代增大。总体来说，在晚近世代，教育的健康回报在农村女性中最小，城市男性次之，农村男性和城市女性最大（这两个群体没有显著差异）。从年龄效应来看，教育健康回报在晚近世代中随年龄而累积的效应在农村女性、农村男性和城市女性中都存在，但对城市男性而言并没有累积效应。本研究对晚近世代的分析对资源放大效应和资源补偿效应都提供部分支持：农村女性获得的健康回报最小，这一发现支持资源放大效应；但城市女性与农村男性获得的健康回报显著大于城市男性，这又支持资源补偿效应。在晚近世代教育成就较高的群体中，教育健康回报随年龄的累积效应让城市女性与农村男性在老年阶段与城市男性的差距进一步增大，进一步支持了资源放大效应。

本研究揭示出教育—健康关系在我国的复杂性：城乡与性别、年龄和世代不仅都对教育的健康回报产生影响，而且还有交互、叠加的影响，而不仅仅是二元的城乡、男女的对立。结合生命历程对资源放大与资源补偿这两个理论的检验也显出我国情况的特殊性。在教育对健康产生影响的晚近世代中，教育健康回报最大的群体，既不是社会经济资源最多的城市男性，也不是资源最少的农村女性，而是资源居中的农村男性与城市女性。对于农村男性与城市女性而言，如果与资源最少的农村女性相比，教育带给他们更多的健康回报，这支持资源放大效应；如果与教育、经济资源更丰富的城市男性相比，教育也带给农村男性与城市女性更多的健康回报，这支持资源补偿效应。

本研究发现教育给晚近世代带来更多的健康回报，而晚近世代的教育相对于早期世代而言有全面的提升。因此，我们可以预期国民健康水平会因着国民教育的提升而提升。更为重要的是，由于教育健康回报在多数群体中的累积效应，教育的提升还能减缓健康因年老而下降的速度。这对我国高速老龄化进程中健康议题的解决提供了一个较好的基础，尤其是教育成就较高的城市女性和农村男性。其中晚近世代的城市女性由于教育水平已超越其他群体，她们在晚年的健康水平将是最好的。不过，城市男性在拥有较多教育、经济资源的情况下，不能将这些社会资源优势转化为健康优势，原因何在，很值得继续研究。另外，教育成就低的农村女性本就面临健康劣势，而这一劣势将随着年华老去而加大。因此，对于低教育水平的晚近世代农村女性老龄化后面临的健康困境，健康政策制定者们需要提前预知并做好准备。

第五章　农村精准扶贫

第一节　深度贫困地区的返贫风险与防范①

一、习近平关于深度贫困地区脱贫返贫的论述

党的十八大以来，我国精准扶贫取得了重大进展，全国农村贫困人口累积减少 8 239 万人，截至 2018 年年末，全国农村贫困人口从 2012 年年末的 9 899 万人减少至 1 660 万人，贫困发生率从 2012 年的 10.2%下降至 1.7%。但这并不意味着扶贫工作的结束，返贫新问题不断显现。习近平总书记在十二届全国人大五次会议上指出"防止返贫和继续攻坚同样重要"。打赢脱贫攻坚战，稳定脱贫、防止返贫是一个重要环节，需要引起高度重视，特别是对于深度贫困地区。习近平总书记在深度贫困地区脱贫攻坚座谈会上指出，深度贫困地区的贫困具有较强的区域性特征，自然地理、经济社会、民族宗教、国防安全等交织在一起，脱贫和巩固脱贫成果具有较大的不确定性。在凉山彝族自治区的扶贫考察中，习近平总书记进一步强调"要加大对凉山的扶贫力度，扎扎实实推进脱贫工作，始终把提高脱贫质量放在首位"。脱贫作为一个动态过程，返贫问题不可避免，要正视当前的返贫问题，把防止返贫摆在重要位置。习近平总书记 2019 年 4 月在重

---

① 本节选自作者与桑晓晴和郭晓鸣老师合作的同名论文，收录于《习近平总书记关于扶贫工作的重要论述学习文集（2019）》，国务院扶贫办政策法规司、国务院扶贫办全国扶贫宣传教育中心组织编写，研究出版社。本节主要内容由作者执笔完成，但是数据资料收集分析和部分观点来自课题组成员的共同讨论与分享。

庆考察时指出，在脱贫攻坚的关键阶段，脱贫既要看数量，更要看质量，适时组织对脱贫人口开展“回头看”，探索建立返贫问题的事前预防和事后帮扶机制，及时掌握返贫信息，制定针对返贫个人或家庭的事后帮扶举措，确保脱真贫、真脱贫。

习近平总书记对脱贫返贫的工作论述，始终贯穿着精准思想，即对象精准、施策精准、脱贫精准，实现真正意义上的可持续性减贫。坚持短期“输血”与长期“造血”并举，建立健全稳定脱贫长效机制，打造不返贫的空间。因此，为更深入了解当前深度贫困地区的返贫情况，以确保能如期完成2020年的脱贫任务，课题组于2018年10月下旬至11月初对四川省凉山州J县的返贫情况进行了实地调研，通过召开县相关部门座谈会、组织镇村干部座谈以及对调查村的返贫户和脱贫户进行了问卷访谈等多种形式搜集数据资料，在此基础上对当前农村的返贫问题进行分析，以期为深度贫困地区返贫问题的破解提供有益借鉴和政策启示。

二、返贫原因分析

深度贫困地区脱贫攻坚面临的最大难题是整体性贫困与多维贫困并存。整体上看，贫困面大，贫困人口多，贫困发生率高，并且存在大量临界户或边缘农户。这类群体按照现有贫困识别标准不算为贫困户，但是在收入和住房等方面仅仅稍高于现行标准，存在落入贫困陷阱的风险。从贫困发生的原因来看，深度贫困地区在自然条件、交通、教育、医疗卫生、生产就业等各个方面都落后于其他地区，贫困人口的脱贫与返贫也受到各个方面的影响，只有补充各项短板，才能真正实现可持续的稳定的脱贫。从凉山州J县的实证调研来看，证实了我们的基本判断。

（一）凉山州J县脱贫与返贫情况

J县位于凉山州东部边缘，是国家首批国定贫困县，全县共有34个乡镇178个行政村，总人口20.41万人，是一个以彝族为主的少数民族聚集的聚居县。统计调查显示，2018年全县城镇居民人均可支配收入18 095元，增长8.5%，农村居民人均可支配收入4 999元，增长11.3%。但由于地区自然条件差、交通不便、信息不畅，泥石流、冰雹等自然灾害情况时有发生，单一的产业结构、滞后薄弱的基础设施建设以及人们落后的思想观念，导致地区区域性深度贫困特征明显。从目前的贫困情况来看，贫困面广、贫困程度深的状况并未得到根本转变，部分贫困人口仍处在不具备基本生存条件的高寒山区和自然灾害频繁的地区，基本生产生活困难。2016 年以来，通过实施精准扶贫、精准脱贫，2016—2017 年全县退出 43 个贫困村，2014—2017 年累计减贫 4 501 户 24 377 人。截至 2017 年年底，J 县仍有贫困村 107 个、贫困户 11 504 户，贫困发生率 29.8%，脱贫任务依然艰巨，脱贫难度依然较大。2018 年全县计划退出 42 个贫困村、减贫 4 555 户 23 730 人，并计划对退出的 42 个贫困村完成通村硬化路建设，培育集体经济 45 个。

根据国家建档立卡系统数据分析，J 县贫困户的致贫原因主要是缺资金，约占总数的 30%；其次是缺技术，约占总数的 30%；第三类致贫原因是交通条件落后，约占总数的 20%（见表 5.1）。

表 5.1　J 县历年贫困户数据及主要致贫原因（2014—2018 年）

项目	2014 年	2015 年	2016 年	2017 年
贫困户总计/户	12 455	11 200	10 056	11 504
各致贫原因占比/%				
因病致贫	1.1	0.8	1.0	1.3
因残致贫	0.9	1.0	1.5	1.5
因学致贫	0.7	0.7	0.8	0.7
因灾致贫	0.4	0.8	0.2	0.2
缺土地	2.8	2.2	2.5	2.5
缺水	1.9	2.0	1.6	1.3
缺技术	24.0	24.2	29.3	30.3
缺劳力	7.4	7.1	7.1	8.0
缺资金	35.7	36.2	32.5	30.4
交通条件落后	22.3	22.2	20.7	21.0
自身发展力不足	2.7	2.7	2.8	2.9

近年来，特别是实施精准扶贫、精准脱贫以来，J县脱贫攻坚工作取得了明显成效，然而，在脱贫过程中，仍然存在一些薄弱环节，贫困户“贫困—脱贫—贫困”的逆反现象还不同程度地存在，返贫问题突出，是当前J县脱贫攻坚的重点之一。据系统数据统计，2016年J县共识别返贫户18户96人，返贫率1.9%，其中有17户是因灾返贫，占总返贫户的94.4%，因自身发展动力不足返贫1户。2017年共识别返贫808户4 565人，返贫率高达97.0%，返贫的主要原因是因灾和交通条件落后，分别占返贫户的42.7%和32.2%，其次有115户因病返贫，占总返贫户的14.2%，因自身发展动力不足返贫38户，占4.7%，因缺劳力返贫29户，占3.6%，因残返贫20户，占2.5%，因产业扶贫失败返贫1户（见表5.2）。从J县的扶贫发展来看，在脱贫攻坚的过程中，返贫时有发生，特别是在2017年出现大量返贫现象。返贫原因包括突来的疾病、自然灾害等外界不利因素，这说明脱贫户的抗贫能力、抵御风险能力依然比较脆弱。

表5.2　J县历年返贫户数据及主要致贫原因（2014—2018年）

项目	2014年	2015年	2016年	2017年	2018年
返贫人口规模/户	0	0	18	808	0
各返原因占比/%					
产业扶贫失败				0.1	
交通条件落后				32.2	
缺劳力				3.6	
因病				14.2	
因残				2.5	
因灾			94.4	42.7	
自身发展动力不足			5.6	4.7	

（二）J县三个返贫村的调研分析

为了深入掌握J县返贫情况，课题组选择返贫率较高的三个村进行实地调研。甲村地处高山区，距离县城较远，交通极为不便，通村道路狭窄且无防护栏，经常容易发生塌方和滚石。全村土地资源极为有限，农田水利条件较差，农业产业发展受自然天气因素影响较大，村产业经济发展条件极为有限，且村贫困人口受教育程度较低，文盲半文盲占较大比例，村贫困问题较为严重。建档立卡贫困户信息显示，缺技术、交通条件落后是甲村贫困户历年来的主要致贫原因，其他致贫原因还包括因病、缺资金、自身发展动力不足，以及因缺劳力和因残。乙村距离县城较远，土地资源有限，缺技术仍是贫困户贫困的主要因素，此外，还有缺资金、缺劳力、交通条件落后、自身发展动力不足等多种致贫原因。丙村的贫困情况相对不太严重，贫困户数量不多，主要是缺技术和缺劳动力致贫（见表 5.3）。

表 5.3　J 县三个村 2014 年主要致贫原因统计表

项目	甲村	乙村	丙村
贫困户总计/户	94	167	17
各致贫原因占比/%			
因病致贫	1.1		
因残致贫	1.1		
因学致贫		4.8	
因灾致贫			
缺土地		0.6	
缺技术	43.6	64.7	94.1
缺劳力	2.1	7.8	5.9
缺资金	7.4	18.0	
交通条件落后	36.2	3.6	
自身发展动力不足	8.5	0.6	

从 J 县三个贫困村的贫困情况来看，缺技术是导致贫困的主要因素，且随着脱贫攻坚的推进，该比例还呈现一定的增加趋势，汇总 2017 年三个贫困村的情况，因缺技术致贫的占总贫困户的 58.3%，其次是交通条件落后，占总贫困户的 13.8%。

从 J 县调研村的返贫情况来看，三个村的返贫主要集中在 2017 年。甲村 2017 年共返贫 18 户，全部是由于自然灾害返贫，由灾害带来的返贫是毫无预警的，且从脱贫户自身情况来看，甲村由于客观自然条件限制，通过帮扶脱贫的贫困户还是游离在贫困线边缘，外在因素的突然刺激都会使脱贫户滑到贫困线以下。乙村由于海拔高、气候条件恶劣，冰雹、冰冻等自然灾害时常发生，地区高山病、糖尿病等慢性疾病人口比较多，且该村为艾滋病和毒品重灾区，脱贫人口极容易因为突发疾病、自然灾害再次返贫。2016 年返贫 18 户，其中 17 户是因灾返贫，1 户是因自身发展能力不足，2017 年返贫 24 户，其中因缺劳力返贫 9 户，占返贫户的 37.5%，6 户是因病返贫，占返贫户的 25%，5 户是因灾返贫，占返贫户的 20.8%，还有因自身发展动力不足、交通条件落后、残疾返贫。丙村 2017 年返贫 14 户，因病、因灾是脱贫户返贫的主要原因，占返贫户的 71.4%，还有 2 户因残返贫，1 户因产业扶贫失败返贫，1 户因缺劳力返贫（见表 5.4）。

综合统计三个贫困村的返贫情况，返贫原因主要集中体现在自然灾害和因病，其中因自然灾害返贫 45 户，占总返贫户的 60.8%，其次是因病，占返贫户的 14.9%，因缺劳力、因残等多维因素导致的返贫也不同程度地存在。

表 5.4　J 县调研村 2014—2018 年返贫户数及主要返贫原因

项目	甲村	乙村		丙村
	2017 年	2016 年	2017 年	2017 年
返贫户总计/户	18	18	24	14
各返贫原因占比/%				
产业扶贫失败			7.1	
交通条件落后		4.2		
缺劳力		37.5	7.1	
因病		25.0	35.7	
因残		4.2	14.2	
因灾	100	94.4	20.8	35.7
自身发展动力不足		5.6	8.3	

（三）对返贫原因的入户访谈

J 县的返贫从 2016 年开始出现的，主要是由于自然灾害带来的，2017

年返贫现象比较突出，主要返贫情形有：

一是自然灾害导致的返贫。脱贫户极容易因冰雹、泥石流等自然灾害破坏房屋、农作物等生产生活性设施，从而达不到“两不愁、三保障”的要求。在55户调研返贫户中，有28户是因灾返贫（见表5.5）。

村里返贫的18户都是因灾。灾害是突然发生的，没人能预料到，冰雹后全村都受到影响了，只是贫困户原来条件就不好，更容易返贫。2013年建卡的时候没有灾害，贫困户都是因病、缺劳动力等原因致贫，后来脱贫了，但是全村条件都不好，脱贫了也就是和大家差不多（一直在贫困线边缘），发生灾害了，花椒减产了，收入就又滑下来了。全村都差不多这个情况，哪家都一样。（2018年10月25日甲村村主任座谈）

WSG家有四口人，夫妻均患有长期慢性病，2014年因缺少资金技术，收入水平较低，且药物花费较大而被识别为一般贫困户，2017年在医疗保障托底及其他扶贫政策支持下脱贫。但在同年又由于自然灾害使其住房不达标而返贫。（2018年10月26日WSG的案例访谈）

二是因病返贫。脱贫户家庭成员发生重大疾病或疾病加重，看病需要较大的开支，且部分疾病不在医保范围，导致再次返贫。在55户调研返贫户中，有7户是因病返贫（见表5.5）。在深度贫困地区，自然条件差、公共服务不足，不少脱贫户仍存在“病不起”的情况。

JHZR家有五口人，2014年建档立卡时为一般贫困户，主要是因为女儿生病、退婚等原因造成家里负债较多，后通过彝族家支各亲戚的帮助，吉哼子日于2014年年底脱贫。2017年女儿病情加重，并丧失劳动力，致使返贫。（2018年10月27日JHZR的案例访谈）

三是因缺劳力返贫。脱贫户家庭老人和孩子较多，抚养负担比较重，虽说通过一定的帮扶达到了脱贫标准，但由于家庭没有劳动力，缺乏收入来源，致使其再次返贫。还有些脱贫户家庭劳动力成员突然生病，失去了一定的劳动能力，从而致使脱贫户再次陷入贫困。在55户调研返贫户中，有7户因缺劳力返贫（见表5.5）。

WSQ家有四口人，母亲瘫痪、女儿尚在读书，本人由于痛风无法外出务工，2014年建档立卡因缺劳动力被识别为一般贫困户，2015年，靠女儿外出打工收入脱贫，2016 年由于女儿出嫁，劳动力缺失再次陷入贫困。（2018 年 10 月 27 日 WSQ 的案例访谈）

四是因交通条件落后返贫。这部分脱贫户家里有劳动力，但碍于地区基础设施条件差，种植的农产品等卖不出去，一定程度上打击了脱贫户发展产业的积极性，经济收入来源中断，致使再次返贫。在 55 户调研返贫户中，有 5 户因交通条件落后返贫（见表 5.5）。

AZGR 当前家里共有六口人，2014 年由于父母年纪都比较大且都有疾病，地区交通条件差，发展产业困难，农业种植也只能用来维持日常生活，因此被识别为低保贫困户。2015 年父母相继过世，通过政府的相关补贴扶持脱贫。为了照顾四个孩子上学，夫妻两人到孩子上学的地方打工，处于半工半农的生活状态，但还是主要靠农业收入，加上地区交通条件还没有得到改善，产业发展提不上去，自然灾害的突发将使生产和生活都面临着不可预知的风险，在 2016 年再次陷入贫困。（2018 年 10 月 25 日 AZGR 的案例访谈）

此外，也有部分脱贫户因产业扶贫失败导致返贫，主要是脱贫户发展产业，市场行情一直不好，没有产生经济效益，甚至负债导致返贫。在 55 户调研返贫户中，有 1 户因产业发展失败返贫（见表 5.5）。还有部分脱贫户因家中适婚成员结婚，高额的彩礼导致返贫。

表 5.5　J 县调研村被访返贫户的致贫原因与返贫原因分布（$N=55$）

致贫原因	返贫原因										小计
	(1)	(2)	(3)	(4)	(6)	(8)	(9)	(11)	(12)	(13)	
(2)	0	2	0	2	0	0	0	0	4	1	9
(3)	1	3	1	4	0	6	0	0	13	0	28
(4)	0	0	0	0	1	0	0	0	2	1	4
(7)	0	0	0	0	0	0	0	0	6	0	6
(8)	0	0	0	0	0	1	0	0	0	0	1
(9)	0	0	0	0	0	0	1	0	0	0	1
(10)	0	0	0	1	0	0	0	0	0	0	1
(11)	0	0	0	0	0	0	0	1	0	0	1

表5.5(续)

致贫原因	返贫原因										小计
	(1)	(2)	(3)	(4)	(6)	(8)	(9)	(11)	(12)	(13)	
(12)	0	0	0	0	0	0	0	0	2	0	2
(13)	0	0	0	0	0	0	0	0	1	1	2
小计	1	5	1	7	1	7	1	1	28	3	55

注：(1) 产业扶贫失败；(2) 交通条件落后；(3) 缺技术；(4) 缺劳力；(5) 缺水；(6) 缺土地；(7) 缺资金；(8) 因病；(9) 因残；(10) 因婚；(11) 因学；(12) 因灾；(13) 自身发展动力不足。

三、返贫户与脱贫户比较分析

(一) 家庭人口结构

与调研的脱贫户相比，调研的返贫户家庭平均年龄更大、家庭平均人口更少，特别是不健康的平均人数更多，但是家庭中70岁以上老年人的比例上差别不显著。从家庭人口的负担比来看，返贫户为56.1%，脱贫户为42.6%，返贫户的负担比更大（见表5.6）。

表5.6　J县调研村被访返贫户和脱贫户家庭人口结构特征

类别	家庭平均年龄/年	家庭平均人口	70岁以上老人数量/人	16岁以下孩子数量/人	不健康的人口数量/人
返贫户	30.0	5.56	0.15	2.35	0.62
脱贫户	24.8	5.94	0.06	2.29	0.18

(二) 收入结构

从返贫户和脱贫户的收入数据来看，脱贫户收入数据波动相对较大一些，在相关扶贫政策的推动下实现了收入的提高，但后续的维持至关重要（见表5.7）。

表 5.7　J 县调研村被访返贫户、
脱贫户历年经济收入情况（2015—2017 年）　单位：元/年

项目	均值	标准差	最小值	中位数	最大值
返贫户					
2015 年	2 912	674	657	2 950	6 044
2016 年	3 165	582	1 666	3 191	5 898
2017 年	2 888	660	1 895	2 779	6 140
脱贫户					
2015 年	1 917	469	1 147	1 900	3 225
2016 年	2 869	627	1 514	2 932	3 910
2017 年	4 442	746	3 530	4 438	5 670

总体上看，返贫户比脱贫户更多地依赖转移性支付收入，在 J 县的返贫户中，转移性收入的占比呈上升趋势，2017 年，有 18.6%的家庭收入来自转移性支付。在脱贫户中，2017 年的家庭收入中仅有 3.5%来自转移性支付，这说明 J 县调研的脱贫户中，对转移性支付的依赖显著减少（见表 5.8）。

表 5.8　J 县调研村返贫户和脱贫户中转移性收入
占家庭总收入的百分比（2015—2017 年）　单位:%

年份	返贫户			脱贫户		
	均值	标准差	中位数	均值	标准差	中位数
2015	13.9	17.88	7.6	10.4	6.57	7.1
2016	14.8	19.83	8.8	13.1	12.63	6.3
2017	18.6	23.27	8.4	3.5	3.12	2.5

（三）对扶贫政策的依赖性

返贫户对扶贫政策的依赖性即体现在转移性收入占家庭总收入的百分比上，也体现在贫困户对扶贫政策的预期上。特别是享有最低生活保障的群体，一旦离开国家给予的生活补助，肯定会迅速陷入贫困。农户问卷数据显示，在 2020 年后可能不再继续享受扶贫政策的情况下，较高比例的农户都担心会再次返贫，占调研户的74.6%，一定程度上反映了返贫户之所以能够脱贫更多的是依赖扶贫政策，其后续的自我发展能力并没有得到很好的提高和改善。与返贫户对政策延续性的担心相对，脱贫户均表示出对稳定脱贫的信心，认为即使2020年不再继续享受扶贫政策，也不会再次陷入贫困。

调研的返贫有部分是低保贫困户。为什么领取了低保，还会被定义为返贫户？这个问题可以从两个方面来理解。一是2016年之前，未实现两线合一，低保线低于贫困线，部分低保户虽然领取了低保，但是收入还是低于贫困线，达不到脱贫标准。二是部分低保贫困户，家庭条件本身较差，家庭成员未患大病或病情稳定时，通过低保扶持等政策基本能够达到“两不愁、三保障”脱贫标准。一旦有家庭成员突发重大疾病或病情加重，或发生自然灾害等，支出增加，收入减少，生产生活条件变差，虽然按照当年脱贫标准算账收入能达到扶贫线，但离达到稳定脱贫标准还有差距。

四、深度贫困地区返贫风险防范的思考

1. 优化针对贫困人口的医疗保障政策

建议医疗政策需要进一步完善并长期坚持，尤其是长期慢性病门诊以及县外就医补助政策需要进一步完善，否则将可能成为导致返贫的主要因素。贫困人口中很大部分为因病致贫，面宽量大，但目前医疗救助扶持政策仅明确县域内住院治疗实行一站式服务、先诊疗后结算，部分家庭因患重特大疾病在县内无法医治、部分外出务工贫困人口因急病无法回当地医治。导致贫困人口一是县外住院报销比例低，二是需要垫付大量医疗费用。同时医保都没有实现省级统筹，各地医保参保筹资标准、医保诊疗服务项目及药品报销目录标准不同，给医保异地结算带来影响。建议从三个方面加强对贫困人口的医疗保障。一是从国家层面着手，实行全国医保基金统筹，减少各省市医保政策标准不统一而产生的地区性差异。二是全国统一医疗保险报销政策（包括统一药品目录、诊疗项目、医疗服务项目等）。三是加快推进全国医疗保险异地联网结算平台建设，减少贫困户患者异地就医医疗费用垫付压力。

2. 加强针对自然灾害脆弱地区的临时性救助

针对生态环境比较脆弱的地区，突发性自然灾害较多，由此导致的贫困和返贫问题突出，需要强化灾害突发后的临时性救助措施，为受灾人口提供保障。建议从三个方面加强对自然灾害脆弱地区的临时性救助。一是强化过渡期基本生活救助，包括居住安置和临时性生活救助资金补贴。二是完善灾害救助与其他救助制度的衔接，如和五保、低保等制度的结合。三是加快推进深度贫困地区特困贫困人口的供养服务机构建设和设施改造，如养老托管中心建设等。

3. 建立完善低保人群的退出机制

低保政策实行动态管理，应保尽保、应退尽退，对于已经不符合低保条件的人口应尽快退出，避免不公平现象的产生。一是强化低保定期复核。地方部门应定期对低保对象的财产、收入、就业等情况进行复核，对于已经脱困的对象应及时为其办理退出手续。二是积极引导低保人员就业。对于有劳动能力的低保对象应积极引导其就业，包括参加就业培训或公益性活动，避免低保对象产生福利依赖心理。三是强化社群监督。积极发挥社区群众的监督作用，确保低保政策公开、透明，避免骗取低保金的情况。

4. 加强对深度特困地区基础设施的投入力度

从目前来看，凉山州地区整体性区域贫困仍然比较突出，普遍自然条件恶劣、自然灾害频发、基础设施滞后、产业发展难度大等，脱贫攻坚仍需加大力度，强化各项资源和政策向深度贫困地区倾斜。在路、水、电建设上，把新增脱贫攻坚项目主要布局于深度贫困地区，全面推进贫困地区村组道路建设，加快实施农村饮水安全巩固提升工程。

5. 鼓励和引导社会力量参与贫困地区脱贫攻坚

在深度贫困地区，不仅仅是由于基础设施等硬件不足，更与人才的匮乏和发展机会的缺失有关。完全依赖行政命令和财政投入是不够的。为了在深度贫困地区形成内生发展动力，需要外部社会力量的参与。建议引导社会工作专业人才资源、社会组织资源、项目服务资源和社会资金资源向深度贫困地区倾斜。通过“万企帮万村”行动安排更多的企业到深度贫困县开展帮扶工作，新增产业帮扶项目，提供更多就业岗位，形成多方参与、良性互动的扶贫机制。如J县甲村利用产业发展周转金和帮扶单位水电五局投入的帮扶资金发展集体经济，建立股份合作社，农业以现金或生产资料共同入股，贫困户获得优先股，产生分工收益，取得了良好的效果。

6. 加强完善贫困地区产业扶贫发展模式

在贫困地区，特别是深度贫困地区要实现贫困人口的可持续脱贫，保证贫困人口的稳定经济收入来源，产业的发展是关键之一。但还需要不断优化产业扶贫模式，针对分散农户面临的自然风险、市场风险等，需要加强集体经济的发展。一是组织建立行业协会、合作社等村集体经济组织；二是直接引进外部具有较大规模的企业投资或组织采购，形成“公司+基地+农户”“公司+合作社+基地+农户”等多种形式的生产组织方式，农户可以以多种形式入股，有效带动贫困地区产业发展，促进农户增收，确保持续稳定脱贫。

第二节　企业扶贫基本特点与模式①

企业参与扶贫是企业履行社会责任的一个重要方面。2005年，我国国家标准化管理委员会推出GB/T19580标准，规范了我国评价企业社会责任的方法和要求。2006年，国家电网发布了中国企业的第一份企业社会责任报告，随后，国内的知名企业（以央企和大型民企、上市公司为主）纷纷定期编制和发布企业社会责任报告。企业社会责任的主流化为企业积极履行企业社会责任提供了内在动力，企业为在社会树立良好的社会形象，参与扶贫与各种社会慈善活动逐渐成为企业的一种日常工作。

企业扶贫可以从狭义和广义两个角度来界定。狭义的企业扶贫通常是

① 本节是课题“四川企业扶贫的模式分析与政策设计”（课题负责人为郭晓鸣）的阶段性成果。课题调研和报告写作时间在2014年。本节主要内容由作者执笔完成，但是数据资料收集分析和部分观点来自课题组成员的共同讨论与分享。课题相关研究成果发表在“四川企业扶贫：挑战与突破”（载于《新西部》2018年2~3月上旬刊）。

指企业根据自身的产业发展和扶贫对象的脱贫和发展需要，帮助扶贫对象参与相关扶贫项目的产前、产中、产后等环节的生产经营活动，带动贫困地区的产业发展，帮助贫困人群和贫困户通过生产发展实现脱贫致富，从而形成由“输血型”扶贫到“造血型”扶贫的转变。广义的企业扶贫则包括所有同企业相关的扶贫和慈善活动。

一、企业参与扶贫的基本特点

为了进一步评估企业参与扶贫的现状与效果，我们通过问卷的方式对四川省各市（州）扶贫移民局（办）审定的扶贫企业以及拟申报的扶贫企业参与扶贫的情况进行了调查。根据问卷统计分析结果，我们有如下发现：

一是民营企业是产业扶贫的主体。民营企业是产业扶贫的主体，在我们调查的161家企业中，有151家属于民营企业，占被调查企业的80%，而国有企业只有8家，只占到5%。另有2家企业没表明企业性质。

二是扶贫企业的行业集中在农产品加工业和种养殖业。扶贫企业以农业产业化发展为重点，所涉及的行业也主要是农产品加工销售业和种养殖业，这一类企业占了近85%，剩下的9%属于制造业，还有约7%的企业属于其他行业。值得注意的是，有34家企业既有加工，也有种养殖，产业链基本形成。这类企业占被调查企业的五分之一（见表5.9）。

表5.9　扶贫企业所属的行业（$N=161$）

行业类别	企业数量/个	百分比/%
农产品加工销售业	63	39.1
种养殖业	38	23.6
种养殖业+农产品加工业	34	21.1
制造业	15	9.3
其他	11	6.8

三是企业参与扶贫经历丰富、参与意愿强烈。绝大多数企业都参加了扶贫，少数还没参加扶贫的企业也表示愿意参加。而且，多数被调查的企

业都有好几年参与扶贫的经历，并不只是在列入扶贫龙头企业以后才参与扶贫。在回答了参与时间的139家扶贫企业中，只有两家企业是在2014年刚开始参加扶贫，有16家企业甚至有十年以上的扶贫历史（见图5.1）。

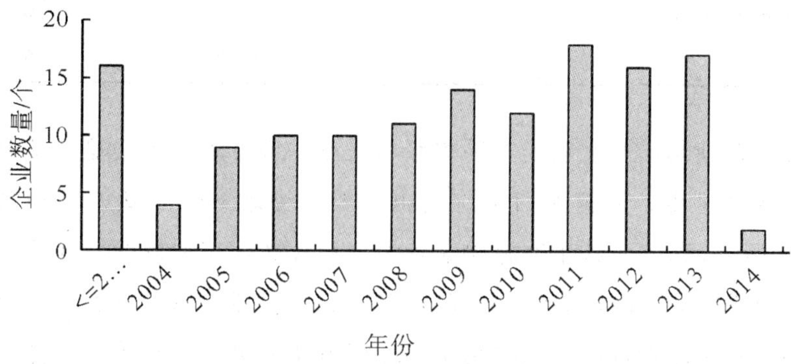

图5.1　企业参与扶贫的历年累计

四是企业参与扶贫的动力既有自身发展的需求也有回报家乡的意愿。有72%的企业认为参与扶贫要同企业自身产业的发展结合起来。这充分体现了市场导向在企业扶贫中的重要作用，这正好是企业扶贫的优势所在。通过市场机制引入生产要素，发掘当地人力资源和物质资源的价值，从而促进企业产业的发展，同时，也为当地建立起一个"造血式扶贫"的机制。这是一个双赢的结果。回报家乡、扩大企业的社会影响和形成良好的企业文化也是促进企业参与扶贫活动的另外三大动因。这说明企业家们在社会责任方面有了更多的共识。值得注意的是，虽然很多企业都希望获得政府项目支持和政策优惠，但是只有28%的企业认为这是他们参加扶贫的一个原因（见表5.10）。

表5.10　扶贫企业参与扶贫的动机（多选）（$N=144$）

动机分类	企业数量/个	百分比/%
有利于企业产业发展	103	71.5
回报家乡	89	61.8
扩大企业的社会影响	85	59.0
形成良好的企业文化	85	59.0

表5.10(续)

动机分类	企业数量/个	百分比/%
获得政府项目支持	40	27.8
降低企业人力成本	11	7.6
其他	5	3.5

五是企业与政府互动是主要的参与机制。地方政府始终是扶贫项目规划和管理的主体，企业的产业扶贫也需要同当地的产业发展规划结合起来。在135家回答了这个问题的企业中，有133家都同政府扶贫部门建立了工作联系，只有两家企业通过政府之外的社会组织参与扶贫。企业扶贫的组织方式是以企业自我组织为主，政府组织为辅，从而构成三种主要的组织形式：企业自我组织（占有效样本的45%）、政府组织（占有效样本的23%）以及企业与政府协调配合（占有效样本的29%）。只有5家企业是通过第三方机构或社会组织参与扶贫。绝大多数企业把扶贫项目纳入了公司的年度计划，说明企业在产业扶贫上有意识地进行机制体制的建设，让扶贫工作成为公司产业发展的组成部分（见表5.11）。

表5.11　扶贫企业的工作联系与组织方式

调查项目	企业数量/个	百分比/%
是否与以下机构有工作联系（多选）（$N=135$）		
各级政府扶贫部门	133	98.5
国内社会组织	22	16.3
国际扶贫机构	1	0.7
其他	2	1.5
扶贫的组织方式（$N=137$）		
由企业自我组织	61	44.5
有企业组织也有政府组织	39	28.5
由政府组织	32	23.4
由第三方机构组织	5	3.6
是否纳入公司年度计划（$N=135$）		

表5.11(续)

调查项目	企业数量/个	百分比/%
是	125	92.6
否	10	7.4

六是企业参与扶贫是以产业发展为重点，实现途径形式多样。企业参与扶贫的形式多种多样，一般同时实施不同的扶贫项目，但是仍然是以产业发展为重点。在有效样本中，有82%的企业在贫困地区建立了生产基地，有73%的企业对贫困群体进行了技术培训，有60%的企业定向招聘建卡贫困户劳动力，有48%在贫困地区进行基础设施建设，有39%在贫困地区建立加工厂。同时，也有三分之二的企业通过直接捐赠参与扶贫（见表5.12）。

表5.12　扶贫企业参与扶贫的主要形式（多选）（$N=142$）

主要形式	企业数量/个	百分比/%
在贫困地区建立生产基地	116	81.7
对贫困群体进行技术培训	104	73.2
直接捐赠	94	66.2
定向招聘建卡贫困户劳动力	85	59.9
在贫困地区进行基础设施建设	68	47.9
在贫困地区建立加工厂	55	38.7
修建希望小学	1	0.7
其他	7	4.9

七是企业扶贫需要政府各部门的支持。虽然我们调查的企业都列入了政府相关部门的产业扶贫名单，但是仍然有四分之一的企业表示没得到任何来自政府的扶持。企业得到的扶持主要来自三个方面：一是贴息贷款（占50%），二是政府项目配套资金（占31%），三是税收减免（占20%）。他们认为参与扶贫遇到的问题主要还是政府的配套支持不够，其次是扶贫支出不能在企业运营成本中列支。企业希望得到的政府支持首先是有相应的项目扶持资金，有八成的企业强调这一点。其次是贴息贷款（占65%）

和税收减免（占44%）（见表5.13）。

表5.13　扶贫企业获得的支持与面临的问题

获得的支持与面临的问题	企业数量/个	百分比/%
通过参与扶贫项目，得到过以下哪些支持（多选）（$N=137$）		
贴息贷款	68	49.6
政府项目配套资金	42	30.7
税收减免	27	19.7
其他	2	1.5
以上都没有	40	29.2
参与扶贫遇到的主要问题（多选）（$N=147$）		
政府配套支持不够	56	38.1
扶贫优惠政策得不到落实	42	28.6
扶贫支出不能在企业运营成本中列支	37	25.2
扶贫对象能力不足	36	24.5
不能确定扶贫对象信息是否真实	33	22.4
担心扶贫资金不能达到扶贫对象	26	17.7
其他	3	2.0
如果愿意参与扶贫，最需要政府解决的问题（多选）（$N=156$）		
政府项目扶持资金	126	80.8
贴息贷款	101	64.7
税收减免	69	44.2
完善配套基础设施建设	61	39.1
政府提供有效扶贫信息	54	34.6
政府组织协调	46	29.5
配套用地	34	21.8
其他	2	1.3

二、企业参与扶贫的模式

扶贫模式是指扶贫主体运用一定的生产要素和资源，利用一定的方法和手段作用于扶贫对象，促进扶贫对象脱贫致富的方式、方法和措施。依据不同的标准，扶贫模式有不同的分类。结合我国企业扶贫的实际状况，从企业参与扶贫的角度，可以划分为三大扶贫主体：政府、企业、第三方（包括各类慈善机构、扶贫基金组织、社会群团组织等）。依据不同主体在扶贫参与中的不同作用及三大扶贫主体之间的相互关系，可以归纳出企业参与扶贫的三大模式：一是政府定点、企业实施；二是企业自主、政府支持；三是企业捐赠、第三方实施。

（一）政府定点、企业实施

“政府定点、企业实施”这一模式指的是具有中国特色的定点扶贫。定点扶贫是我国扶贫开发事业的重要组成部分，是党中央、国务院为加快扶贫攻坚进程、构建社会主义和谐社会做出的一项重大战略决策。这一模式具有以下三个特征：

1. 定点扶贫动员力度大，覆盖面广

我国定点扶贫工作始于1986年，最初是由科技、农业、林业、地质矿产等10个部委分别在全国18个集中连片的贫困地区选定一个区域作为联系点开展定点扶贫。据国务院扶贫办初步统计，2002—2009年，参与定点扶贫的单位共向帮扶的重点县投入扶贫资金（含物资折价）84.87亿元，派出扶贫挂职干部3 077人次，帮助引进各类资金292.5亿元，帮助安排扶贫项目9 432个，引进人才3 904名，引进先进技术1 712项，资助贫困学生28.8万人次，为定点扶贫县培训干部群众151.6万余人次。截至2012年年底，国务院扶贫办等8部门联合发文确定了新一轮定点扶贫结对关系，第一次实现了定点扶贫工作对国家扶贫开发工作重点县的全覆盖[①]。

中央同时要求各级政府和行业部门参照国家层面的定点扶贫做法，组织开展本行政区域内党政机关和有关方面的定点扶贫工作。在中央和国家机关等单位的带动下，各省、区、市的定点扶贫工作也开展得卓有成效，

① 何平.定点扶贫覆盖440个贫困县［N］.光明日报，2010-07-09（4）.

纷纷制定了本地区、本行业的定点对口扶贫方案，把相关党政部门、直属国有企事业单位、接受财政拨款的社会团体等，纳入定点扶贫计划中来。在县一级定点实施中，由于县上的国有企业资源不足，经营效益较差，因此在确定定点扶贫方案时，有时也引入了本地区重要的民营企业。从2007年到2009年的3年时间里，各省直单位对帮扶地区直接投入的资金达到98.2亿元。在我们调研的凉山州，州上的党政部门也都有各自的定点帮扶村，加上省上和中央的定点帮扶，全州11个国家扶贫开发工作重点县实现了帮扶对接。2012年，中央、省、州、县共投入定点帮扶资金近3亿元，其中直接投入资金约7 600万元，引进项目资金2.1亿元。

【专栏1.“央企定点帮扶革命老区百县万村”专项活动】

为贯彻落实2014年10月17日全国社会扶贫工作电视电话会议精神，进一步深化中央企业定点扶贫，切实为革命老区群众办实事、做好事，帮助革命老区群众解决最急需、最迫切的民生问题，国务院国资委、国务院扶贫办决定开展“中央企业定点帮扶贫困革命老区百县万村”专项活动，动员定点帮扶108个贫困老区县的68家中央企业，用3年左右时间，集中力量帮助解决贫困老区县贫困村行路难、用水难、用电难等问题。在中央企业定点帮扶的239个国家扶贫开发工作重点县中，定点帮扶的贫困革命老区县有108个，有14 954个建档立卡的贫困村。此次活动将组织动员中央企业集中时间、集中力量、集中资金，在老区县贫困村，加快实施一批路、水、电等小型基础设施项目，有效解决老区发展的现实困难，加快老区脱贫致富步伐。（摘自《人民日报》2014年10月17日）

2. 企业同帮扶对象的利益关系决定定点扶贫的类别

定点扶贫模式下有两个不同的类别，一类是帮扶内容符合企业自身发展需要，另一类是帮扶内容同企业发展没有直接关系。第一种帮扶类型通常能够建立起双方的利益联结，企业主动性也大，容易实现双赢。但是另一方面也存在企业偏重于自身的效益，从而存在帮扶项目偏离扶贫目的的风险。第二种帮扶类型的不确定因素更多一些，帮扶内容也更多地带有社会救助的性质。

中国三峡集团公司在凉山州雷波县的扶贫活动就属于第一类定点扶贫

模式。雷波县是三峡公司的库区，移民安置是县两委和三峡公司共同的责任。在这一背景下，三峡公司的扶贫活动同当地的实际需求就有了很好的对接。公司优良的经营效益也为扶贫活动提供了坚实的物质基础。我们调研时获知，三峡公司正在成立自己的扶贫基金会，并已经得到了相关部门的批准。虽然三峡公司的扶贫活动仍然集中在自己的库区，但是无论是从覆盖面还是从可持续性来看，三峡公司无疑形成了独具特色的定点扶贫模式。

【案例 1. 中国三峡集团公司对口定点帮扶四川省屏山县和雷波县】

公司设有移民开发局社会责任办公室和移民部，负责移民帮扶项目管理。针对省扶贫办的对口定点扶贫工作，公司成立了“中国三峡集团对口定点扶贫四川省屏山县、雷波县工作领导小组”。溪洛渡库区负责雷波县，向家坝市库区负责屏山县。

公司会同当地政府共同制定了 2012—2015 年对口定点扶贫的四年帮扶规划，选择了合适的帮扶项目，主要涉及“水库移民妇女发展扶持基金”“移民教育发展”“企业帮村种子基金”“金沙江爱心捐赠活动”“春节贫困移民慰问”等项目。2011—2013 年累计投入帮扶资金 2 879 万元（其中屏山县 1 407 万元，雷波县 1 472 万元）。

表 5.14　中国三峡集团公司近三年来的定点帮扶项目 单位：万元

项目	2011 年	2012 年	2013 年	项目内容
水库移民妇女发展扶持基金	120	315	320	大病救助、高中助学、大学助学
移民教育发展、企业帮村种子基金	—	100	130	小额信贷发展养殖业、就业技能培训
慰问、救灾援助、农村房屋改造	—	285	300	节日慰问、救灾援助、库区乡镇 150 户草房户、危房户房屋改造
基础公共设施	—	365	660	教学设备、村文体中心、妇幼保健院、村级卫生站、乡政府办公设施、饮水工程
金沙江爱心捐赠活动	280	—	—	—

资料来源：课题组调研收集整理。

在第二类定点扶贫类型中，由于有直接的利益关系，定点企业的扶贫方案和执行落实情况难以有一个固定的模式，监管和评测都比较难。比如在四川化工公司的定点扶贫案例中，企业投资了当地一个廉租房建设项目。由于政府引入外部资金修建廉租房存在一个产权分割和交易的问题，扶贫项目中企业和帮扶对象的利益关系就有了很多不确定因素。另外，我们看到该企业定点扶贫在资金管理模式上有制度上的创新。由于是比较确定的项目拨款，采用了财政专项资金的管理模式。

【案例 2. 四川化工控股公司援建色达县城区廉租房建设】

色达县援建面积为 7 200 平方米的廉租房。廉租房建设总概算资金为 1 960余万元（含附属设施），国家总投入 700 余万元，缺口 900 万元，加上附属设施建设上需要投入 360 余万元，主体及附属设施建设总的缺口资金 1 260 万元，规划由四川化工控股（集团）有限责任公司帮扶 1 000 万元的廉租房建设资金，色达县设法自筹 260 万元。

定点扶贫项目资金由县扶贫移民局管理，项目实行业主负责制。由县财政局设立专账，定点扶贫资金实行报账制，根据工程的进度，分期分批按照进度拨付到项目上。审计部门要建立定点扶贫资金定期审计制度。（资料来源：课题组调研收集整理）

3. 定点扶贫的绩效评估是难点

基于各种各样的原因，不是所有的定点企业都有三峡集团这样的扶贫力度。定点企业的扶贫绩效如何评估，如何同企业的规模、效益和自身的利益结合起来，是做好定点扶贫工作的重要环节，也是难点所在。在前面的廉租房项目中，由于项目建设周期长、后期分配管理不确定，目前难以实行有效的扶贫效益评估。在另一个国航股份西南分公司的案例中，我们看到扶贫活动更多地集中在机构组建和工作调研方面，而扶贫受益群体不大。在 2013 年的帮扶活动中，只有两户“困难藏族同胞”得到帮扶。还有部分企业（以及许多机关和事业单位）只是发动员工进行捐资捐物，企业扶贫的优势难以得到体现。

【案例 3. 国航股份西南分公司对口帮扶巴塘县】

2012 年，国航股份西南分公司响应对口扶贫要求，在中航集团、国航股份的指导下，联合四川省黄金工业管理局和环保部西南督查中心，参与了对四川省巴塘县的对口定点扶贫工作。成立了以分公司党委书记、总经理为组长的“2012—2015 年对口定点扶贫工作”领导小组，下设办公室，负责扶贫工作的筹划落实。同时，分公司党委副书记还组建了联合工作组赴巴塘县进行实地调研，与当地县委、县政府以及相关部门对接，制定上报对口扶贫项目，2012 年和 2013 执行情况为：2012 年援建巴塘县的“国航路”设计总长 780 米，资金扶持 50 万元；2013 年同巴塘县扶贫移民局、地巫乡政府签订了帮扶协议，对口帮扶两户困难藏族同胞，协议帮扶资金为 101 000 元。（资料来源：课题组调研收集整理）

（二）企业捐赠、第三方实施

大量的企业是以自我组织的方式参与到扶贫活动中的。这一类扶贫活动常常同赈灾募捐、社会救济、公益行动等结合，有时是企业家以个人名义进行捐赠，以民营企业家为主。一些实力雄厚的民营企业还成立了自己的基金会。国有大型企业往往受到制度的约束，参与社会扶贫的活动需要各主管部门的政策支持。这一模式具有以下三个特征：

一是民营企业是捐赠主体。目前，我国慈善机构获得捐赠主要来自民营企业这一块。在社会影响方面，民营企业也容易获得更多的关注。在中国扶贫基金会的捐款收入中，约有 3/4 来自企业法人，主要集中在几大民营企业。在有公开记录的主要捐款企业中，恒大地产在 2010—2012 年累计捐款达 1 亿元，其他企业还包括杭州娃哈哈、百胜餐饮、苏宁电器、加多宝等公司。从中国扶贫基金会了解到，来自民营企业或民营企业家的捐款占总额的 6 成，来自外企的捐款占了 3 成，剩下的 1 成来国有企业和个人捐款（见表 5. 15）。

表 5. 15　中国扶贫基金会捐款收入结构 2006—2012 年

单位：百万元

项目	2006 年	2007 年	2008 年	2009 年	2010 年	2011 年	2012 年
捐款总计	83. 5	82. 9	282. 1	290. 7	508. 6	215. 4	242. 6
境内捐款	78. 5	73. 8	260. 8	278. 7	501. 8	207. 3	229. 9
其中：							

表5.15(续)

项目	2006年	2007年	2008年	2009年	2010年	2011年	2012年
自然人	5.3	8.5	49.0	73.8	216.3	49.2	55.5
法人	73.2	65.2	211.7	204.9	285.5	158.2	174.4
境外捐款	5.0	9.2	21.3	11.9	6.8	8.0	12.7

注：2010年民营企业家曹德旺和曹辉父子以个人名义捐款2亿元用于西南五省旱区扶贫。

资料来源：中国扶贫基金会历年年检报告。

同样，在中国红十字基金会历年捐款结构中，企业法人捐款也占主导地位。在有公开记录的主要捐款企业中，浙江贝因美科工贸有限公司于2011年和2012年累计捐款约5 500万元，其他企业还包括索贝国际投资、广汽丰田、北京斯利安药业等集团公司。

表5.16　中国红十字基金会捐款收入结构2006—2012年

单位：百万元

项目	2006年	2007年	2008年	2009年	2010年	2011年	2012年
捐款总计	79.0	134.3	1 449.2	144.3	484.2	112.8	106.4
境内捐款	71.8	124.8	1 397.7	142.5	479.1	111.0	105.5
其中：							
自然人	7.9	24.0	383.7	31.6	50.2	21.0	47.7
法人	63.9	100.8	1 014.0	110.9	428.9	90.0	57.9
境外捐款	7.1	9.5	51.5	1.8	5.2	1.8	0.8

注：2008年的捐款收入主要来自四川汶川地震捐款。

资料来源：中国红十字基金会历年年检报告。

二是企业捐赠形式多样。就民营企业来说，除了向全国性的几大慈善组织捐赠外，还有很多其他捐赠方式。社会影响比较大的是由统战部和工商联推动成立的光彩事业促进会。这是一个较为松散的组织，由知名企业家和政府官员（主要来自是统战部和政协）组成，很多主要的企业家成员同时也是工商联理事或人大、政协代表。光彩事业促进会主要通过动员组织企业家参加“光彩行”来募捐或招商引资。从最近两年“光彩行”的募捐报道来看，每年捐款额度在1亿元以上[①]。光彩事业促进会下设基金会，主要业务是支持中国光彩会的活动及公益项目，支持光彩事业示范项目、重点项目和中外交流活动，为参与光彩事业的企业家排忧解难。基金会早在2006年就获得了捐赠所得税税前全额扣除的财税政策[②]。但是，对捐赠资金的使用和管理还没有在网站上公布[③]。我国几大慈善机构的捐赠名单以及光彩事业促进会的理事成员囊括大量的知名企业家，而更多的民营企业家则是通过各种地方性商会的形式践行企业的社会责任。这种由商会组织的慈善活动覆盖面更广，形式更加灵活多样。

三是地方性捐赠规模不大。地方性的慈善机构也有很多组织企业参加案例，但是总体上规模不大，没有建立起企业参与扶贫的机制。从四川省扶贫基金会公布的信息来看，在过去几年中，有多家企业参与了不同形式的扶贫或慈善活动，有援建村卫生站（2008年好又多·沃尔玛公司）、慰问捐赠（2013年“浙商冬季送温暖行动”）、灾区建设（家乐福国际基金会支持4.20灾区重建）、小额无息贷款支持农户专业合作社（家乐福国际基金）以及成立爱心基金（2012泸州老窖）或扶贫基金（2013年成都市服饰行业商会）。

（三）企业自主、政府支持

“企业自主、政府支持”是指企业兼顾自身的产业发展需要，直接投资贫困地区农业产业化发展，整体性培育当地农户的经济生产能力。在这一过程中，企业通过各种方式获得政府的支持，包括信贷支持、生产性建设用地支持、技能培训支持、配套基础设施、组织协调农户参与等。这一模式具有以下三个特征：

（1）企业参与产业扶贫的带动能力强。由于多数连片特困地区农业生产在很大程度上仍延续传统的生产方式，一些地区甚至还处于原料直销阶段，产业链延伸不长，产品附加值低。农产品加工还以粗加工为主，精深

---

① 这里说的最近两年是指报告完成时期的前两年，即2012年和2013年。

② 参见《财政部、国家税务总局关于中国老龄事业发展基金会等8家单位捐赠所得税政策问题的通知》（财税〔2006〕66号）。

③ 中国光彩事业基金会现已在网上公开相关信息，可查看2015年以来的年度工作报告和财务报告以及2006年以来的财务审计报告（参见http：//www. cspgp. org. cn/category/about/11）。

加工产品少。普遍缺乏有带动能力的种植大户、合作组织、龙头企业和生产基地。因此，以农业产业化龙头企业为代表的企业扶贫对贫困地区帮扶意义重大。

（2）企业的参与是基于自身产业发展的需要。企业自主的扶贫模式更加强调产业发展的现实需要。企业在扶贫选点时会把当地的资源要素同自身的产业优势结合起来，并关注产业可持续发展的需要。从另一个角度看，当企业在贫困地区的项目形成了产业基础，形成了产业链，企业扶贫的经济效益和社会效益也会得更加充分的体现。通过企业的扶贫项目，贫困地区的农业经营方式可能产生根本性的转变，进一步在能力建设、市场培育、观念转变等方面为贫困地区脱贫致富创造了更好的条件。

（3）政府在扶贫项目和配套政策上给予了一定的支持。由于涉农产业本身就需要来自政府的支持和补贴，企业的农业产业化扶贫项目尤其需要政府的各项优惠政策和项目配套。在财政专项扶贫投入中，确实有一些扶贫资金投向了农业产业化发展项目，这可以同企业的扶贫项目接合起来，整合资源，发挥更大的效益。

第一是产业扶贫项目。四川省2013年的财政投入是1.2亿元，每个产业扶贫项目补助财政专项扶贫资金200万元。贫困农户按单位造价的70%给予补助，养殖业重点支持贫困农户畜禽优良品种引进和圈舍修建，种植业重点支持贫困农户优良种子、苗木引进，对与产业发展相关的田间渠系和设施农业等基础设施建设给予适当补助。尽管这项目补助只是针对贫困农户，但是如果同扶贫企业的产业化发展结合起来，也会为企业提供一个更好的平台，降低企业的成本。

第二是劳务扶贫工程。四川省2013年的财政投入是5 028万元。劳务扶贫工程包括了培训农户种养殖技术，以及吸纳当地劳动力就业，在这两个方面，扶贫企业和加工类企业应该有机会得到这一项目的支持。

第三是扶贫贷款财政贴息资金。很多进入扶贫龙头企业名单的企业都有机会得到贷款贴息的支持。四川省2013年的财政投入是3 500万元，其中一半属于项目贷款财政贴息，可以用于企业，另外一半资金用于到户贷款。项目贷款财政贴息资金重点选择与贫困村、贫困户增加收入紧密相关的种养殖业等扶贫产业项目，特别是向处于成长期、与广大贫困户联系密切、致富带动力强的中小型扶贫企业倾斜。扶贫企业要与贫困户形成良好的利益联结机制，确保贫困户通过扶贫企业带动发展产业增加收入。从我们掌握的资料来看，龙头企业对贷款贴息的需求很大，省上的这项财政投入相对不足。

第四是科技扶贫综合试点项目。四川省 2013 年财政划拨 500 万元用于科技扶贫试点，资金主要用于支持解决制约片区和重点县特色优势产业发展的关键技术和关键环节，积极推广良种良法。由于项目还只是试点，覆盖面不大，资金总量也小。扶贫企业如何与试点项目结合，如何进一步发挥产业扶贫农业科技的作用，还有待进一步考察。

三、基于三种模式的判断与评价

从企业的角度来看，以何种方式参与扶贫是同企业的行业特征、资源禀赋以及社会关系密切相关的。企业扶贫在我国还处于正在起步的阶段，企业与其他扶贫主体之间的相互关系和互动也还处于探索试验的时期。因此，企业的扶贫模式也是一个逐渐形成的过程。

1. 政府定点、企业实施

企业在定点帮扶模式中有更多的主动性，更灵活的帮扶行动。定点帮扶从央企开始，到各级政府的直属国有企业和行业部门，再到地方上重要的民营企业，涉及面很广。再加上参与定点扶贫的各级党政机关和事业单位，在覆盖面上基本上实现了贫困县和贫困村无遗漏。定点扶贫模式虽然带有一定的行政色彩，但是通过一对一的方式，为企业提供了一个明确的扶贫目标，一个实现社会责任的平台。这一点对国有企业更是具有重要的意义。相对于民营企业来说，国企在策划社会公益性活动时会受到更多体制上的约束。国企经理与民营企业家也在企业决策中扮演不同的角色。因此，国有企业参与扶贫需要一个制度上的安排，从而形成一个中国特色的扶贫模式。

企业定点扶贫的优点是，让扶贫需求方和供给方进行对接，减少了中间的制度损耗和信息不对称问题，贫困地区的帮扶对象通常能够直接受益。但是，由于定点扶贫中企业之间差异巨大，难以形成刚性的制度约束，又缺乏相应的激励机制，因此，各类定点机构的执行力度大不相同，在帮扶方式上也存在着一些不规范的地方。同时，不少企业自身也缺乏扶贫活动资金筹集的长效机制，往往是通过打报告批项目的方式解决资金来源。在企业经营效益出现下滑的时期，扶贫项目的可持续性也面临考验。

2. 企业捐赠、第三方实施

在该模式中，我们看到更多的是知名民营企业家的身影，活跃在全国性的大型慈善活动或基金会募捐中。这一模式的发展与完善是同我国整个慈善事业的发展与完善紧密相关的。更加规范与健全的慈善组织能够吸引更多的企业家进来，践行企业和自己的社会责任。相对于民营企业的参与程度来说，国有企业的参与力度较弱。如何创新现行的捐赠模式，调动国有企业捐赠的积极性，是一个有待探索的问题。目前，这一模式一个明显的不足在于，地方性的慈善组织和基金会难以发挥应有的影响与作用。区域性的企业行会、商会等自治组织也难以发挥较大的社会影响。积极培育带有公益性质的社会组织，更多地投入到慈善事业和扶贫救助活动中来，是引导更多的企业参与扶贫捐赠的关键。

3. 企业自主、政府支持

该模式实现了贫困地区资源与外部市场的对接。一方面，企业参与扶贫的主要动力还是市场导向，是同企业自身的发展紧密联系的。另一方面，贫困地区产业结构和生产方式会发生实质性的转变。企业扶贫的重点是同农业产业化发展相关，包括在贫困地区建立生产基地和加工厂，以及对贫困群体进行技术培训。通过这种方式，在当地传统农耕方式中引入现代化的生产要素，为贫困地区的经济发展提供条件。

企业参与扶贫的管理机制主要是企业与地方政府的互动，通过地方政府的协调和支持，申请各项扶贫优惠政策。这种形式的政府支持既有优势，也有不足。一方面，对单个企业扶贫项目的评估需要地方性知识，从信息获取的角度来看，县级政府是最适当的评估主体，县级政府可以整合上级政府下拨各种资金和政策优惠，根据企业扶贫的实际需求进行分配或奖补，从而激发企业的积极性。另一方面，这也加大了县级政府在项目运作过程中的不确定性，增大了外部评估的难度。企业的产业化项目是否属于扶贫活动，是否能够获得政府的支持，有哪些支持，如何获得政府的支持，这都是政府在引导企业参与产业扶贫的工作中必须要解决的问题。

四、促进企业扶贫发展的思考

1. 推动企业扶贫发展的机制创新

创新有利于企业常态化扶贫的激励机制。引导和鼓励企业积极参与扶贫工作，离不开一个完善的企业扶贫激励机制。一是政策激励。从税收、土地、资金等方面给予一定的支持，充分发挥市场机制的激励作用，挖掘贫困地区优势资源，对接扶贫企业的产业发展需求，使企业能够从扶贫项目中获益，通过双赢来激励企业持续地投入扶贫项目，建立长效扶贫机制。二是精神激励。认可企业参与扶贫是履行其社会责任的体现，对企业参与扶贫的工作进行总结，对积极参与扶贫的企业进行表彰，并通过媒体进行宣传，树立参与扶贫企业的正面形象，扩大企业的社会影响。为推动更多的企业参与扶贫，需要进一步加大企业扶贫的宣传力度，营造企业积极主动参与扶贫的社会氛围，建议做好以下几个方面的工作：由企业资助建设的学校、医院、道路等基础设施，可以给予企业冠名权，以扩大企业的社会影响，提高其参与扶贫的积极性；对企业扶贫工作及时地进行总结和表彰，推广好的经验做法和典型事迹，并通过互联网、广播、电视、报纸等进行宣传，营造企业关注扶贫、支持扶贫、参与扶贫的浓厚氛围。

2. 完善企业扶贫的财政、金融和税收支持政策

企业扶贫离不开政策支持，目前在资金使用、税收、金融支持等方面有待从以下几个方面进一步完善：一是探索县级财政资金和企业扶贫资金的打捆整合机制。以项目为基础，在保持各自资金相对独立的情况下，探索财政资金和企业扶贫资金的整合使用的方式，发挥资金的捆绑效应，弥补因单方资金不足而导致项目不能实施的困境。二是完善企业扶贫的税收支持。对于在贫困村开展的基础设施、固定资产建设类型并且由当地群众自主实施、参与的企业扶贫项目，应给予扶贫企业税收优惠。三是加大扶贫龙头企业的金融支持力度。利用财政贴息资金对于扶贫效果好、社会影

响大的扶贫龙头企业在土地经营权抵押、融资等方面给予优先支持。

3. 推进社会组织参与企业扶贫

社会组织参与到企业扶贫，能够发挥它们灵活性、专业性、持续性、公益性以及草根性的特点，一方面通过直接参与，弥补企业扶贫的短板，使企业的扶贫资源通过更专业的组织和机构，按照帮扶对象的实际需要更有效地进行配置，提高企业扶贫的效率。另一方面通过履行第三方监督评估的职能，进一步完善企业扶贫的管理运行机制。为了推动社会组织的积极参与，政府一要适当放宽政策，减少制约社会府组织参与的制度性规定，给予他们一定的施展空间。二要搭建起企业与社会组织互动和交流的平台，通过企业与社会组织利益连接机制的建立，促成他们之间常态化的合作。三要对社会组织进行必要指导和服务，特别要注重他们的自律性和公信力的提高。

第六章　四川民族地区人口发展[①]

一、引言

对四川省民族地区人口发展问题的研究有着重要的意义。四川是一个多民族省份，有55个少数民族，其中有彝、藏、羌、苗、回、土家等14个世居少数民族。四川有全国最大的彝族聚居区、第二大藏族聚居区和唯一的羌族聚居区，有甘孜、阿坝、凉山三个民族自治州，还有9个民族县和108个民族乡。四川民族自治地区面积30.49万平方千米，占全省总面积的62.9%；根据第六次人口普查数据（截至2010年年底），四川少数民族人口已达到490.8万人，占全省总人口的6.1%。

民族人口问题是国家关注的重大问题。历年来，以甘孜、阿坝为代表的四川藏族聚居区和大小凉山为代表的四川彝族聚居区在我国和四川省民族工作中占有重要的地位。少数民族人口发展问题既涉及人口质量和人口结构等人口学因素，也涉及民族地区经济社会发展的方方面面。在区域发展方面，四川民族地区多处于限制开发区或禁止开发区，需要关注人口发展、经济增长与生态环境之间的协调关系；在民生发展方面，民族地区多为扶贫攻坚战略中的连片特困区，要解决人口发展问题首先要解决脱贫的问题；在城镇化发展方面，民族地区受到产业形态的制约，以第一产业为主，人口聚集程度不高，人口发展问题也是一个如何在民族地区实现城镇

① 本章是作者主持四川省社科规划2016年度课题“四川民族地区的人口发展问题研究”的阶段性成果。也是作者主持四川省统计学会课题“少数民族人口分布与未来发展趋势”的后续研究，部分研究成果发表在“四川少数民族人口变化对城镇化发展的影响”（由作者执笔）（载于《四川城镇化发展报告（2017）》，侯水平、陈炜主编，社会科学文献出版社）。

化的问题。

在关于人口发展与人口分布的学术研究和政策咨询中，普遍做法是利用1%人口抽样调查数据和人口普查数据进行分析。目前，对少数民族人口发展的研究主要是以省为单位，分析其在全国范围内的变动态势，而缺乏省内少数民族人口分布与变动的重要信息（郭未，2014）。考虑到四川省民族地区主要少数民族是以聚居的形式分布在自治州或自治县内，而不是以散居的形式存在，因此，利用1%人口抽样数据，并结合六普和五普数据，研究省内少数民族人口发展与人口分布对四川来说尤其重要。本研究以四川省2015年1%人口抽样数据为基础，提供最新的人口发展统计指标，实证分析当前以彝族、藏族和羌族为代表的少数民族人口发展情况，这能够为国家和省上相关政策措施提供决策依据。

本研究着重分析四川民族地区人口规模及变化，特别关注甘孜、阿坝、凉山三个民族自治州的主要民族人口规模及变动情况。将从各主要民族人口的性别结构、年龄结构、教育结构等方面进行分析，并在1%人口抽样数据分析的基础上，结合六普和五普数据进行纵向性比较。

二、四川民族地区人口分布

全国有30.3%的彝族和23.8%的藏族人口分布在四川省。此外，四川有羌族人口35万人，排在全省少数民族第三位（见表6.1）。除了这三个主要少数民族以外，其他少数民族在四川的人口较少，占全国本民族人口的比重也较低。

四川省有3个民族自治州，分别是阿坝藏族羌族自治州、甘孜藏族自治州、凉山彝族自治州（以下简称“三州”）；有4个民族自治县，分别是凉山州的木里藏族自治县、乐山市的马边、峨边彝族自治县、绵阳市的北川羌族自治县；有98个民族乡[①]。由于缺乏民族人口分布的分县数据，我们将以三州为重点进行分析，兼顾4个民族自治县的情况。

总体上看，四川省三大少数民族彝族、藏族和羌族的居住较为集中，

---

① 参见四川省民族宗教事务委员会发布公告“四川省的少数民族乡”和“四川省少数民族县、自治县和享受少数民族待遇县”（http：//www. scmzw. gov. cn/）

主要聚集在甘孜、阿坝、凉山三州。三州面积30.49万平方千米，占全省总面积的62.9%。根据2015年1%人口抽样统计，三州共有少数民族人口417.16万人（见表6.1），占全省少数民族人口（518.2万人）的80.5%（见表6.2）。其中，凉山州的少数民族人口数最多，约242万人，占全省少数民族总人口的46.7%。甘孜州少数民族比重最高，达到85%。阿坝州少数民族人口主要由藏族和羌族组成，分别占全州人口的57.7%和19.0%。

从民族的角度来分析，可以说，藏族和彝族构成了四川省少数民族的主体。截至2015年年底，全省有彝族人口274.4万人，藏族人口163.8万人，两者共计438.2万人（见表6.1），占全省少数民族总人口的84.5%。表6.3显示，有91.1%的藏族人口分布在甘孜州和阿坝州（有33.3%居住在阿坝州，57.8%居住在甘孜州）；有83.8%的彝族人口分布在凉山州；另有部分聚居在乐山市峨边彝族自治县和马边彝族自治县。除藏族和彝族外，羌族是四川省第三大少数民族，有约35万人，其中有51.3%的人口位于阿坝州，另有部分人口（约有41%）聚居在绵阳市北川羌族自治县。

表6.1 四川省和三州主要民族人口数量（常住人口：100人）

单位：百人

地区	合计	汉族	少数民族	其中			
				彝族	藏族	羌族	其他
四川省总计	824 184	772 367	51 817	27 437	16 376	3 497	4 507
三州合计	67 880	26 164	41 716	23 367	15 439	1 821	1 089
阿坝州	9 428	1 805	7 623	1	5 442	1 793	387
甘孜州	11 678	1 765	9 913	378	9 470	27	38
凉山州	46 774	22 594	24 180	22 988	527	1	664

数据来源：四川省2015年1%人口抽样数据汇总表。

表 6.2　四川省及三州主要民族的人口构成　　单位:%

地区	汉族	少数民族	其中				合计
			彝族	藏族	羌族	其他	
阿坝州	19.1	80.9	0.0	57.7	19.0	4.1	100
甘孜州	15.1	84.9	3.2	81.1	0.2	0.3	100
凉山州	48.3	51.7	49.1	1.1	0.0	1.4	100
四川省	93.7	6.3	3.3	2.0	0.4	0.5	100

数据来源：四川省 2015 年 1%人口抽样数据汇总表。

表 6.3　四川省主要民族在三州的人口分布　　单位:%

地区	汉族	少数民族	其中			
			彝族	藏族	羌族	其他
阿坝州	0.2	14.7	0.0	33.3	51.3	8.6
甘孜州	0.2	19.1	1.4	57.8	0.8	0.8
凉山州	2.9	46.7	83.8	3.2	0.0	14.7
三州合计	3.4	80.5	85.2	94.3	52.1	24.2
四川省总计	100	100	100	100	100	100

数据来源：四川省 2015 年 1%人口抽样数据汇总表。

三、四川主要民族人口特征

四川民族人口分布的一大特点是，藏族、羌族、彝族三大少数民族主要集中在甘孜、阿坝、凉山三州以及紧邻三州的地区，如乐山彝族聚居区和绵阳羌族聚居区等。因此我们以全省民族人口为分析总体，并与全省汉族人口相应特征进行对比，应该可以正确全面地反映民族地区的人口发展特征与发展趋势。

（一）人口性别比

在人口统计中，人口的性别结构可以通过性别比来体现。我们统计了三种不同的性别比值：一是出生性别比，二是未成年人口性别比，三是总体性别比。由于人口性别比的估计值需要一定的人口基数才有意义，因此我们只着重分析了藏族、彝族和羌族三大少数民族的性别比，并与汉族进行对比（见表6.4）。

根据人口学经验研究，人类出生性别比通常是105~107。以这个标准来看，汉族和彝族明显偏高，均达到110以上，藏族适中，羌族略偏低。各主要民族未成年人口的性别比大致保持了与出生性别比同样的趋势。即汉族和彝族偏高，而藏族和羌族的性别比值均有所下降。其中，羌族在2015年的统计中出现女性多于男性的现象。结合总体性别比进行判断，表明羌族的成年人口中男性较多，而未成年人口中女性较多。从总体性别比来看，藏族性别比偏低，汉族、彝族和羌族总体上比较正常。

表6.4 四川省主要民族人口性别比

民族	出生性别比	0~14岁人口性别比		总体性别比	
	2010年	2010年	2015年	2010年	2015年
汉族	111.7	111.6	111.8	103.2	101.0
彝族	112.6	114.6	110.6	104.1	100.3
藏族	107.0	104.5	100.7	99.7	98.4
羌族	104.9	103.7	92.4	101.7	102.7

注：四川省2015年1%人口抽样资料中缺分年龄数据汇总，暂时无法估算2015年出生性别比。

数据来源：四川省第六次人口普查数据汇总表；四川省2015年1%人口抽样数据汇总表。

（二）人口金字塔

人口金字塔可以直观地呈现一个群体的年龄结构和性别结构。由于制作人口金字塔需要一定的人口基数，我们主要分析彝族、藏族和羌族三个主要少数民族，并同汉族进行比较。由于2015年1%人口抽样缺乏分年龄分民族数据，故以下分析以2010年四川省“六普”数据为准。

从汉族人口金字塔来看（见图6.1），带有很强的时代印记，在50岁年龄段前后，呈现出一个深度裂痕，对应出生年代为1959年、1960年和1961年三年困难时期，表明这三年存活子女数剧减。分年龄人口数据在40岁左右达到峰值后开始呈现收缩的趋势，体现了我国20世纪70年代开始实施的计划生育的影响。而30岁年龄段前后的缺口主要原因来自三年困难时期生育子女骤减的代际影响。总体上看，汉族人口金字塔呈现一个菱形，幅度最宽的年龄段在35~50岁之间，主要集中在20世纪60年代和20世纪70年代出生的人群。如果底部继续收缩，到2030年有可能出现倒金字塔的严重老龄化人口结构。

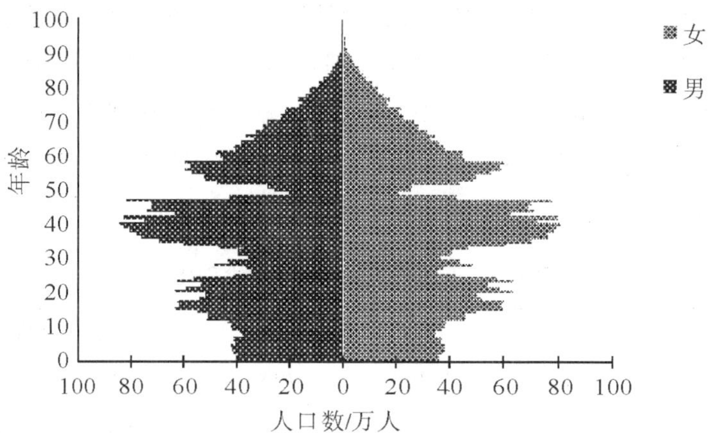

图6.1 四川省汉族人口金字塔（2010年）

数据来源：四川省第六次人口普查数据汇总表。

相对于汉族来说，彝族的人口金字塔呈现出完全不同的特征（见图6.2）。一是金字塔底宽大，表明彝族人口结构仍然非常年轻化。二是金字塔底部向左延伸更多，表明在未成年人口中，男性人口明显多于女性人口，性别比过高。三是金字塔顶部较小，表明彝族人口老年人比重低①。

藏族人口金字塔呈现出一个较为稳定的状态，底部略有收缩，但是不像汉族那样明显，人口构成以青壮年为主（见图6.3）。但是同彝族一样，也存在老年人比重偏低的现象，并且在老年人中，男性人口显著低于女性人口。

羌族人口金字塔有类似于汉族的锯齿形结构，表明羌族人口也可能受到了三年困难时期的冲击。尽管羌族人口金字塔底部有所收缩，但是并不能确定这是一个长期趋势，还是只是代际影响导致的暂时性收缩（见图6.4）。

① 老年人口比重低的原因可能有多种解释。一是相应年龄段的人口基数本来就低；二是老龄人口的死亡率较高。由于缺乏各民族分年龄的死亡率统计，我们难以做进一步的分析。

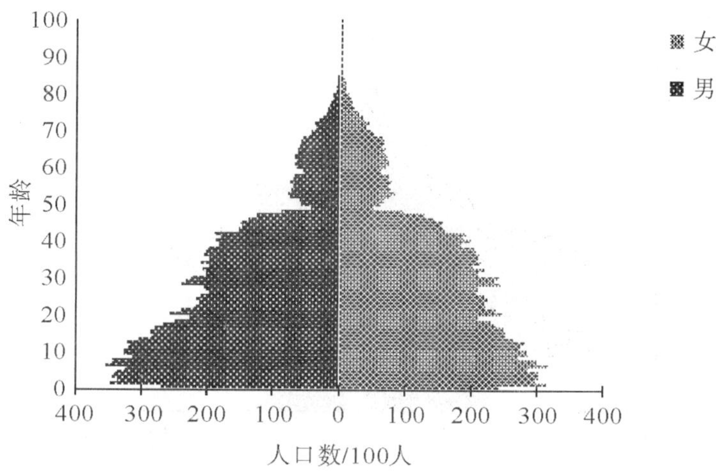

图 6.2　四川省彝族人口金字塔（2010 年）

数据来源：四川省第六次人口普查数据汇总表。

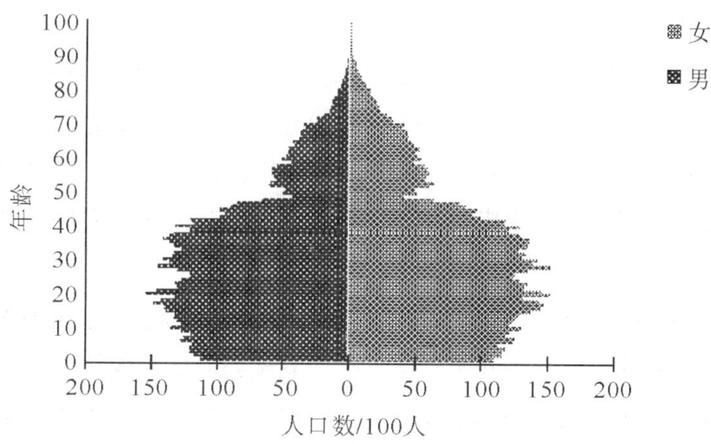

图 6.3　四川省藏族人口金字塔（2010 年）

数据来源：四川省第六次人口普查数据汇总表。

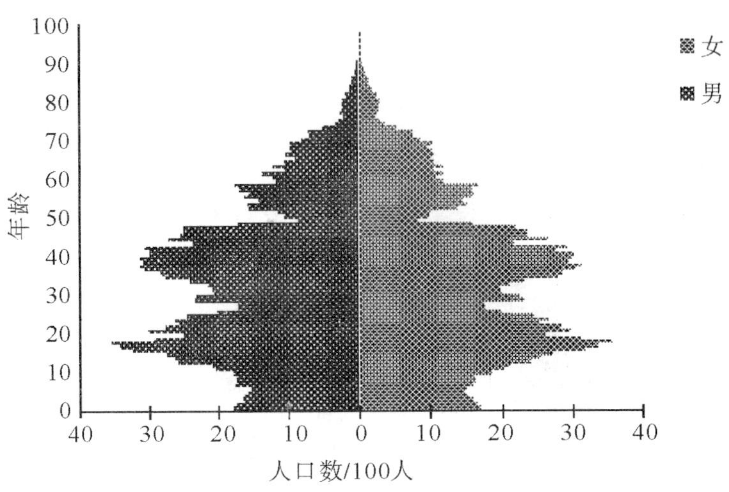

图 6.4 四川省羌族人口金字塔（2010 年）

数据来源：四川省第六次人口普查数据汇总表。

（三）人口抚养比

我们进一步通过人口抚养比指数来量化各主要少数民族的年龄结构（见表 6.5）。人口学中通常是以 65 岁为标准来计算劳动年龄人口和老龄人口，由于 2015 年 1%人口抽样资料缺分年龄汇总表，无法按照 65 岁计算，我们根据现有资料以 60 岁代替。人口抚养比可分为未成年人口抚养比和老龄人口抚养比。

表 6.5 显示，彝族未成年人口抚养明显高于各民族，达到 60%，也就是说每 10 个劳动力要抚养 6 个未成年人。其他民族的未成年人口抚养比在 20%~30%。从老龄人口抚养比来看，汉族排在第一位，达到 31%，其后是羌族，在 20%以上。综合起来看，总体抚养比仍然是彝族最高，达到 72%。这么高的抚养比对彝族的经济社会发展将是不小的负担。其次是汉族，总体抚养比达到 54.7%。

表 6.5 四川省主要民族人口抚养比（2015 年） 单位：%

民族	人口百分比		人口抚养比		
	0~14 岁	60 岁及以上	未成年人口	老龄人口	总体
汉族	15.03	20.32	23.26	31.43	54.69

表6.5(续)

民族	人口百分比		人口抚养比		
	0~14 岁	60 岁及以上	未成年人口	老龄人口	总体
彝族	34.98	6.97	60.27	12.01	72.28
藏族	22.25	10.47	33.06	15.55	48.62
羌族	16.67	15.27	24.50	22.44	46.93

注：60 岁以上人口根据“各民族分性别、主要生活来源的 60 岁及以上老年人口”汇总表折算。

数据来源：四川省 2015 年 1%人口抽样数据汇总表。

（四）老龄人口健康状况

表 6.6 显示，四川省主要少数民族 60 岁及以上人口中，不健康人口比重以藏族最高，达到 34.8%，高于排在第二位的羌族 12 个百分点。在分性别老年人口中，女性不健康的比重普遍较男性高。在藏族和羌族人口中，每 100 个身体不健康的老年人中，有约 40 名是男性，约 60 名是女性。

表 6.6 四川省主要民族 60 岁及以上人口健康状况（2015 年）

主要民族	60 岁及以上人口数/100 人	其中不健康人口数/100 人	不健康人口比重/%	不健康人口性别比/%	
				男	女
汉族	156 933	29 446	18.76	44.37	55.63
彝族	1 913	320	16.73	44.38	55.62
藏族	1 714	596	34.77	39.60	60.40
羌族	534	120	22.47	40.00	60.00

数据来源：四川省 2015 年 1%人口抽样数据汇总表。

四、四川主要民族人口社会结构

（一）受教育程度

受教育程度是衡量民族人口社会结构的重要指标[①]。我们以 15 岁及以

① 一个民族的整体受教育程度是一个积累的过程。现有的促进教育的政策措施往往是针对学龄儿童的，成年人再重新接受教育，提升受教育水平的可能性很小，因此一个民族的受教育程度的提高主要是通过代际更替来实现的。很遗憾我们现有的数据不支持分民族分年龄受教育程度的研究。

上人口文盲率和接受大学教育人口比例，以及6岁以上人口平均受教育年限三个指数来表示。

表6.7显示，不同民族在受教育程度上呈现出非常大的差别。首先，藏族和彝族文盲率非常高，均超过30%。羌族的文盲率也超过了10%。其次，女性文盲率普遍高于男性，在文盲人口中，约有三分之二是女性。男性也比女性更容易接受大学教育。值得注意的是，在接受大学教育方面，藏族和羌族中的女性反而比男性获得更多的机会。

表6.7 四川省主要民族文盲率和接受大学教育比例（2015年）

单位:%

民族	文盲率			接受大学教育比例		
	合计	男	女	合计	男	女
汉族	7.03	3.94	10.10	10.61	10.64	10.57
彝族	30.49	21.45	39.09	3.19	3.73	2.64
藏族	32.81	28.00	37.52	8.13	7.56	8.69
羌族	11.96	6.22	17.98	8.46	8.24	8.64

注：统计对象为各民族中15岁及以上人口；接受大学教育包括大学专科、大学本科和研究生教育。

数据来源：四川省2015年1%人口抽样数据汇总表；四川省第六次人口普查数据汇总表。

从平均受教育年限来看（见表6.8），彝族、藏族和羌族三个主要少数民族的平均受教育年限均较低。特别是彝族，在2010年还不到5年，即使到2015年有了明显增长，但是也仅为5.56年，低于汉族3年。藏族受教育年限从2010年的5.64提高到2015年的6.02，有一定的提高。尽管羌族整体受教育程度要明显高于藏族和彝族，受教育年限达到8年。但是从2010年到2015却没有提高，不升反降，降了0.09。

在基于2010年第六次人口普查数据的三个全国性研究中，藏族人口平均受教育年限为9.33年（马正亮，2013）、5.40年（孙百才 等，2014）和5.37年（宁亚萍 等，2014）；而彝族人口平均受教育年限为6.54年（马正亮，2013；孙百才 等，2014）和6.52年（宁亚萍 等，2014）。我们看到，与基于四川省的本研究相比，藏族人口的教育数据相差不大（除了第一项研究外），而彝族人口的教育数据差距明显。四川省的彝族人口受教育年限要显著低于全国彝族人口的总体数据。一个可能的解释是，四川省的彝族在教育发展程度上要落后于位于云南的彝族同胞。值得关注的是，在表6.8中列出的所有民族中，女性的受教育年限均低于男性。这一点在彝族人口中尤其明显，女性受教育年限比男性低了1年以上。

表6.8　四川省主要民族平均受教育年限　　单位：年

民族	2010年			2015年			增加值
	合计	男	女	合计	男	女	
汉族	8.32	8.64	7.98	8.60	8.93	8.28	0.28
彝族	4.97	5.60	4.33	5.56	6.19	4.93	0.59
藏族	5.64	5.95	5.33	6.02	6.32	5.72	0.38
羌族	7.93	8.27	7.59	7.84	8.41	7.24	-0.09

注：统计对象为各民族中6岁以上人口；平均受教育年限按小学6年、初中9年、高中和中职12年、大学专科和大学本科16年、研究生20年计算。

数据来源：四川省2015年1%人口抽样数据汇总表；四川省第六次人口普查数据汇总表。

（二）行业分布和职业分布

四川省少数民族的行业分布和职业分布差别较大（见表6.9）。彝族和藏族均有很高比例的人口集中在第一产业，并且主要从事农、林、牧、渔生产性劳动。彝族甚至有高达93%的劳动力分布在生产效率相对较低的第一产业，并且从事较为低端的职业。藏族次之，仍有84%的劳动力在行业分布和职业分布中处于低效和低端位置。羌族尽管仍然有较高比例的劳动力分布在第一产业，但是进入第二、第三产业的数量有所提高，有更多的劳动力从事服务性和生产性行业，以及商业服务类职业。

表6.9　四川省主要民族行业分布和职业分布　　单位：%

民族	行业分布			职业分布		
	第一产业	第二产业	第三产业	分类Ⅰ	分类Ⅱ	分类Ⅲ
汉族	58.54	17.77	23.69	58.36	32.20	9.32
彝族	93.28	1.92	4.80	93.35	3.88	2.76

表6.9(续)

民族	行业分布			职业分布		
	第一产业	第二产业	第三产业	分类 I	分类 II	分类 III
藏族	84.22	2.19	13.59	84.16	7.28	8.45
羌族	75.17	6.98	17.85	75.13	17.59	7.21

注：四川省 2015 年 1%人口抽样数据缺各民族分行业和分职业汇总数据。

数据来源：四川省第六次人口普查数据汇总表。

更详细的行业和职业分类见表 6.10 和表 6.11。除了第一产业外，彝族从业人员分布在第二、第三产业中的比例非常低，稍高一些的是公共部门，占 2.42%，仍然明显低于另外三个主要民族。值得注意的是，藏族从业人员中，有 7.58%在公共部门工作，这一比例还要高于汉族的 5.03%。这说明在藏族聚居区，藏族干部的比例相对较高。从职业分布来看，除了农业生产人员外，彝族从业人员在非农就业中更多地从事较为低端的职业，而较少从事社会评价较高的职业，比如国家机关、党群组织和企事业单位负责人以及专业技术人员，二者比例仅为 1.85%。而藏族和羌族的这一比例分别为 5.99%和 4.74%，汉族为 6.21%。总体来看，藏族、羌族、彝族三个主要少数民族在职业分布上更少从事与商业服务和生产相关的职业。这表明，三个主要少数民族在发展生产和商业化经营上面临严重的制约。

表 6.10　四川省主要民族从业人员比重与行业分布（2010 年）

民族	从业人员合计/万人	第一产业/%	第二产业/%		第三产业/%		
			工业	建筑业	流通部门	服务部门	公共部门
汉族	4 417.2	58.54	10.70	7.08	14.48	4.18	5.03
彝族	154.5	93.28	1.33	0.59	1.96	0.42	2.42
藏族	83.9	84.22	1.08	1.12	4.95	1.06	7.58
羌族	17.7	75.17	3.48	3.50	9.47	2.79	5.60

注：（1）四川省 2015 年 1%人口抽样数据缺各民族分行业汇总数据。

（2）工业包括采矿、制造和能源生产与供应业；第三产业中流通部门包括交通运输、邮电通信、商贸餐饮等；服务部门包括金融、房地产、居民服务和各类信息技术服务等；公共部门包括教育文化、卫生、科研、党政机关、社团等。

数据来源：四川省第六次人口普查数据汇总表。

表 6.11　四川省主要民族从业人员职业分布（2010 年）

民族	从业人员合计/万人	分类 I/%		分类 II/%		分类 III/%	
		农、林、牧、渔、水利业生产人员	商业、服务业人员	生产、运输设备操作人员及有关人员	专业技术人员	国家机关、党群组织、企事业单位负责人	办事人员和有关人员
汉族	4 417.2	58.36	15.16	17.04	5.13	1.08	3.11
彝族	154.5	93.35	1.83	2.06	1.43	0.42	0.90
藏族	83.9	84.16	4.64	2.64	5.15	0.84	2.46
羌族	17.7	75.13	8.42	9.17	3.92	0.82	2.47

注：（1）四川省 2015 年 1%人口抽样数据缺各民族分职业汇总数据。

（2）有极少数不便分类的其他从业人员，未予列入。

数据来源：四川省第六次人口普查数据汇总表。

（三）城镇化趋势

城镇化是社会进步和人口发展的大趋势，主要体现为人口从农村向城市流动或迁移。我们用常住人口城镇化率来评估四川少数民族城镇化的发展趋势。采用人口城镇化指数，计算依据为：四川各民族人口城市化指数=单个少数民族省内城镇总人口/单个民族省内总人口×100%。

本研究重点分析甘孜、阿坝、凉山三州少数民族人口城镇化问题。为了分析少数民族城镇化的发展趋势，将结合六普和五普数据进行历时性比较，并与四川省内其他地区城镇化发展进行横向比较。表 6.12 中计算了 2010 年和 2015 年这两个时间点上主要少数民族的城镇化率。

我们先看彝族、藏族和羌族这三大少数民族的城镇化发展情况。首先，三个民族的城镇化率都很低，显著落后于汉族的整体水平。彝族人口的城镇化发展严重滞后，到 2015 年城镇率也只有 16.8%。藏族人口的城镇化率较彝族高一些，但是到 2015 年也只有 25.6%。羌族人口的城镇化率在三个少数民族中最高，但是截至 2015 年年底，羌族人口城镇化率为 38.8%，仍然比汉族人口城镇化率低了 10 个百分点。其次，三个少数民族城镇化发展趋势存在一个马太效应，即城镇化率最高的羌族发展最快，而城镇率最低的彝族发展最慢。羌族人口城镇化率从 2010 年到 2015 年增加了 9.8 个百分点。而彝族人口城镇化率仅增加了 5 个百分点。

表 6.12　四川省主要民族城镇化率及变动趋势

民族	2010 年		2015 年		增加值/%
	城镇人口/万人	城镇化率/%	城镇人口/万人	城镇化率/%	
汉族	3 152.95	41.8	3 771.15	48.8	7.0
彝族	31.07	11.8	46.03	16.8	5.0
藏族	24.96	16.7	41.89	25.6	8.9
羌族	8.62	29.0	13.57	38.8	9.8

数据来源：四川省第六次人口普查数据汇总表；四川省 2015 年 1%人口抽样数据汇总表。

我们以市州为单位，分析以三州为代表的民族地区中，各主要民族的城镇率（见表 6.13）。首先，三州的城镇化率整体上较低，最低的甘孜州只有 28.7%，最高的阿坝州也只有 36.2%，离全省平均水平 47.2%还相差很远。其次，具体到每一个民族，城镇化率的差别更为显著。彝族人口的城镇化率在几个主要的聚居区中均较低，凉山州的彝族人口城镇化率为 16.3%。乐山市以马边和峨边两个民族县为代表，彝族人口城镇化率仅为 12.7%。即使在城镇化率在全省市州中排在第二位的攀枝花市，彝族人口城镇化率也只有 21.3%。总体上看，彝族人口的城镇化发展不容乐观，若没有更大力度、更有针对性的社会经济促进措施，差距可能会越来越大。

藏族人口城镇化率在甘孜州和阿坝州差别不大，但是也是在 20%多的水平上。相对来说，羌族人口城镇化较高，但特别是在阿坝州的羌族人口，城镇化率达到了 45.8%，接近全省平均水平。但是在以北川民族县为代表的绵阳市，羌族人口城镇化率较低，仅为 23.7%。

表 6.13　四川省含民族地区市州主要民族城镇化率　　单位:%

市州	少数民族人口比重	城镇化率				
		总体	汉族	藏族	羌族	彝族
甘孜州	84.89	28.7	59.4	22.9	—	—

表6.13(续)

市州	少数民族人口比重	城镇化率				
		总体	汉族	藏族	羌族	彝族
阿坝州	80.85	36.2	54.0	26.6	45.8	—
凉山州	51.70	32.5	49.2	—	—	16.3
攀枝花市	14.41	64.0	70.5	—	—	21.3
绵阳市	4.05	47.2	47.8	—	23.7	—
乐山市	4.36	45.7	47.1	—	—	12.7

数据来源：四川省2015年1%人口抽样数据汇总表。

五、四川主要民族人口发展指数

构建人口发展指数是本研究的一个重要内容，有学者沿用联合国人类发展指数HDI的计算理论，从受教育程度、健康状况、行业及职业分布三个社会发展的重要方面来构建人口发展指数（郭未，2014）。本研究参考这一指标体系，并从大学生人数、第三产业就业分布、存活子女比重及老年健康比重四个方面来量化相应的指标，从而构建了四川省民族人口素质发展指数。

受教育程度指数=（某民族人口大学生人/该民族人口总数）/（全省大学生人数/全省总人数）

健康状况指数Ⅰ=（某民族人口平均存活子女数/该民族人口平均活产子女数）/（全省平均存活子女数/全省平均活产子女数）

健康状况指数Ⅱ=（某民族人口身体健康的60岁及以上老年人口数/该民族人口所有60岁及上老年人口数）/（全省身体健康的60岁及以上老年人口数/全省所有60岁及上老年人口数）

行业分布指数=（某民族人口第三产业就业人数/该民族人口所有就业人数）/（全省第三产业就业人数/全省所有就业人数）

发展指数将是教育指数、健康指数和行业指数这三个分项的均值。

为了对应已有的研究，将存活子女比重作为健康指数Ⅰ，从而计算出发展指数Ⅰ；将存活子女比重与老年健康比重的均值作为健康指数Ⅱ，并据此计算出发展指数II。发展指数I是按照已有研究计算出来的；而发展指数II是本研究的一个修订版，它不仅关注出生人口健康状况，还兼顾老年人口健康状况。

表6.14显示，从发展指数来看，藏族、羌族、彝族三个主要少数民族的发展指数均显著落后于汉族。其中，又以彝族最低，仅为50多一点，为汉族的一半左右。藏族人口的发展指数稍高，为70以上。而羌族人口发展指数相对较高，达到80多，但是仍然比汉族人口发展指数低了近20。

值得注意的是，如果单纯以存活子女比重来计算健康指数，取值非常接近，都接近100。这表明从出生人口健康状况来看同，没有明显差异，都实现了发展目标。但是从老年人口健康状况来看，各主要民族之间仍然呈现出较大的差距。其中，彝族老年人口健康的比重很高，甚至高于汉族老年人口的取值，达到111.79。而藏族老年人口健康比重较低，仅为53.98；羌族老年人口健康比重居中，为89.38。表12中的健康指数II为出生人口比重与老年人口比重的均值。

表6.14　四川民族地区主要民族人口发展指数

民族	教育指数	健康指数		行业指数	发展指数	
		I	II		I	II
汉族	102.67	100.03	100.22	103.73	102.14	102.21
彝族	30.83	99.65	105.72	21.01	50.50	52.52
藏族	78.73	100.16	77.07	59.49	79.46	71.76
羌族	81.93	99.05	94.22	78.18	86.38	84.77

注：四川省2015年1%人口抽样数据缺各民族分行业汇总数据，表中行业指数的计算以2010年第六次人口普查数据为准。

数据来源：四川省第六次人口普查数据汇总表；四川省2015年1%人口抽样数据汇总表。

总的来看，四川省三个主要少数民族的人口发展指数较低。彝族最低，藏族次之，而羌族稍高。从分项上看，行业分布指数和教育指数是影响人口发展指数分值的重要因素。各民族在行业指数和教育指数之间差距非常大，彝族的行业指数仅为21.01，显著低于藏族的59.49和羌族的78.18；彝族的教育指数也仅为30.83，显著低于藏族的78.73和羌族的

81.93。各民族在健康状况指数方面的差别不大。

六、基本判断与政策建议

（一）基本判断

（1）四川少数民族数量多，但是人口规模和地域分布不均衡，其中彝族聚居程度最高。根据2015年人口统计数据，四川省有1 000人以上的少数民族22个，其中彝族和藏族构成了全省少数民族的主体，占84.5%。排在第三位的羌族人口相对较少，但是构成了全国几乎所有的羌族人口。如果加上羌族，三个少数民族占全省少数民族总人口的91.3%。在地域分布上，彝族、藏族和羌族构成了全省最主要、最集中的民族自治地区。其他少数民族或者居住在特定的民族县或乡镇，或者居住在与云南和贵州交界的地区，或者散居在成都等中心城市。在人口空间分布上，彝族聚居程度最高，其他聚居度较高的少数民族还有藏族、羌族、土家族、纳西族、傈僳族等，而壮族、回族、白族、瑶族、哈尼族等则以散居为主，聚居度较低、人口流动性较大。聚居度较低的少数民族与汉族的居住融合度也更高，而三个主要少数民族由于主要分布在民族自治区内，与汉族的居住融合度也更低。

（2）汉族和彝族未成年人口性别比偏高，藏族和羌族较为适中，总体性别比均呈现下降趋势。四川主要少数民族人口性别结构差异较大。从出生性别看，彝族与汉族较为接近，属于偏高类型，可能原因是存在男孩偏好，或者存在一定数量的未上报女婴，而未进行统计。性别比不协调的现象在彝族未成年人口中更为严重，男孩明显多于女孩。但是从总体性别比来看，藏族性别比偏低，汉族、彝族和羌族总体上比较正常。

（3）羌族年龄结构接近汉族，有进入老龄社会的趋势；彝族人口中未成年人比重过大，抚养比高；藏族的年龄结构较为合理。从年龄结构上看，彝族人口金字塔呈现一个宽大的底部，青少年人口比重非常大，由于彝族人口自然增长率很高，预计在2020年以后，彝族人口将出现一个快速增长的高峰期。就目前来说，彝族社会面临巨大的抚养压力，其未成年人口抚养比高达60%。藏族的年龄结构较为合理，但是青少年人口中出现一个随着年龄下降而逐渐收缩的趋势，这对藏族人口更替可能会造成不利的影响，需要引起关注。羌族同样面临青少年人口比重下降的现象，考虑到羌族人口基数相对较小，尤其需要在生育政策方面给予一定的鼓励和重视。

（4）藏族老年人口的健康状况较差，在女性人口中更为严重；羌族次之，彝族与汉族较好。四川省主要少数民族60岁及以上人口中，不健康人口比重以藏族最高，达到34.8%，高于排在第二位的羌族12个百分点。在分性别老年人口中，女性不健康的比重普遍较男性高。彝族老年人口中不健康人口的比重较低，与汉族水平相差不大。

（5）藏族和彝族整体受教育程度较为落后，同时也处于行业分布和职业分布的低端。四川各民族受教育程度差异很大，教育不均等现象突出。虽然省内一些少数民族在教育方面取得了较为瞩目的成就，如壮族、满族等民族，但是这些民族更多的是迁入人口，散居在主要中心城市，本身带有精英群体的特征。而世居的少数民族如彝族和藏族的整体受教育程度较为落后[①]，在基础教育和高等教育两方面都大幅度落后于其他民族。两个民族都有高达30%以上的文盲率，平均受教育年限不到6年，且女性平均要比男性少接受约1年的教育。在社会学中，教育通常是一个有效的社会分层变量。各少数民族受教育程度上的差距也体现在不同的行业分布与职业分布上。在教育上处于劣势的少数民族，也在行业和职业选择上表现出明显的劣势。大量劳动人口集中在农、林、牧、渔等生产效率相对较低的行业，并且从事低端的工作。

（6）彝族和藏族的人口城镇化发展明显滞后，羌族人口城镇化进入加速期[②]。四川各民族的城镇化发展极不均衡。彝族、藏族和羌族的城镇化率都显著落后于全省平均水平。三个少数民族在人口城镇化发展方面呈现出马太效应。彝族人口的城镇化率最低，且近5年来的发展也最慢；而城镇化率相对较高的羌族发展最快，进入城镇化发展的加速期。在以甘孜、

① 此外，在1万人以上少数民族中，纳西族和傈僳族的整体受教育程度也较为落后。

② 少数民族人口的城市化发展差异较大，有学者分析2000年全国人口普查数据发现，羌族、藏族和彝族的城市化率分别为12.87%、12.43%和10.06%（邓艾，2006）。

阿坝和凉山为代表的民族地区内部，藏族和彝族的人口城镇化率同样低于本州的平均水平。

（7）三大少数民族人口发展指数偏低，其中彝族最低，藏族次之，羌族较高。四川省三个主要少数民族的人口发展指数较低，且呈现出发展中的差异性。彝族最低，藏族次之，而羌族稍高。从分项上看，影响人口发展得分的首要因素是行业分布指数，各民族之间差距非常大，彝族仅为 21.01，显著低于藏族的 59.49 和羌族的 78.18。彝族的教育指数也仅为 30.83，显著低于藏族的 78.73 和羌族的 81.93。在健康状况指数方面的差别不大。

综合起来看，四川省少数民族人口发展表现出不均衡性，少数民族人口发展问题主要体现为彝族人口发展的问题。彝族是四川省人口最多的少数民族，但是在人口发展的各项指标评比中远远落后于汉族，也落后于原来条件相似的民族，如藏族。由于彝族社会抚养比非常高，青少年群体比重大且性别比偏高，整体受教育程度低且存在汉语言沟通障碍，城镇化严重滞后，基本上以务农为主业，居住区域集中在连片贫困地区，各种因素交互影响给彝族人口未来发展带来巨大的挑战。特别需要关注的是，由于彝族人口自然增长率很高，未成年人口比重大，预计 2020 年到 2030 年会有大量青壮年彝族人口进入劳动力市场，考虑到彝族劳动人口基本上集中在第一产业，这必将进一步恶化人地矛盾，并带来严重的就业压力以及相关的社会问题。从政策选择来看，彝族地区往往难以享受藏族地区相同的待遇；同时大小凉山行政区划的设置是否真正带动民族地区经济社会发展，也存在较多争议。如何破解大小凉山彝族人口发展的难题应是今后四川省民族工作和扶贫工作的重中之重。

（二）政策建议

本报告通过对近年来人口统计数据的分析，发现四川省少数民族地区人口发展中存在的一些问题，这些问题制约了少数民族的人口发展和社会发展。一是以彝族、藏族和羌族为代表的世居少数民族与汉族的人口融合程度较低，人口流动性差，传统的居住区域集中在连片贫困地区。二是以彝族为代表的少数民族未成年人口抚养比非常高，且青少年群体的性别比偏高。三是以彝族、藏族为代表的少数民族城镇化发展严重滞后，且发展趋势缓慢，不容乐观。为此，我们提出以下一些政策建议，目的是着眼人口分布，促进人口发展。

（1）加强和完善彝族聚居区和藏族聚居区的义务教育和中职教育体系。在我国义务教育制度已经实施了30多年之后，民族地区的教育现实仍然不容乐观。确实需要反思针对少数民族的基础教育工作。首先，急需大力促进彝族聚居区和藏族聚居区的义务教育工作，形成有针对性的义务教育体系，强化师资队伍建设，完善教育成效考评机制，制定切实可行的双语教育中长期规划。其次，在藏族聚居区和彝族聚居区进一步推进和完善“9+3”中职教育计划，并向民族地区的其他少数民族（如纳西族和傈僳族等）提供同样的中职教育机会。加强中职教育与劳动力市场的对接，完善中职教育成效考评机制。

（2）完善劳动力培训和服务体系，促进民族地区劳务输出。从人口结构来看，彝族和藏族都储备有大量的青壮年劳动力，但是，限于当地就业吸纳能力严重不足，难以实现充分就业。应通过成人教育、技能培训和职业教育等渠道，增强少数民族地区劳动力的就业能力，促进劳动人口向周边城镇和大中城市流动，促进民族之间的社会融合。

（3）以提供基本公共服务为重点，推动少数民族地区城镇化发展。加强四川藏族聚居区和彝族聚居区的新型城镇化建设，推进民族县中心城区的城镇化发展。培养一批有适度人口规模的城镇，能够为城镇居民和周边农村居民提供较为完善的基本公共服务，如中心医院、学校、文化服务中心等。通过对中心城区的建设，带动周边乡村发展。

（4）结合脱贫攻坚，改善基础设施，推动第二、第三产业发展。藏族聚居区和彝族聚居区都是连片深度贫困地区，是我国脱贫攻坚的主战场。应充分利用好精准扶贫带来的战略时机，整合资源，全面改善基础设施，特别是交通条件，为社会经济发展提供保障。同时，通过承接经济先发地区的产业转移，培育壮大本地第二、第三产业，特别是与生态环境保护不冲突的劳动密集型产业，从而创造更多的就业机会，推动民族地区劳动力从第一产业向第二、第三产业转移。

（5）高度重视彝族未成年人口抚养比过高的问题。彝族是四川省人口最多的少数民族，但是各种因素交互影响给彝族人口未来发展带来巨大的挑战，要实现到 2020 年同步小康的难度较大。除了前面一些普遍性的发展需求，还应特别关注以下几点：一是科学评估彝族的人口政策，鼓励优生优育，控制多生超生现象，优化人口结构，力争在未来 10 年内缓解人口抚养压力。二是加强对彝族贫困儿童的监测，确保贫困家庭不仅有能力抚养孩子，还要保证学龄儿童如期完成义务教育。

参考文献

安海燕，洪名勇，钱文荣，2016. 农地产权抵押贷款的三种典型模式及其自我履约研究 [J]. 华中农业大学学报（社会科学版）(4)：100-106.

白南生，何宇鹏，2002. 回乡还是外出?：安徽四川二省农村外出劳动力回流研究 [J]. 社会学研究 (3)：64-78.

阪本楠彦，1981. 二次大战后日本农业 [M] //中国社会科学院农业经济研究所编. 二次大战后的日本农业：日本农业经济学家访华学术报告. 北京：中国社会科学出版社：1-12.

蔡昉，1998. 二元劳动力市场条件下的就业体制转换 [J]. 中国社会科学 (2)：4-14.

蔡昉，2001. 劳动力迁移的两个过程及其制度障碍 [J]. 社会学研究 (4)：44-51.

蔡荣，马旺林，王舒娟，2015. 小农户参与大市场的集体行动：合作社社员承诺及其影响因素 [J]. 中国农村经济 (4)：44-58.

陈霄，2012. 农民宅基地退出意愿的影响因素：基于重庆市"两翼"地区1012 户农户的实证分析 [J]. 中国农村观察 (3)：26-36.

陈春生，2007. 中国农户的演化逻辑与分类 [J]. 农业经济问题 (11)：81-86.

陈键，刘峤，2017. 供给侧视角下的电商扶贫营销管理：基于中国扶贫基金会善品公社的案例分析 [J]. 社会政策研究 (4)：29-39.

陈利根，陈会广，2003. 土地征用制度改革与创新：一个经济学分析框架 [J]. 中国农村观察 (6)：40-47.

陈长华，方晓军，1999. 江苏农户经营行为分化实证分析 [J]. 中国农村经济（4）：47-51.

陈宗胜，周云波，任国强，2006. 影响农村三种非农就业途径的主要因素研究：对天津市农村社会的实证分析［J］. 财经研究（5）：4-17.

邓艾，2006. 西部地区民族人口城市化差异实证分析［J］. 民族研究（2）：30-38.

邓大才，2015. 产权单位与治理单位的关联性研究：基于中国农村治理的逻辑［J］. 中国社会科学（7）：43-64.

邓衡山，徐志刚，应瑞瑶，等，2016. 真正的农民专业合作社为何在中国难寻：一个框架性解释与经验事实［J］. 中国农村观察（4）：72-83.

丁关良，2001a. 美国的农业立法［J］. 世界农业（6）：19-20，24.

丁关良，2001b. 日本的农业立法［J］. 世界农业（5）：17-19.

董祚继，2016. 以"三权分置"为农村宅基地改革突破口［J］. 国土资源（12）：13-17.

董祚继，2018. "三权分置"：农村宅基地制度的重大创新［J］. 中国土地（3）：4-9.

杜鹏，2017. 社会性小农：小农经济发展的社会基础：基于江汉平原农业发展的启示［J］. 农业经济问题（1）：57-65.

杜鹰，白南生，1997. 走出乡村：中国农村劳动力流动实证研究［M］. 北京：经济科学出版社：67-81.

恩格斯，1995. 马克思恩格斯选集：第四卷［M］. 北京：人民出版社：498-500.

方黎明，王亚柯，2013. 农村劳动力从非农部门回流到农业部门的影响因素分析［J］. 人口与经济（6）：56-62.

付会洋，叶敬忠. 2017. 论小农存在的价值［J］. 中国农业大学学报（社会科学版）（1）：20-28.

龚宏龄，2017. 农户宅基地退出意愿研究：基于宅基地不同持有情况的实证研究［J］. 农业经济问题（11）：89-99.

郭未，2014. 中国少数民族人口发展分析：2000—2010［J］. 人口学刊（6）：13-21.

郭晓鸣，廖祖君，2013. 从还权到赋能：实现农村产权的合法有序流动：一个“两股一改”的温江样本［J］. 中国农村观察（3）：2-18.

郭晓鸣，虞洪，2016. 建立农村宅基地自愿有偿退出机制的现实分析与政策构想：基于四川省的实证研究［J］. 农村经济（5）：3-9.

郭晓鸣，虞洪，骆希，2018. 电商精准扶贫模式创新研究：以中国扶贫基金会善品公社为例［J］. 商学研究（10）：5-12.

郭晓鸣，曾旭晖，王蔷，等，2018. 中国小农的结构分化：一个分析框架：基于四川省的问卷调查数据［J］. 中国农村经济（10）：9-23.

郭晓鸣，张克俊，2013. 让农民带着“土地财产权”进城［J］. 农业经济问题（7）：4-11.

郭晓鸣，等，2012. 统筹城乡发展与农村土地流转制度变革［M］. 北京：科学出版社：159-176.

韩立达，王艳西，韩冬，2018. 农村宅基地“三权分置”：内在要求、权利性质与实现形式［J］. 农业经济问题（7）：36-44.

韩文龙，谢璐. 2016. 宅基地“三权分置”的权能困境与实现［J］. 农业经济问题（5）：60-69.

何格，2016. 农村土地承包经营权流转个案研究［J］. 经济纵横（5）：71-74.

何慧丽，杨光耀，2019. 农民合作社：一种典型的本土化社会企业［J］. 中国农业大学学报（社会科学版）（6）：126-136.

何景熙，1999. 不充分就业及其社会影响：成都平原及周边地区农村劳动力利用研究［J］. 中国社会科学（2）：34-50.

贺雪峰，2015. 论中坚农民［J］. 南京农业大学学报（社会科学版）（4）：1-6.

贺雪峰，2018. 论农村宅基地中的资源冗余［J］. 华中农业大学学报（社会科学版）（4）：1-7.

贺雪峰，印子，2015. “小农经济”与农业现代化的路径选择［J］. 政治经济学评论（2）：47-67.

洪朝辉，1990. 经济转型时期的政治冲突与妥协：关于美国〈宅地法〉立法进程的历史思考（1785—1862）[J]. 世界历史（6）：4-17.
胡安宁，2014. 教育能否让我们更健康［J］. 中国社会科学（5）：116-130.
胡方芳，蒲春玲，陈前利，2014. 欠发达地区农民宅基地流转意愿影响因素［J］. 中国人口·资源与环境（4）：116-126.
胡新艳，朱文珏，罗必良，2016. 产权细分分工深化与农业服务规模经营［J］. 天津社会科学（4）：93-98.
黄静，2015. “三权分置”下农村土地承包经营权流转规范问题研究［J］. 河南财经政法大学（4）：67-75.
黄平，郭于华，杨宜音，1997. 寻求生存：对农村人口外流的微观社会学研究［M］. 昆明：云南人民出版社：382-390.
黄延信，王刚，2016. 关于农村集体产权制度改革几个重要问题的思考：赴四川省、广东省的调查报告［J］. 农业经济与管理（1）：5-10.
黄宗智，2006. 中国农业面临的历史性契机［J］. 读书（10）：118-129.
黄宗智，2010. 中国的隐性农业革命［M］. 北京：法律出版社：127-135.
黄宗智，2015. 农业合作化路径选择的两大盲点：东亚农业合作化历史经验的启示［J］. 开放时代（5）：18-35.
黄祖辉，徐旭初，冯冠胜，2002. 农民专业合作组织发展的影响因素分析：对浙江省农民专业合作组织发展现状的探讨［J］. 中国农村经济（3）：14-22.
冀名峰，2004. 关于解决农民失地失业问题的几点思考［J］. 农业经济问题（5）：14-17.
菅沼正久，1981. 日本农业现代化政策和农村变化过程［M］// 中国社会科学院农业经济研究所编. 二次大战后的日本农业：日本农业经济学家访华学术报告. 中国社会科学出版社：125-135.
赖德胜，1998. 教育、劳动力市场与收入分配［J］. 经济研究（5）：43-50.
赖德胜，2001. 中国教育收益率偏低新解［J］. 河北学刊（3）：32-36.
李炯，邱源惠，2002. 征地“农转非”人员安置问题探析：以杭州市为例

[J]. 中国农村经济（6）：64-67.

李霖，郭红东. 2014. 小农户集体行动研究文献综述：基于市场准入视角[J]. 中国农村观察（6）：82-91.

李宁，陈利根，孙佑海，2016. 现代农业发展背景下如何使农地“三权分置”更有效：基于产权结构细分的约束及其组织治理的研究［J］. 农业经济问题（7）：11-26.

李培林，张翼，赵延东，2000. 就业与制度变迁：两个特殊群体的求职过程［M］. 杭州：浙江人民出版社.

李强，1995. 关于城市农民工的情绪倾向及社会冲突问题［J］. 社会学研究（4）：66-70.

李强，1999. 中国大陆城市农民工的职业流动［J］. 社会学研究（3）：95-103.

李强，唐壮，2002. 城市农民工与城市中的非正规就业［J］. 社会学研究（6）：13-25.

李婷，张闫龙，2014. 出生队列效应下老年人健康指标的生长曲线及其城乡差异［J］. 人口研究（2）：8-35.

刘锐，2016. 农村宅基地有偿取得与土地分利集团的崛起：以浙北D镇为考察对象［J］. 北京社会科学（5）：12-21.

刘精明，2001. 向非农职业流动：农民生活史的一项研究［J］. 社会学研究（6）：1-18.

刘圣欢，杨砚池，2018. 农村宅基地“三权分置”的权利结构与实施路径：基于大理市银桥镇农村宅基地制度改革试点［J］. 华中师范大学学报（人文社会科学版）（9）：45-54.

刘守英，2015. 农村宅基地制度的特殊性与出路［J］. 国家行政学院学报（3）：18-43.

刘守英，2017. 中国土地制度改革：上半程及下半程［J］. 国际经济评论（5）：29-56.

刘守英，熊雪锋，2018. 经济结构变革、村庄转型与宅基地制度变迁：四川省泸县宅基地制度改革案例研究［J］. 中国农村经济（6）：2-20.

刘同山，李竣，2017. 论中国小农户的前景与出路［J］. 中州学刊（11）：47-51.

刘同山，张云华，孔祥智，2013. 市民化能力、权益认知与农户的土地退出意愿［J］. 中国土地科学（11）：23-30.

刘燕萍，2002. 征地制度创新与合理补偿标准的确定［J］. 中国土地（2）：25-26.

刘长全，杜旻，2015. 土地承包经营权流转制度创新与改进方向：基于温州农村改革试验区的考察［J］. 湖南农业大学学报（社会科学版）（1）：72-78.

卢荣善，2007. 经济学视角：日本农业现代化经验及其对中国的适用性研究［J］. 农业经济问题（2）：95-100.

陆文聪，吴连翠，2011. 兼业农民的非农就业行为及其性别差异［J］. 中国农村经济（6）：54-62.

罗仁福，张林秀，Scott Rozelle，2011 . 我国农村劳动力非农就业的变迁及面临的挑战［J］. 农业经济问题（9）：18-24.

马克思，恩格斯，2009. 马克思恩格斯文集：第二卷［M］. 中共中央马克思恩格斯列宁斯大林著作编译局，译. 北京：人民出版社：566.

马正亮，2013. 我国少数民族人口发展状况分析［J］. 贵州大学学报（社会科学版）（3）：86-95.

聂伟，风笑天，2015. 教育有助于改善身心健康吗?：基于江苏省的数据分析［J］. 人口与发展（1）：50-58.

宁亚萍，王平，徐世英，2014. 基于普查数据的我国 18 个少数民族受教育程度及公平性统计分析. 中央民族大学学报（自然科学版）（1）：91-94.

欧阳安蛟，蔡锋铭，陈立安，2009. 农村宅基地退出机制建立探讨［J］. 中国土地科学（10）：26-30.

潘俊，2015. 农村土地承包权和经营权分离的实现路径［J］. 南京农业大学学报（社会科学版）（4）：98-105.

潘璐，2012. “小农”思潮回顾及其当代论辩［J］. 中国农业大学学报

（社会科学版）（2）：36-50.
七户长生，1981. 二次大战后日本农业机械化的概况［M］// 中国社会科学院农业经济研究所编. 二次大战后的日本农业：日本农业经济学家访华学术报告. 北京：中国社会科学出版社：39-51.
齐亚强，2014. 自评一般健康的信度和效度分析［J］. 社会（6）：196-215.
钱龙，钱文荣，郑思宁，2016. 市民化能力、法律认知与农村宅基地流转：基于温州试验区的调查与实证［J］. 农业经济问题（5）：59-68.
乔博，2014. 小农制国家农业现代化发展经验及启示［J］. 世界农业（10）：27-31.
乔金亮. 明晰农村集体资产产权 探索发展农民股份合作：访农业部副部长陈晓华［N］. 经济日报，2014-10-20（3）.
丘海雄，徐建牛，2004. 市场转型过程中地方政府角色研究述评［J］. 社会学研究（4）：26-32.
施莱贝尔，1981. 美国农业史（1607—1972）：我们是怎样兴旺起的［M］. 高田，等译. 北京：农业出版社.
舒尔茨，2018. 改造传统农业. 梁小民，译. 北京：商务印书馆：33.
宋圭武，1999. 小农问题研究［J］. 中国农村观察（6）：11-16.
孙百才，张洋，刘云鹏，2014. 中国各民族人口的教育成就与教育公平：基于最近三次人口普查资料的比较［J］. 民族研究（3）：25-36.
土屋圭造，1981. 二次大战后日本农业机械化的展开过程［M］// 中国社会科学院农业经济研究所编. 二次大战后的日本农业：日本农业经济学家访华学术报告. 北京：中国社会科学出版社：51-62.
万宝瑞，李建知，申和平，1986. 法国的土地集中政策［J］. 农业技术经济（8）：49-50.
汪险生，郭忠兴，2014. 土地承包经营权抵押贷款：两权分离及运行机理：基于对江苏新沂市与宁夏同心县的考察［J］. 经济学家（4）：49-60.
王超恩，符平，2013. 农民工的职业流动及其影响因素：基于职业分层与代际差异视角的考察［J］. 人口与经济（5）：89-97.

王春光，2001. 新生代农村流动人口的社会认同与城乡融合的关系［J］. 社会学研究（3）：63–76.

王甫勤，2011. 社会流动有助于降低健康不平等吗［J］. 社会学研究（2）：78–101.

王济川，谢海义，姜宝法，2008. 多层统计分析模型：方法与应用［M］. 北京：高等教育出版社：160–168.

王曙光，2010. 论新型农民合作组织与农村经济转型［J］. 北京大学学报（哲学社会科学版）（5）：112–117.

王子成，赵忠，2013. 农民工迁移模式的动态选择：外出、回流还是再迁移［J］. 管理世界（1）：78–88.

魏后凯，闫坤，2017. 中国农村发展报告（2017）［M］. 北京：中国社会科学出版社.

文军，2001. 从生存理性到社会理性选择：当代中国农民外出就业动因的社会学分析［J］. 社会学研究（6）：21–32.

吴越，兰婷，2015. 农村土地承包经营权流转瓶颈分析：以农民的主体性为分析视角［J］. 农村经济（7）：30–34.

夏敏，林庶民，郭贯成，2016. 不同经济发展水平地区农民宅基地退出意愿的影响因素：以江苏省 7 个市为例［J］. 资源科学（4）：728–737.

夏柱智，2018. 土地制度改革背景下的宅基地有偿使用制度探索［J］. 北京工业大学学报（社会科学版）（1）：14–19.

邢春冰，2006 . 中国农村非农就业机会的代际流动［J］. 经济研究（9）：103–116.

徐汉明，刘春伟，2012. 农户宅基地使用权流转意愿及影响因素研究：基于武汉市江夏区 210 户调查问卷分析［J］. 西北农林科技大学学报（社会科学版）（6）：44–49.

徐嘉鸿，2012. 农村土地流转中的中农现象：基于赣北 Z 村实地调查［J］. 贵州社会科学（4）：84–90.

徐旭初，吴彬，2018. 合作社是小农户和现代农业发展有机衔接的理想载体吗？［J］. 中国农村经济（11）：80–95.

许恒周，2012. 基于农户受偿意愿的宅基地退出补偿及影响因素分析：以山东省临清市为例［J］. 中国土地科学（10）：411-418.
许恒周，吴冠岑，郭玉燕，等，2013. 宅基地确权对不同代际农民工宅基地退出意愿影响分析：基于天津 248 份调查问卷的实证研究［J］. 资源科学（7）：1423-1429.
严金明，迪力沙提，夏方舟，2019. 乡村振兴战略实施与宅基地“三权分置”改革的深化［J］. 改革（1）：5-18.
杨金风，史江涛，2006. 人力资本对非农就业的影响：文献综述［J］. 中国农村观察（3）：74-79.
杨澜，付少平，蒋舟文，2008. 法国小农经济改造对中国的启示［J］. 世界农业（10）：54-56.
杨团，2010. 中国农村合作组织发展的若干思考［J］. 天津社会科学（2）：42-46.
杨玉珍，2015. 农户闲置宅基地退出的影响因素及政策衔接：行为经济学视角［J］. 经济地理（7）：140-147
姚洋，2010. 小农体系和中国长期经济发展［J］. 读书（2）：22-32.
印子，2014a. 对宅基地使用权初始取得市场化的反思［J］. 天津行政学院学报（6）：86-91.
印子，2014b. 农村宅基地地权实践及其制度变革反思：基于社会产权视角的分析［J］. 中国农村观察（4）：52-62.
英格尔斯，1992. 从传统人到现代人［M］. 顾昕，译. 北京：中国人民大学出版社：407-423.
余惠琼，张礼军，2006 . 透视农村“新读书无用论”［J］. 中国青年研究（6）：66-70.
袁铖，2010. 城乡一体化进程中农村宅基地使用权流转研究［J］. 农业经济问题（11）：57-61.
袁亚愚，1997. 对近年来歧视进城务工农民现象的思索［J］. 社会科学研究（6）：49-55.
苑鹏，2001. 中国农村市场化进程中的农民合作组织研究［J］. 中国社会科学（6）：63-73.

苑鹏，2013. 中国特色的农民合作社制度的变异现象研究［J］. 中国农村观察（3）：40-46.

岳永兵，2018. 宅基地“三权分置”：一个引入配给权的分析框架［J］. 中国国土资源经济（1）：34-38.

曾旭晖，郑莉，2016. 教育如何影响农村劳动力转移：基于年龄与世代效应的分析［J］. 人口与经济（5）：35-46.

张红宇. 实现小农户和现代农业发展有机衔接［N］. 农民日报，2017-11-21.

张红宇，2018. 大国小农：走向现代化的历史选择［J］.“三农”决策要参（16）：2-14.

张林秀，霍艾米. 罗斯高，等，2000. 经济波动中农户劳动力供给行为研究［J］. 农业经济问题（5）：7-15.

张曙光，刘守英，张弛，2010. 土地流转与农业现代化［J］. 管理世界（7）：66-85.

张务伟，张福明，杨学成，2011. 农村劳动力就业状况的微观影响因素及其作用机理：基于入户调查数据的实证分析［J］. 中国农村经济（11）：62-73.

张晓山，2004. 促进以农产品生产专业户为主体的合作社的发展：以浙江省农民专业合作社的发展为例［J］. 中国农村经济（11）：5-11.

张晓山，苑鹏，陆雷，等，2015. 关于农村集体产权制度改革的几个理论与政策问题［J］. 中国农村经济（2）：4-12.

张新光，2008. 关于小农经济的理论争论与现实发展［J］. 农业经济问题（4）：96-101.

张新光，2011.“小农”概念的界定及其量化研究［J］. 中国农业大学学报（社会科学版）（2）：157-168.

张秀智，丁锐，2009. 经济欠发达与偏远农村地区宅基地退出机制分析：案例研究［J］. 中国农村观察（6）：23-30.

赵晓峰，赵祥云，2018. 新型农业经营主体社会化服务能力建设与小农经济的发展前景［J］. 农业经济问题（4）：99-107.

赵耀辉，1997. 中国农村劳动力流动及教育在其中的作用：以四川省为基础的研究［J］. 经济研究（2）：37-42

赵之枫，2001. 城市化背景下农村宅基地有偿使用和转让制度初探［J］. 农业经济问题（1）：42-45.

郑莉，曾旭晖，2016. 社会分层与健康不平等的性别差异：基于生命历程的纵向分析［J］. 社会（6）：209-237.

中国农业代表团，2000. 日本的农业政策改革及其启示［J］. 中国农村经济（12）：63-70.

钟荣桂，吕萍，2018. 江西余江宅基地制度改革试点经验与启示［J］. 经济体制改革（2）：13-18.

周靖，杨庆媛，张蔚，2010. 贫困山区不同类型农户对宅基地流转的认知与响应［J］. 中国土地科学（9）：12-17.

周其仁，1997. 机会与能力：中国农村劳动力的就业和流动［J］. 管理世界（5）：81-100.

周绍东，2016. "互联网+"推动的农业生产方式变革：基于马克思主义政治经济学视角的探究［J］. 中国农村观察（6）：75-85.

周晓虹，1998. 流动与城市体验对中国农民现代性的影响：北京"浙江村"与温州一个农村社区的考察. 社会学研究（5）：60-73.

周晓虹，1998. 现代化进程中的中国农民［M］. 南京：南京大学出版社：8-9.

朱明芬，2018. 农村宅基地产权权能拓展与规范研究：基于浙江义乌宅基地"三权分置"的改革实践［J］. 浙江农业学报（11）：173-181.

朱启臻，胡方萌，2016. 新型职业农民生成环境的几个问题［J］. 中国农村经济（10）：61-69.

BIAN，YANJIE，JOHN L，1996. Market Transition and the Persistence of Power：the Changing Stratification System in Urban China［J］. American Sociological Review，61（5）：739-759.

BRAVEMAN，PAULA，2006. Health Disparities and Health Equity：Concepts and Measurement [J]. Annual Review of Public Health 27 (7): 167–194.

CHEN, FEINIAN, YANG YANG, et al., 2010. "Social Change and Socioeconomic Disparities in Health over the Life Course in China: A Cohort Analysis [J]. American Sociological Review, 75 (1): 126–150.

CHEN, MEEI–SHIA, 2007. The Great Reversal: Transformation of Health Care in the People's Republic of China. in William C. Cockerham ed. The Blackwell Companion to Medical Sociology [M]. Malden, MA: Blackwell Scientific Publishers: 146–182.

CHEN C C, 1989. Medicine in Rural China: A Personal Account [M]. Berkeley: University of California Press: 177–181.

ELDER, GLEN H, RICHARD C R, 1979. The Life–Course and Human Development: An Ecological Perspective [J]. International Journal of Behavioral Development, 2 (1): 1–21.

FERRARO, KENNETH F, FARMER, et al., 1999. Utility of Health Data from Social Surveys: Is There a Gold Standard for Measuring Morbidity [J]. American Sociological Review, 64 (2): 203–315.

GARDNER, BRUCE L, 2002. American Agriculture in the Twentieth Century: How It Flourished and What It Cost [M]. Cambrige: Harvard University Press.

Huffman W, 1980. Farm and Off–Farm Work Decisions: The Role of Human Capital [J]. Review of Economics and Statistics, 62 (1): 14–23.

LI, Y GUO, Z CHEN, et al., 2012. Epidemiology and the Control of Disease in China: with Emphasis on the Chinese Biobank Study [J]. Public Health, 126 (3): 210–213.

LINK, BRUCE G, JO PHELAN, 1995. Social Conditions as Fundamental Causes of Disease [J]. Journal of Health and Social Behavior (35): 80–94.

LIU, QIMING, KAM W C, 1999. Rural–urban Labor Migration Process in China: Job Search, Wage Determinants and Occupational Attainment [J]. Seattle Population Research Center, Working Paper: 99–16.

LIU, HUI, ROBERT A H, 2008. Are Educational Differences in U. S. Self-Rated Health Increasing?: An Examination by Gender and Race [J]. Social Science & Medicine, 67 (11): 1898-1906.

LYNCH, SCOTT M, 2003. Cohort and Life-Course Patterns in the Relationship between Education and Health: A Hierarchical Approach [J]. Demography, 40 (2): 309-331.

MCDONOUGH, PEGGY, DAVID R. W, et al., 1999. Gender and the Socioeconomic Gradient in Mortality [J]. Journal of Health and Social Behavior, 40 (1): 17-31.

MINCER, JACOB, 1974. Schooling, Experience and Earnings [M]. New York: Columbia University Press.

MIROWSKY, JOHN, CATHERINE E R, 2003. Education, Social Status, and Health [M]. New Brunswick, NJ: Aldine Transaction: 1-30.

NEE, VICTOR, 1989. A Theory of Market Transition from Redistribution to Markets in State Socialism [J]. American Sociological Review, 54 (5): 663-681.

PARISH, WILLIAM, XIAOYE ZHE, et al., 1995. Nonfarm Work and Marketization of the Chinese Countryside [J]. China Quarterly, 143 (19): 697-730.

QIAN, WENBAO, 1998. Rural to Urban Migration and its Impact on Economic Development in China [M]. England: Ashgate Publishing Limited Grower House: 56-58.

RABE-HESKETH, S, S. ANDERS, 2012. Multilevel and Longitudinal Modeling Using Stata [M]. Texas: Stata Press.

RAUDENBUSH, STEPHEN W, ANTHONY S., 2002. Hierarchical Linear Models: Applications and Data Analysis Methods [M]. Sage Publications. 160-202.

RILEY, MATILDA W, 1987. On the Significance of Age in Sociology [J]. American Sociological Review, 52 (1): 1-14.

ROSS, CATHERINE E, JOHN M, 2006. Sex Differences in the Effect of Education on Depression: Resource Multiplication or Resource Substitution? [J]. Social Science & Medicine, 63 (5): 1400-1413.

ROSS, CATHERINE E, JOHN M, 2010. Gender and Health Benefits of Education [J]. Sociological Quarterly, 51 (1): 1-19.

ROSS, CATHERINE E, R K RASTERS, et al., 2012. Eduation and the Gender Gaps in Health and Mortality [J]. Demography, 49 (4): 1157-1183.

ROWLAND D T, 1994. Family Characteristics of the Migrants. in Lincoln H. Day and Ma Xia ed. Migration and Urbanization in China [M]. New York: Sharpe: 129-153

RYDER, NORMAN B, 1965. The Cohort as a Concept in the Study of Social Change [J]. American Sociological Review, 30 (6): 843-861.

SHUEY, KIM M, ANDREA. E W, 2008. "Cumulative Disadvantage and Black-White Disparities in Life-Course Health Trajectories." Research on Aging 30 (2): 200-225.

SINGER, JUDITH D, JOHN B W, 2002. Applied Longitudinal Data Analysis: Modeling Change and Event Occurrence [M]. New York: Oxford University Press: 45-75; 113.

TODARO, MICHAEL P, 1989. Economic Development in the Third World, 4th. Longman Group UK. 276-281.

WILLMORE, LARRY, GUIYING CAO, et al., 2012. Determinants of Off-Farm Work and Temporary Migration in China [J]. Population Environment, 33 (2-3): 161-185.

WILLSON, ANDREA E, SHUEY KIM M., et al., 2007. Cumulative Advantage Processes as Mechanisms of Inequality in Life Course Health [J]. American Journal of Sociology, 112 (6): 1886-1924.

WU JING, YUANLI LIU, KEQIN RAO, et al., 2004. Education-Related Gender Differences in Health in Rural China [J]. American Journal of Public Health, 94 (10): 1713-1716.

XIE, YU, EMILY H, 1996. Regional Variation in Earnings Inequality in Reform Era Urban China [J]. American Journal of Sociology, 101 (4): 950-992.

XIONG, YU, LINCOLN H DAY, 1994. Demographic Characteristics of the Migrants. in Lincoln H. Day and Ma Xia ed. Migration and Urbanization in China [M]. New York: Sharpe. 101-121.

YANG, DENNIS TAO 1997. Education and Off-farm Work [J]. Economic Development and Cultural Change, 45 (3): 613-632.

YANG, DENNIS TAO, 2005. China's Education in 2003: From Growth to Reform [J]. Chinese Education & Society, 389 (4): 11-45.

YANG, YANG, 2011. Aging, Chorts, and Methods. in Binstock R. H. and George L. K. Burlington editedHandbook of Aging and the Social Sciences, 7th [M]. MA: Academic Press. 17-30.

YU, MEIYU, ROSEMARY S, 1997. Women's Health Status and Gender Inequality in China [J]. Social Sciense & Medicine, 45 (12): 1885-1898.

ZHANG B, F Y ZHAI, S F DU, et al., 2014. The China Health and Nutrition Survey, 1989—2011 [J]. Obesity Reviews, 15 (1): 2-7.

ZHAO, YAOHUI, 2002. Causes and Consequences of Return Migration: Recent Evidence from China [J]. Journal of Comparative Economics, 30 (2): 376-394.

ZHOU, XUEGUANG, NANCY B T, et al., 1996. Stratificaion Dynamics under State Socialism: The Case of Urban China, 1949—1993 [J]. Social Forces, 74 (3): 759-796.